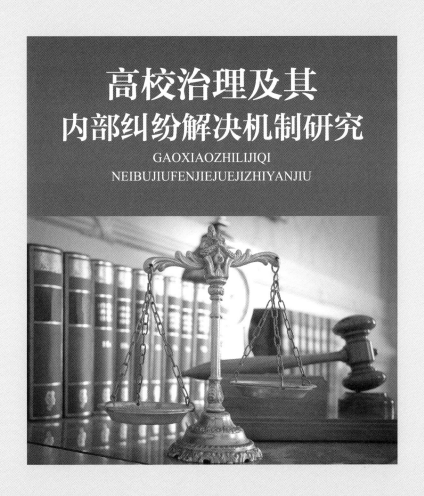

高校治理及其
内部纠纷解决机制研究

GAOXIAOZHILIJIQI

NEIBUJIUFENJIEJUEJIZHIYANJIU

李　泽◎著

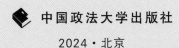

中国政法大学出版社

2024·北京

图书在版编目（ＣＩＰ）数据

高校治理及其内部纠纷解决机制研究 / 李泽著. -- 北京：中国政法大学出版社，2024. 12. -- ISBN 978-7-5764-1910-8

Ⅰ. D922.164

中国国家版本馆 CIP 数据核字第 2025Q70H16 号

出　版　者	中国政法大学出版社
地　　　址	北京市海淀区西土城路 25 号
邮寄地址	北京 100088 信箱 8034 分箱　邮编 100088
网　　　址	http://www.cuplpress.com (网络实名：中国政法大学出版社)
电　　　话	010−58908586(编辑部) 58908334(邮购部)
编辑邮箱	zhengfadch@126.com
承　　　印	固安华明印业有限公司
开　　　本	720mm×960mm　　1/16
印　　　张	14.75
字　　　数	250 千字
版　　　次	2024 年 12 月第 1 版
印　　　次	2024 年 12 月第 1 次印刷
定　　　价	69.00 元

前　言

　　近年来，高校诉讼作为一类新型案件引发人们关注。关于此类案件的处理，我国社会和法学界存在着截然不同的观点：一种观点主张司法权的全能和至上，极力推崇通过诉讼和裁判对此作出强制性的裁断；另一种观点希望在高校内部解决此类纠纷，逐步提高高校治理能力，减少国家干预。那么，当代法治国家如何解决国家权力与共同体内部权力之间的关系以及司法权对共同体内部事务认可的范围、程度、界限、效果等问题，便尤为值得关注。

　　面对以上问题，法社会学的国家与社会、共同体理论不失为一个有效的理论基础和分析框架，可以此来研究高校内部纠纷解决机制、高校治理与国家治理之间的关系问题，其中，校内学生申诉制度作为高校内部解决纠纷的一种途径，也正为我们提供了观察上述问题的具体和微观视角。而以美国与荷兰高校为代表的西方法治国家的共同体治理、高校自治模式及其内部纠纷解决机制也为我们提供很好的比较视角，并对我国具有借鉴意义和启示。同时，我国高校校内学生申诉制度的设立、运行等实践经验，是我们观察高校内部治理机制的功能和实效及其与高校自治、法治之间关系的一个很好的窗口。

　　共同体治理主要是指根据国家授权和自身需求，自主决定治理方式，自主制定内部规则，自主处理内部事务和纠纷等，其边界取决于共同体与国家权力的关系，受到几方面因素的影响，如国家授权与控制能力、历史因素、政治因素、社会因素以及文化理念因素等。其中，法治社会中共同体与国家之间的关系对共同体治理而言是最核心的问题。共同体治理虽具有合理性与正当性，但其自主治理的权限与空间必然受到国家的干预和控制。国家干预共同体事务的形式主要包括事先的行为引导（如通过立法权、行政权引导共同体行为）和事后的行为审查（如通过司法权审查共同体行为）。国家权力对共同体事务的干预具有必要性，如可以保障共同体成员利益、实现公平，也可以促进共同体的发展、提高其内部治理能力。但国家干预也在国家能力、公共资源、治理效果等方面显示出局限性。因此，在法治社会中，国家规制与共同体内部治理相结合从而实现善治是最理想的目标。另外，解决纠纷是共同体治理的重要内容，因此通过内部、多元机制（协商、调解与仲裁或裁决等）解决内部纠纷具有一定的优势。

在法治社会中，高校作为一种特殊的共同体，其治理能力、内部纠纷解决机制对于其自身以及教育体制的运行发展具有重要的基础性意义。首先，高校治理是这类特殊的共同体运行和发展的内在要求。高校治理具有合理性，但范围也是有限的，受到多种因素的影响和制约，如国家的授权和认可、历史因素、政治因素、社会因素、文化与理念因素等。其次，在高校治理与国家规制的关系中，国家在尊重高校治理能力的基础上通过立法、司法等途径干预和规制高校事务，既能够为高校发展提供资源和适当引导，也能够监督高校治理行为的合法性。最后，高校治理的重要内容是高校内部纠纷解决机制的设立与运行，包括校园协商、校园调解、校园仲裁、校内学生申诉制度等形式，其功能和意义在于依照内部规则对内部纠纷进行自主处理，平衡各方利益，尽可能避免冲突外化。但是，高校内部纠纷解决机制的运行也不可避免受到国家的干预和介入，如国家通过立法途径引导高校设置相应的内部纠纷解决机制，通过司法审查高校内部纠纷解决机制的合法性等。

欧美国家高校治理与内部纠纷解决机制的不同模式为我们提供了比较素材，对于完善我国高校内部纠纷解决机制颇有裨益，同时，这种差异也进一步揭示出共同体治理与国家政治体制、高等教育管理体制、历史文化传统、社会因素、高校自治能力等之间的深刻联系。首先，美国与荷兰高校为我们提供了两种模式的典型，主要体现在高校治理模式、内部纠纷解决机制、校内学生申诉制度的层面。美国与荷兰高校受到历史传统、国家政治体制、高等教育管理体制、社会认同、文化理念以及高校自治能力等因素的影响，形成不同的治理模式，其内部纠纷解决机制的设立与运行模式也存在差异。美国高校治理模式为对话式，即高校享有高度自治权，政府的干预较弱。政府干预的方式主要表现为事后的行为审查——通过司法机构审查高校行为的合法性，而非事先的行为引导。在这种模式的影响下，内部纠纷解决机制是高校根据治理需要和具体情况自行设立、运行的，并非经由国家立法或其他途径的引导而产生的，其形式多样且丰富，适用范围非常广泛，能够解决不同类型的纠纷，只是司法机构可以对校内纠纷解决机制的结果进行审查，即如果当事人对校内学生申诉制度处理结果不满意可以向法院提起诉讼。荷兰高校治理模式为指导式，即高校享有较高的自治权，但国家在必要时可以通过法律与教育政策提前介入高校内部事务的管理，仅限于弥补高校内部治理的缺陷。另外，国家也可以通过司法机构对高校治理进行审查。可见，国家干预高校治理的方式是事先行为引导和事后行为审查的结合。在这种模式影响下，高校内部纠纷解决机制的设立部分受到国家指导，如校园仲裁、校内学生申诉制度，由国家通过法律要求高校设立并运行，部分由高校自行设立，如校园协商与调解等。

在了解比较欧美国家高校治理模式及其内部纠纷解决机制并分析其差异性原因之后，可以进一步分析我国高校治理模式及其内部纠纷解决机制的构成、特点及其形成原因等。首先，我国高校治理模式体现为国家主导型，即政府和执政党对高校内部事务进行整体规制，赋予高校有限的自治权。这种模式的形成与我国的历史传统、政治体制、高等教育管理体制以及高校治理的能力等因素有着密切的联系。在我国历史发展中，以国家集权的治理模式为主，而对于共同体内部治理的理念与原则并未予以足够的尊重和认识，对共同体内部事务干预介入程度较高。当代中国正在建设法治国家，注重强调法律和国家在社会建构中的作用。在高等教育领域，随着高等教育体制改革的不断深入和发展，高校自主权的概念及内容得到国家的认可，高校内部治理能力也相应得到提升，形成国家主导下的治理模式。其次，在这种模式影响下，高校在内部纠纷解决机制的建构中，既要按照国家法律法规的内容设置相应的形式以解决特定类型的纠纷，如设立校内学生申诉制度，也可以自行创设一些形式以解决不同类型的纷争，如校园协商与调解等，由此形成多样化的内部纠纷解决机制。同时，国家司法权也能够审查校内纠纷解决机制处理结果的合法性。最后，校内学生申诉制度体现了国家治理与高校治理及其内部纠纷解决机制之间的关系。它是高校内部纠纷解决机制的重要形式，是各高校按照国家法律规定设立的，用以解决学生因不满高校作出的退学、入学或其他违规违纪处分而产生的纠纷。该制度建立在承认和尊重高校的规则制定权、自主处理和裁量权以及管理权的基础上，作为优先于行政申诉和司法救济的选择性机制得到提倡，显示出国家对高校及其内部纠纷的特殊性和办学规律的尊重。对于校内学生申诉制度处理纠纷的结果，可以通过行政申诉、司法诉讼等途径进行行政审查和司法审查。

如果说，法治社会的共同体治理和高校治理的理论、当代世界大学自治及其内部纠纷解决机制的模式和实践，以及我国目前高校体制及以校内学生申诉为代表的内部纠纷解决机制为我们提供了认识和解决国家与共同体之间关系的理论基础和现实依据，那么我国目前的体制改革、社会条件和高校自身发展的需要，对我国高校治理及其内部纠纷解决机制的建构提出了一系列挑战和要求。首先，法治社会中的高校治理不仅表明法治、善治理念对共同体治理的支持，也体现着对高校治理及其发展规律的尊重。高校治理具有合理性与必要性，但由于诸多因素的影响使得高校治理呈现出不同的模式及特点。这些因素大体包括国家授权和认可的范围、历史传统、政治体制、高等教育体制、文化理念、社会认同以及高校治理能力等。在比较美国高校对话式模式与荷兰高校指导式模式的共性及差异性的基础上发现，我国高校发展过程有其独特性，由此形成特殊的国家主导型高校治理模式，强调国家对高校事务的管理与控制，行政化色彩浓厚，高校治理能力较低。但这种模式并非一成不变，随着改革开放以来社会自治的演化、共同体的成长、高等教育体制的改革以及高校自主权的扩大等条件的变化以及国家政策的转变，我国高校治理模式有可能发生新的变化，形成国家主导下的增量自主，即在既定传统和现实条件下，通过制度设计等途径逐渐进行高校治理的改革，但如果条件成熟，也可以采取突破性的措施，加大改革力度，从而更好地调整政府与高校的关系，建构合理的高校治理结构，扩大高校自主权。其次，在高校治理模式的影响下，各国高校内部纠纷解决机制的设置与运行也没有普适性的模式。由于受到不同因素的影响和制约，如国家授权的范围、高等教育管理体制、高校自治能力、司法审查的范围与程度等，不同国家高校内部纠纷解决机制的运行呈现出丰富的多样性，如美国的自主管理型与荷兰的国家指导型。我国高校内部纠纷解决机制与欧美高校内部纠纷解决机制相比，虽有共性，但差异更为明显。基于我国既有条件与现实情况，我们无法选择美国或荷兰模式，只能根据目前的状况与政策以及校内纠纷解决机制的突出特点发展自己特殊的模式——国家主导型，即仍以国家规制与管理为主，辅之以高校自主设置并实施校内纠纷解决机制，实行国家主导与高校自主管理相结

合的模式，促进和谐校园的发展。另外，合理协调高校内部纠纷解决机制与
行政审查、司法审查之间的关系，探索内部治理—行政审查—司法审查的纠
纷解决模式。最后，我国高校校内学生申诉制度在产生方式、实施方式、运
行过程、与行政审查和司法审查之间的关系方面都存在特殊性，其不足之处
也从这几个维度加以体现，如自主性不足、对行政管理手段和司法机制的依
赖性以及司法审查范围不明确等。因此，需要增强高校自主性，提高其治理
能力，发展多元化的内部纠纷解决机制，适当减少行政性机制的干预，明确
司法介入的方式，逐步形成内部治理—行政审查—司法审查模式的纠纷解决
机制，形成对校内纠纷解决的综合治理。

CONTENTS

目　录

导　论

第一节　问题的提出

1998 年末至 1999 年初，我国首次出现学生起诉高校的案件，[1]开启了法院对高校内部管理行为进行司法审查的先河。随着我国高等教育的快速发展和体制转型，自 2000 年以来，学生状告学校侵权的案件在全国各地屡屡发生。[2]大学生起诉母校案件多年来持续发生，这类案件涉及的纠纷具有特殊性，发生在高校内部成员之间，且主要是因为学生对高校在涉及学籍（如学分不足）或其他违规违纪行为方面（如考试作弊等）所作出的处理或处分决定（如开除学籍等）不服而引起的。法院解决这类特殊纠纷可能涉及几方利益的博弈：一是学生权利的维护。高校对学生所做的处理或处分决定可能影响到学生日后的求学和就业等重大切身利益，因此学生为维护自己的权利必然与高校之间就处理或处分问题进行争论。二是高校自主管理权的考量。这类纠纷涉及高校对学生进行处理或处分的行为是否合法、适当的问题，而高校作为一类特殊的社会组织，有权对内部事务进行自主管理，对学生违规违

---

〔1〕　田某诉北京科技大学拒绝颁发毕业证与学位证案，参见《北京市海淀区人民法院行政判决书——（1998）海行初字第 142 号》。

〔2〕　1999 年刘某文诉北京大学和北京大学学位评定委员会不授予博士学位案、2000 年刘某因被"勒令退学"而状告天津轻工业学院、2003 年李某因考试不及格被开除而起诉长春某医科高校、2004 年学生因作弊被取消学位而起诉中山大学、2006 年广西大学生因违纪被开除而起诉母校、2009 年作弊受处分大学生三次起诉南京某大学讨要学位证书、2010 年青岛大学生因违纪被开除而起诉学校、2011 年郑州大学生作弊被开除后起诉学校、2017 年北京大学生因申诉不被受理而起诉学校、2020 年学生因被取消学籍而起诉复旦大学、2021 年学生因考试作弊被开除而起诉云南某大学、2022 年学生因学校朝令夕改而起诉西南政法大学，等等。

纪等行为当然具有处理或处分的权限。三是高校自治与国家干预之间的关系问题。通过司法途径解决此类特殊纠纷，涉及国家司法机关对高校内部治理行为进行审理是否适当以及审理的界限等问题。

对于这种特殊类型的纠纷解决，司法途径无疑具有重要的作用。作为维护权利的最后一道屏障，司法机构能够为纠纷双方提供正式的法律程序，并通过中立的第三方进行裁决，对纠纷进行公平公正的审理，最大限度地维护双方当事人的权利。但是，通过司法途径解决高校与学生间特殊类型的纠纷，也显示出一些局限性并存在诸多政策性的难题。首先，在处理此类特殊纠纷的过程中始终贯穿着司法审查权与高校治权之间的博弈，即法院是否应当对高校内部管理行为的合法性与正当性进行审查，以及社会上的各种价值观和利益的交错，这不仅增加了司法机关处理的难度，也增加了校方的压力。其次，从实际情况看，司法诉讼对这类纠纷的处理结果也不尽如人意，有时不仅难以有效解决纠纷，反而在某种程度上激化了学生与学校间的矛盾，不利于双方关系的维系，社会效果不佳。[1]因此，各地法院在是否受理此类纠纷的做法方面存在差异，有些法院积极受理并解决此类纠纷，有些法院则不予受理，[2]法院在受理案件时标准不同，有的法院按照民事诉讼案件受理，有的法院按照行政案件受理，法院在审理案件时标准也不同，有的法院对高校作出处分的行为进行实质性审理，即审查高校处分规定及其作出的处分决定是否合理、正当，有的法院只对高校作出处分的行为进行程序性审理，即高校作出处分决定时是否遵守相应的程序，等等。受理和处理标准的不统一不仅容易诱发更多的诉讼案件和纠纷，而且通过司法诉讼处理也未必能获得预期的结果或目的。

---

〔1〕 中山大学珠海校区简占亮教授认为："教育者和受教育者之间的是是非非实际上是一种情与理的双重博弈。师生双方本没有根本利害关系，仅仅在教育手段或管理手段的使用是否失当问题上诉诸法律法规，最终闹到势不两立、对簿公堂的地步，其结果就不会有真正的胜利者，那种赢了官司输了亲情、胜了法理败了情感的事是屡见不鲜的。"杨连成：《学生有了申诉权，怎样行使才得当》，载《光明日报》2006年3月30日。

〔2〕 北京大学法学院的湛中乐教授在参加2004年最高人民法院制定关于教育纠纷的司法解释前组织的法律专家听证会上，谈到该司法解释制定的初衷，湛教授认为，一直以来，关于学生诉学校的案件，法院在是否受理上说法不一，在认识上和实施中都不统一。参见席锋宇：《最高法拟新司法解释，高校教育纠纷可诉讼》，载 https://news.sina.com.cn/o/2004-07-30/11153243867s.shtml，2024年7月30日访问。

　　围绕高校治理中的问题和相关诉讼，我国社会和法学界存在着截然不同的立场和观点。一种意见主张国家司法权的全能和至上，极力推崇通过诉讼和裁判对此作出强制性的裁断，显示出国家对高校的统一管理和对自主管理行为的司法监控。部分高校的管理者基于现行体制，也习惯于接受统一的行政管理和司法裁判。与此相反，有一种意见基于对高校自主管理权的维护，希望将此类纠纷尽可能消化在学校内部，减少国家的干预。现实中的处理则具有多元性特点，显示出地区差异和灵活性，例如借助法院调解、行政协调等途径寻求具体事件的妥善解决，虽然纠纷解决的效果较好，但对于制度建构和机制的创新贡献有限。

　　这些问题的出现隐含着一种可能的解释：随着法治不断健全，国家对于高校的控制和规制将会不断加强，而司法介入高校内部的各种纠纷，将成为必然趋势。那么，当代法治国家是如何解决这样的问题的？其中涉及哪些法学上的理论命题？既有的解决思路和制度设计是什么、效果如何？这就是本书研究的出发点。

　　我国教育部于2005年颁布《普通高等学校学生管理规定》，对之前的类似规章进行了全面修订，其中一项重要的制度创新即为强化与实施高校校内学生申诉制度。这项制度运行于高校，赋予学生对校方作出的处理或处分决定向校内特定机构提出申诉的权利，这就意味着为校生间的特殊纠纷提供了一种内部解决机制，显示出一些特有的优势，如为学生提供方便、快捷的渠道，能够较为快速地解决纠纷，能够通过较为和平的方式为纠纷双方提供对话与沟通的途径，有利于维持双方的关系等。

　　本书从高校诉讼案件的现象入手，通过对我国现行高校内部学生申诉制度的实证研究，尝试深入了解高校内部治理机制的功能和实效。调研发现，高校管理行为引发的校生纠纷涉及若干重要理论和实践问题：首先，高校的管理权及其性质问题，即这种管理属于行政权、准行政权还是自治性管理权？其次，国家权力与共同体之间的权限关系和冲突问题，即国家是否允许高校拥有一定的自治权限，其边界和程度如何？最后，国家司法权的管辖范围问题，对于共同体内部事务和国家认可的自主管理，司法程序和诉讼是否应无条件进行司法审查，其限度何在、效果如何？

　　在深入思考以上具体问题的同时，笔者尝试用法社会学的理论对其内在规律进行分析，从而归纳出相关的一些基本理论命题。

一、法治社会中的社会自治与善治

法治社会强调法律是社会控制的主要手段，法律在国家治理过程中发挥着非常重要甚至是权威的作用，它的主要功能是规制、引导、协调与整合不同群体的利益需求，消减潜在的冲突，促进社会交流从而维系社会秩序。然而，法治并不意味着对社会自治的排斥和否定，相反，在社会管理和社会建设中，法治并不能替代社会自治。法律本身有着天然的局限性，在社会管理与建设中的作用是有限的，尤其是在我国这种特殊的法制体系中，面临转型期多重利益关系纠葛、交叉的特殊情况，对于法律与司法的作用要予以更加理性地对待。党的十八大强调法治的重要作用，提出"运用法治思维和法治方式深化改革、推动发展、化解矛盾、维护稳定能力"。同时也强调社会自治的重要性，即"在城乡社区治理、基层公共事务和公益事业中实行群众自我管理、自我服务、自我教育、自我监督，是人民依法直接行使民主权利的重要方式"。十八大报告还指出，加强社会建设和创新社会管理是社会和谐稳定的重要保证。而在和谐社会的建构过程中，公众参与、社会自治发挥着重要且积极的作用。这就需要我们着眼于法治与社会自治的结合与互补，实现"善治"。

善治是在治理含义的基础上，为使治理更有效而产生的理念。"善治就是使公共利益最大化的社会管理过程。善治的本质特征就在于它是政府与公民对公共生活的合作管理，是政治国家与公民社会的一种新颖关系，是两者的最佳状态。"[1]可见，善治的重要内涵和特征反映了国家与社会的关系，突出了国家与社会的合作与协商，也隐含着国家指导与社会自治的结合。[2]善治与法治之间有着必然的联系，善治在解决过度法治带来的问题以及消除法治

---

[1] 俞可平：《引论：治理和善治》，载俞可平主编：《治理与善治》，社会科学文献出版社 2000 年版，第11页。

[2] 如善治多指："多层次的政治治理，即各方面均由社会行为体所调整的政治，加上公共政策的多层次指导。……关注行为体之间的协商经验，强调公私合作和多层次谈判"。又如"世界银行对善治的方针强调了把公共服务私有化之重要性，强调一直非常希望实现公私合作伙伴关系"。又如，一个非政府组织发布的《全球治理报告》中写道："世界正经历着深刻变化，因此必须学习以不同的方式作出反应和进行治理，主要表现为学习在倾听各个协会和各种社会力量的意见的条件下行使权力。"［法］让-皮埃尔·戈丹：《何谓治理》，钟震宇译，社会科学文献出版社 2010 年版，第37、48、50~51 页。

的负面影响方面发挥着重要的作用。"中国语境下的善治是法治化进程中的善治，不仅要树立法的权威，实现规则之治，还要避免硬性法治、过度法治，使治理开放灵活、多元而有弹性。只有这样才能既克服法律的局限性，又有可能接近善治。"[1]可见，法治是善治应有之意，善治又能够克服法治的局限性。

关于法治、社会自治、善治之间的关系，可简要地表述为：法治并不排斥社会自治，也不是将社会自治作为法治的补充或辅助，而是依赖于社会自治，社会自治并不危及法治的基本原则和地位，而是与法治进行不断的协调与共同发展，因此通过社会自治与法治的结合实现对社会的有效治理，即善治。毫无疑问，当代法治社会越来越注重国家与社会自治相结合的善治，法治思维和法治方式并不意味着对社会自治和非诉讼纠纷解决机制的否定。本书的首要课题是阐述法治与善治，法治思维和法治方式与社会建设、社会自治的关系，进而论证法治社会下的共同体治理的正当性及其规律。

二、法治社会中的共同体治理

共同体是社会组织及其自治的基本形式之一。共同体治理意味着通过规则对其内部事务进行自主管理，其中重要的内容即为解决内部的纠纷或冲突。共同体内部纠纷通过内部机制加以解决具有更多的优势，如注重协商与对话，通过和平途径解决纠纷，有利于维持纠纷双方之间的关系，恢复共同体的凝聚力，提供较为方便、快速的纠纷解决途径，防止纠纷的激化与外化，分流诉讼的压力等等，从而实现保护成员权利与维护共同体秩序的平衡。同时，共同体精神对于共同体治理以及内部纠纷解决都能发挥积极的作用，促进成员彼此之间的信任，增强成员的认同感与归属感，有利于解决共同体内部的纠纷。

由于历史传统、社会条件、政治体制等多方面的原因，无论是历史上还是当代社会，世界各国的共同体治理在国家规制与共同体自治之间的关系、力量对比、程度和范围等方面都存在巨大的差异，因此，当代世界对于法治社会的共同体治理尽管存在基本共识，但其模式和形态却并不存在普世性和单一的、绝对的标准。所涉及的最重要的问题无疑是共同体与国家间的关系，

---

[1] 范愉等：《多元化纠纷解决机制与和谐社会的构建》，经济科学出版社 2011 年版，第 65~70 页。

并体现为以下基本要素：首先，取决于国家对共同体的法律定位及授权范围，例如，只有在国家承认高校自主管理权的前提下，才可能承认共同体成员们有权制定规则、处理成员间的关系及内部事务和纠纷。其次，取决于国家权力包括司法权对共同体内部事务的介入程度和管辖权，即当纠纷发生时，是自治机制、协商机制优先还是司法权优先，在程序上体现为是否承认自治性纠纷解决机制可以作为法定前置（必经）程序。再次，承认并尊重共同体自主管理并不意味着国家权力的放任和不作为，国家可以通过立法权、行政权和司法权指引、保护、监督、干预共同体自主管理行为及其内部纠纷处理机制等，保障其合法性与公正性，对其失误进行救济和矫正。最后，也是最重要的是，当代法治国家需要合理界定共同体治理与国家法律规则、司法救济的边界和限度，既不过度依赖国家干预，又能有效地避免共同体权力的滥用，才可能达致善治。原则上，国家的作用主要应限于为共同体提供行为的框架和/或对其行为进行程序性审查，仅在必要时对共同体内部事务进行干涉或控制。然而，在共同体自我治理能力较弱、社会自治尚未得到社会广泛认同之前，国家对其进行较强规制则是不可避免的。

世界各国的高校治理是共同体治理的典型形态之一，而我国的高校治理则是在特定的体制、传统和社会转型期正在形成的新的治理模式。由于我国历来缺乏社会自治的传统，当代共同体和市民社会则处在形成培养的过程中，因此，在高校治理方面，相对于应然的理论，对目前存在的问题、条件、发展趋势的实证研究具有更为重要的意义。这也是本书期待实现的目标。

三、共同体治理与内部纠纷解决机制

共同体治理的一个重要内容就是其内部的纠纷解决机制。其特点是国家授权或承认共同体可以在不违背法律的基本框架和强制性规范的前提下，依据自身的规则、依靠内部机构独立自主地处理内部事务、解决内部纠纷，其形式既包括协商和调解，也包括裁决等方式。这些共同体内部的自治性纠纷解决机制构成一个国家多元化纠纷解决机制的重要组成部分，也是社会善治的基础性要素。"善治是西方在公共行政改革中提出的全新理念，其针对法治的局限性和不足，强调法治与其他社会控制、法律与其他社会规范、国家执法系统与民间社会自治的协调互动。其认为硬性法治、过度法治以及对法律和诉讼的过度依赖不仅需要付出极高的成本，也会给社会带来一定的负面效

果，如社会关系的对抗性，对国家的依赖，共同体凝聚力的下降和社会自治、道德的失落，当事人自主参与的缺失，等等。善治状态下的社会应是一个秩序良好的社会，有效解决纠纷、平息冲突、恢复被破坏的社会秩序，是善治社会的应然状态。因此，构建多元化纠纷解决机制已成为世界各国实现善治的社会政策目标。"[1]

在法治社会，国家司法权对社会各种法律纠纷拥有广泛的管辖权，但与此同时，对共同体治理及其内部纠纷解决机制亦应给予充分的尊重和支持，在干预和介入时尽可能保持谨慎和克制。作为共同体的高校，其内部纠纷也并不能排除司法权和行政权的介入，但一个有效的内部治理和纠纷解决机制无疑是必不可少的。

四、法治社会中的高校治理及其内部纠纷解决机制

高校作为一个特殊的共同体，自产生以来一直有着自我治理的传统和内在的发展规律。当代世界，大多数国家都承认高校自主治理的传统，显示出对学术自由和高等教育规律的尊重，只是高校治理的模式、方式、运行的原则与状况以及国家管理的方式存在差异。因此，以高校治理作为社会建设和社会自治发展的一个特殊尺度和视角具有重要意义。这也是本书的特色所在。

高校内部纠纷解决机制始终是高校治理的重要内容。高校内部纷争由于具有特殊性，因此以对话与协商的方式在内部加以解决具有明显优势，纠纷双方对高校的组织体系及其运行原则等情况都比较熟悉，双方间紧密的关系、共同拥有的理念与精神等对于解决纠纷而言都是十分有利的。另外，在高校内部解决纠纷也有利于培养成员的参与和民主的意识，也能够弥补国家纠纷解决机制的局限。但是，这并不意味着国家对此领域的全然退出。国家可以在尊重高校治理的前提下，通过事先的行为引导和/或事后的行为审查对高校内部纠纷解决机制的建立与运行进行适当、合理的干预与介入。

我国由于特殊的政治、教育体制和社会发展进程，高校治理与西方国家相比，有着传统、内容、范围和程度上的明显差异和自身特色，高校内部纠纷解决机制也尚处于调整、改革和完善过程中。高校对自身事务拥有一定的自我管理的权力与能力，但享有的自主权相对有限。一方面，高校根据教育

---

[1]　范愉：《非诉讼程序（ADR）教程》，中国人民大学出版社 2012 年版，第 8 页。

行政主管部门的规章和政策，结合各自情况、条件与专业特点等因素，对校园内部纠纷解决机制进行创新，呈现出多样性和适应性。另一方面，高校管理显示出较为浓厚的行政化色彩，国家对高校事务包括内部的纠纷解决机制等进行干预和控制的倾向较为明显，主要途径有两种：一是事先的行为引导，即通过立法规范适当引导高校解决内部纠纷的制度与行为；二是事后的行为审查，即通过行政、司法途径审查高校处理内部纠纷行为的合法性。

我国高校学生申诉制度从产生到发展的过程，正是社会从诉讼至上、追求单一的纠纷解决途径到逐步接受多元化纠纷解决机制的理论并在实践中探索的过程。实证研究揭示了这一制度与其他内部纠纷解决机制一样，需要诸多条件，包括行政主管部门的政策推进、学校的认识和落实、参与者的能力、程序的保障以及各种基本的社会条件等。与西方国家相比较而言，这一机制显得功能、形式较简单，作用有限，并未涵盖大学共同体的所有纠纷，但以此为例，可以大致窥见我国高校治理及其内部纠纷解决机制建构的方向。本书对如何培育共同体内部的纠纷解决机制的问题进行了思考，包括在我国的现实条件下，如何建构高校内部治理机制的合理模式，高校内部治理机制与司法程序相比较具有哪些功能、特点和优势，进而尝试从理论上总结在当代法治社会，高校作为一种共同体，其内部管理、治理和纠纷解决的规律。

第二节 研究方法

本书采用的基本理论和分析框架主要以法社会学的国家与社会、共同体理论为基础，在研究方法方面主要采用了实证调研方法和比较分析方法。

目前关于学生申诉制度的研究虽然很多，但基本停留在规范分析层面，而缺少对其运行的模式、样态、效果以及实际功能的实证研究，几乎没有提供真正意义上的调研材料，或只是简单列举一些学校的不同做法，而缺少对该制度实际运作情况的整体性描述，也很少对该制度的性质、功能进行深入、透彻的分析。为了回答本书关注的核心问题，必须着眼于校内学生申诉制度运行的实践，通过实证调研的方法，特别是对该制度实施过程中的相关人员进行深度访谈，获得一手调研资料，并在此基础上试图对该制度的运行实践及其功能进行归纳、分析，以期对制度的整体状况有更清晰的认识，进而探讨该制度运行及其功能的实践背后所蕴含的理论问题，即国家与高校间的关系在多大程度上影响制度的整体运行及功能的发挥。

自 2008 年至 2011 年间，选取国内部分高校进行持续地实的调研，与负责校内学生申诉制度实施的具体人员进行深度访谈，了解这些高校设置、实施校内学生申诉制度的依据与初衷、具体运行情况、遇到的问题、对制度的变通以及制度的功能等情况。受访人员大多数都是高校学生工作部的负责人员或具体工作人员，对学生的具体情况以及校内学生申诉制度实施的情况都有比较深入的了解。当然，在实地调研过程中也会遇到一些问题，毕竟校内学生申诉制度涉及高校内部的管理行为尤其是处分行为的合理性等比较敏感的问题，有时甚至还涉及高校被学生起诉等更为敏感的问题，因此有些具体数据无法从受访人员处获得，比如各高校每年处分学生的姓名与数量、处分的依据、原因以及结果，受到处分的学生提出申诉的比例以及申诉处理的具体结果等，只能根据受访人员的描述获得大致的情况而已。另外，实证调研资料的时间涉及时效性问题，由于调研的问题一直存在，而且在 2005 年至今关于高校与学生间特殊类型纠纷的解决方面，国家既没有规章、政策层面明显的变化，也尚未见相关的司法解释出台，各高校对于校内学生申诉制度的设置与实施方面也没有出现较大的改变，运行较为平稳，因此，实证调研资料在一定程度上仍然具有说明性。

关于高校内部学生申诉制度的研究目前尚未见与其他国家加以深度比较的相关文章，只是简单列举其他国家或地区的做法。然而，校内学生申诉制度在实施过程中遇到的问题与疑惑以及如何解决等需要借鉴其他国家类似制度的经验。将大陆法系国家的荷兰与英美法系国家的美国作为比较研究的对象具有一定的意义及可行性，对两个国家公立高校内部学生申诉制度的设立、运行以及功能进行研究，进一步了解这两个国家高校内部纠纷解决机制与自治模式之间的关系。由于笔者在 2011 年 9 月至 2012 年 9 月期间有机会受到国家留学基金委的资助在荷兰访学，因此能够对荷兰高校校内学生申诉制度的设立、运行以及功能等问题进行规范层面和实践层面的研究。对于美国公立高校校内学生申诉制度的研究，主要是对其校内学生申诉制度的实践进行尝试性描述，并通过与美国高校教授进行面对面的深入交谈，获得更多的经验性材料，以加深对校内学生申诉制度的了解。

第三节 研究样本

关于我国高校内部学生申诉制度的研究，选取分别位于北京、上海、山东青岛、内蒙古呼和浩特的 16 所高校作为研究样本，其中北京高校 9 所，上海高校 3 所，山东高校 3 所，内蒙古高校 1 所。北京为我国政治文化中心，上海为我国的经济最发达地区，青岛为著名的旅游城市，其经济与文化处于比较发达的水平，而呼和浩特为少数民族自治区域。虽然从数量和地域来看，所取样本有限，但从不同角度对研究样本进行分析可知，这 16 所高校具有一定的丰富性和代表性。有的高校隶属于教育部，有的隶属于中央政府其他直属部委，如民族委员会、海洋局等，有的隶属于地方教育委员会或自治区教育委员会，有的高校是理工科院校，有的是文科类院校，有的是综合性院校，有的高校位于中国经济发达地区，有的位于经济较发达地区，有的位于经济欠发达的少数民族自治区内，有的高校受到国家重点项目如 985 工程、211 工程扶持，有的高校只能获得所属机构的资助，有的高校建校百年以上，拥有丰富的办学与管理经验，有的成为本科院校的时间较短，办学与管理经验有限，有的高校在专业设置方面具有鲜明的特点，如语言类、音乐类，有的高校在学生构成方面具有鲜明的特点，如少数民族学生占多数等。尽管研究样本具有一定的丰富性和代表性，但是仍然存在局限性，即没有严格按照社会科学研究中的抽样方法取样，不能准确反映全国高校内部学生申诉制度运行的全貌。然而，由于国内高校整体组织结构设置及管理模式大同小异，且这些样本在某种程度上具有较强的代表性，因此，调研资料基本能够反映高校内部学生申诉制度运行过程中的特点和问题。另外，辅之以其他途径（如新闻媒体等）获得的资料，对该制度的实践予以补充说明。

国外样本以美国高校与荷兰高校为例，因为这两个国家在经济、文化、科技发展水平方面均居于世界前列，高校治理能力与程度较高，其内部纠纷解决机制具有较强的特色和典型意义。荷兰样本主要是以格罗宁根大学为主，这所大学是荷兰历史上第二所研究型大学，具有悠久的历史和丰富的办学经验。通过与格罗宁根大学校级主管机构及相关机构和人员 [即考试申诉委员会（CBE）秘书、法律部门（ABJZ）主管、学生权利法律保护中心（CLRS）主管、学生服务中心（SSC）的学生辅导员等] 的深入交流，对学生申诉制度运行的实践状况有所了解。另外，通过对该学校下属 9 个二级学院主管机构与人员（学生辅导员、考试委员会秘书、教学负责人等）进行深度访谈，深入了解校内学生申诉制度设立的依据、目的以及实施的程序、发挥的功能等。另外，通过对部分校内学生组织负责人的深度访谈，了解学生对校内学生申诉制度的看法。美国样本主要是 5 所公立高校，即爱荷华州立大学、明尼苏达大学、威斯康星大学、马萨诸塞大学和加州大学伯克利分校。这 5 所高校均属为美国的州立高校，因此，其校内学生申诉制度的运行情况具有一定的代表性。同时，为了整体了解该制度的建立与运行状况，也参考了一些其他学校的相关资料。

第一章

共同体治理及其内部纠纷解决机制

　　共同体作为一种重要的社会现象，是法社会学的经典研究课题。本章从共同体的概念入手，阐述法治社会中共同体及其治理的意义、正当性和边界。在分析了共同体治理与国家规制，以及国家权力介入共同体内部事务的必要性与局限性的基础上，对作为共同体治理主要内容的内部纠纷解决机制进行了理论阐释。由此，简要构建出本书的基本理论逻辑和研究进路。

第一节　共同体的构成

　　共同体是人类社会的产物，它之所以重要，在于它通常被视为知识的核心；控制与管理的场所；身份的来源和"传统"的贮存地；抗议、权力、权威、治理、问责的体现；政府操控的对象；抵抗与斗争的场所。[1]本书意在解析共同体内部纠纷解决机制的建立与运行机制，因此有必要对共同体的概念及种类作初步的分析与界定。

一、共同体的概念

　　"共同体"是一个被广泛用于哲学、政治学、社会学、人类学的重要概念。自20世纪60年代"共同体主义"流行以来，该术语成为当代政治哲学的关键词之一。但是，共同体这个概念在当代的使用中，经常比较模糊，具

---

　　〔1〕　参见［加］黛安娜·布赖登、威廉·科尔曼主编:《反思共同体——多学科视角与全球语境》，严海波等译，社会科学文献出版社2011年版，第61页。

有多种含义，甚至有学者认为应该避免使用这个术语。[1]

德国社会学家滕尼斯对"共同体"的界定就比较模糊。他认为："共同体是与'社会'相对而言的一个古老概念，可以被理解为现实的和有机的生命，是一种关系的结合，是持久的和真正的共同生活，是人的意志统一体。"[2]有些学者在研究时对"共同体"进行界定，将其理解为具有某些特殊共性和要素的联合体、群体或关系模式等。如，共同体通常指一群具有同一团体归属感的人们组成的联合体。人们有机会在共同体内分享共同价值、认同感和兴趣、利益、经验等。[3]共同体用来描述"群体"而非"个体"，是指"一个根据其成员所共享的某个或多个特征而定义的群体"，或者是"某个有组织的利益群体，或者不过是一个共享某种独有的特征、实践活动或居住地点的人类集体"。[4]共同体是一种关系模式，即人们生活在紧密、复杂且相对自主的社会关系网络中，它不是一个地点或小规模的人口聚集。[5]还有学者对目前众多的共同体概念及其种类从各个层面给予了较为全面的概括和评价，包括共同体产生的基础、规模、性质、与内部组织及国家之间的关系等方面。如"共同体一直建立在种族、宗教、阶级或政治的基础上。它们也许是大型的，也许是小型的；维系它们的附属关系也许是'浅层'的，也许是'深厚'的；它们也许以地方为基础，也许是在全球层面上被组织起来的；它们与现存秩序之间的关系也许是积极性的，也许是颠覆性的；它们也许是传统的、现代的，甚至是后现代的；它们也许趋于反动，也许趋于进步"。[6]有些学者在使用这个概念时过于简单化，并未给出实质性的界定，如作为"小空间单位"的共同体、"同质性社会实体"的共同体和"共享规范和共同利益"的共

---

〔1〕 李义天主编：《共同体与政治团结》，社会科学文献出版社 2011 年版，第 3、43 页。

〔2〕 [德] 斐迪南·滕尼斯：《共同体与社会：纯粹社会学的基本概念》，林荣远译，北京大学出版社 2010 年版，第 43~48 页。

〔3〕 参见 [加] 黛安娜·布赖登、威廉·科尔曼主编：《反思共同体——多学科视角与全球语境》，严海波等译，社会科学文献出版社 2011 年版，第 117、146 页。

〔4〕 David Hollinger, *From Identity to Solidarity*, Daedalus, Fall 2006, p. 24.

〔5〕 Craig Calhoun, "Community Without Propinquity Revisited: Communication Technology and the Transformation of the Urban Public Sphere", *Sociological Inquiry*, Vol. 68, No. 3, p. 381.

〔6〕 Gerard Delanty, *Community*, Routledge, 2003, p. 2.

同体[1]等。

从上述对共同体定义的描述中，我们可以总结出共同体在最传统的意义上所具有的两个基本特征：一是共同生活，即强调共同体的地域性或地方性。如英国社会学家麦基文所说，不管多大面积的共同生活，都可称为共同体，如村、镇、县、省、国家，以及更大的领域。只要大家在一起生活，就必然从中产生与发展出某些共同特点，如举止动作、传统习俗、语言文字等。这些共同性不是通过对个体之间的各项特征进行比较而抽象出来的，而是在长期的社会真实互动中逐渐产生的。因此，共同体并非静态地指称基于某种标准或性质而被圈定的一群人，而是指生活在一起的人们的交往过程以及在此过程中形成的共同文明成果。二是共同的价值取向。共同体的地域性或地方性只能保证人们在物理关系上形成紧密联系，但无法保证在精神关系上的彼此认可。[2]因此，共同的价值取向成为使共同体更加深刻而持久的要素。滕尼斯非常强调共同体的意志或精神这一要素，认为"共同体的理论出发点是人的意志完善的统一体"。[3]共同体的价值取向或共同体的精神促使成员之间相互认同。而且，共同体并不仅仅指共同生活的群体，也指称一种归属的观念。因此，认同感、归属感等精神要素构成共同体的重要组成部分。

与上述两个要素相比较而言，法社会学对共同体的定义更关注其实质性要素，即共同体是相对于国家和个人的社会组织形式，或是一种介于个人和国家之间的社会，侧重于将共同体置于国家、法律与社会的框架中，通过阐述彼此之间的关系来说明共同体。如埃利希将对共同体的理解置于"社会联结"之上，肯定共同体（无论是初级群体还是国家）通过规则（活法）调整自身行为。"社会联结是一种社会关系，在这种关系中，人们承认作为关系纽带的特定规则并根据这些规则调整自身行为。这些关系可能很简单也可能很复杂，前者如初级群体，后者如国家。"[4]又如，韦伯认为共同体是一种社会

---

[1] A. Agrawal and C. C. Gibson, "Enchantment and Disenchantment: The Role of Community in Natural Resource Conservation", *World Development*, 27 (4), 1999, p. 633.

[2] 李义天主编：《共同体与政治团结》，社会科学文献出版社2011年版，第5~8页。

[3] ［德］斐迪南·滕尼斯：《共同体与社会：纯粹社会学的基本概念》，林荣远译，北京大学出版社2010年版，第48页。

[4] ［美］马修·戴弗雷姆：《法社会学讲义：学术脉络与理论体系》，郭星华、邢朝国、梁坤译，北京大学出版社2010年版，第86页。

关系，但社会关系仅具有某种同体性还不足以产生共同体，共同体产生的基础必须是社会关系的参与者产生"同属于某一个整体的感觉"。[1]韦伯指出："人与人之间在素质、处境或行为呈现的某种共同性，并不能表示共同体的存在。……只有到这一社会关系打上了同属于某一整体的感觉印记时，才产生了'共同体'。""共同体可以建立在各种形式的感情、情绪或传统基础上。如斯多亚式的兄弟会、性关系、崇拜关系、'民族'共同体、同志式结合起来的军队等。"[2]再如迪尔凯姆对共同体的理解建立在劳动分工和社会团结的基础上，共同体的形态和发展与社会团结的分类及其特点有着密切的关联。他认为，"机械团结的社会由相似的重复部分组成，比如家庭、部落和氏族。……有机团结社会具有多元化的价值和信仰体系，其集体意识在本质上依赖于个体独特的角色和贡献"。[3]

本书采用的工作定义延续法社会学的基本理论传统和方法，将共同体界定为一种组织维度上的共同体，即为利于自己行动而构建组织和相关制度的联合群体。它应当"具有明确的界限和成员、内部组织和统一的外部关系、排他性的公共事务、自主性以及足以调控自身的诸多程序"。[4]

现代性理论、个人主义和某些自由民主理论，强调现代社会是国家通过法律对全体社会成员个体进行治理，与此相对，社会学理论则揭示出如果在个人与国家之间缺少社区、群体、行业、社团等共同体，是难以实现有效治理的。当代法治社会已经将公民社会作为善治的基础，对共同体的正当性予以认同。另一方面，与传统社会共同体不同，现代法治社会的共同体通常是自愿形成的，成员往往是自愿接受共同体的规制，而不是出于强制。因此，法社会学对于共同体的研究，本质上是在国家、法律与社会的理论框架下展开的，同时，与公民社会的理论与实践具有相同的研究旨趣。公民社会是与自然社会（家庭）和政治社会（国家）相对的概念，是处于家庭与国家之间

---

〔1〕 ［德］马克斯·韦伯：《社会学的基本概念》，胡景北译，上海人民出版社2005年版，第65页。

〔2〕 ［德］马克斯·韦伯：《社会学的基本概念》，胡景北译，上海人民出版社2005年版，第68、66页。

〔3〕 ［美］马修·戴弗雷姆：《法社会学讲义：学术脉络与理论体系》，郭星华、邢朝国、梁坤译，北京大学出版社2010年版，第56~57页。

〔4〕 M. G. Smith, *A Structure Approach to Comparative Politics*, in Smith（ed.）, Corporations and Society, Duckworth, 1974, p. 94.

的地带，[1]基本特征是独立于国家，由许多自主的集合体构成，其标志即为社团的自主性。[2]"社团是国家之外的次级共同体，是市民社会自我满足、自我管理、自我发展的自治组织形式……是制约国家权力、实现自治权利的重要领地。"[3]从这个意义上说，公民社会的理论将公民社会置于国家与社会二元分类的理论框架下，突出公民社会自治的重要性。关于共同体的研究，通常也是以社会自治为指向的。

二、共同体的种类

关于共同体的种类，不同学者有不同的划分方式，但至今为止没有一种统一的分类标准与结果。我们试图将不同的分类标准与结果进行简要的概括，得到三种分类模式：一种是较为传统的分类模式，即以地域为标准，对不同区域范围内的共同体进行分类，"最大的共同体就是具有一定疆域范围的民族国家"。但是，如果从去疆域化角度来思考，正在兴起的跨国共同体则成为另外一种共同体层次或种类。[4]一种是按照社会生活的不同领域进行分类的模式，如韦伯在谈及政治共同体时谈及其他共同体的形式，意在区分政治共同体与其他共同体，认为共同体的形式有多种，包括文化、语言、伦理共同体、宗教共同体、政治共同体等。[5]一种是根据共同特征来分类的模式，如滕尼斯在论述共同体的理论时认为，血缘共同体、地缘共同体和精神共同体是共同体的三种基本形式。[6]按照共同特征进行分类的模式，共同体可以"被用

---

〔1〕 邓正来：《市民社会与国家———学理上的分野与两种架构》，载邓正来、[英] J. C. 亚历山大编：《国家与市民社会：一种社会理论的研究路径》，中央编译出版社1999年版，第88页。

〔2〕 [美] 爱德华·希尔斯：《市民社会的美德》，载邓正来、[英] J. C. 亚历山大编：《国家与市民社会：一种社会理论的研究路径》，中央编译出版社1998年版，第36、38页。

〔3〕 马长山：《法治的社会根基》，中国社会科学出版社2003年版，第166~167页。

〔4〕 参见 [加] 黛安娜·布赖登、威廉·科尔曼主编：《反思共同体——多学科视角与全球语境》，严海波等译，社会科学文献出版社2011年版，第117页。

〔5〕 [德] 马克斯·韦伯：《论经济与社会中的法律》，张乃根译，中国大百科全书出版社1998年版，第342页。

〔6〕 滕尼斯认为："血缘共同体作为行为的统一体发展为和分离为地缘共同体，地缘共同体直接表现为居住在一起，而地缘共同体又发展为精神共同体，作为在相同的方向上和意义上的纯粹的相互作用和支配。"精神共同体"可以被理解为真正的人的和最高形式的共同体"。[德] 斐迪南·滕尼斯：《共同体与社会：纯粹社会学的基本概念》，林荣远译，北京大学出版社2010年版，第53页。

来指称那些更广泛的、想象的（甚至是虚拟的或全球的）人类群体",[1]不仅可以将传统的共同体形式囊括其中，也可以对很多新型共同体形式进行解释与分类。如虚拟共同体是基于共享信念和价值观而不是基于地理位置的接近而形成的人类群体,[2]种族的、民族的、地方的认同及其他的宗族主义形式也是一定意义上的共同体,[3]同性恋共同体,[4]"想象的共同体",[5]全球化形式下的"命运共同体"和较为松散的跨国性共同体等。[6]

三、共同体精神

滕尼斯非常强调共同体的精神要素，他在共同体/社会的二分法中，强调共同体是一种关于"内部"关系的主观共同体，即共同体的存在取决于对共同归属的意识以及相互依赖状况的确认。[7]共同体精神是认同的源泉所在，

---

〔1〕〔英〕多米尼克·布莱恩:《共同体政治》，载李义天主编:《共同体与政治团结》，社会科学文献出版社 2011 年版，第 61 页。

〔2〕参见〔加〕黛安娜·布赖登、威廉·科尔曼主编:《反思共同体——多学科视角与全球语境》，严海波等译，社会科学文献出版社 2011 年版，第 117 页。

〔3〕〔英〕保罗·霍普:《个人主义时代之共同体重建》，沈毅译，浙江大学出版社 2010 年版，第 40、111~109 页。

〔4〕〔英〕多米尼克·布莱恩:《共同体政治》，载李义天主编:《共同体与政治团结》，社会科学文献出版社 2011 年版，第 61 页。

〔5〕安德森认为民族是一个"想象的共同体"。参见〔美〕安德森:《想象的共同体:民族主义的起源与散布》，吴叡人译，上海人民出版社 2011 年版。

〔6〕布赖登、科尔曼在论述全球化与共同体时，认为"共同体"曾经被视为特指在中观尺度上运作的小型社会群体，通常被认为是面对面的联系。这个含义目前并没有消失，但已经在更大的社会结构内扩展了其含义，如用来指称国家的范围，甚至是跨越全球的共同体，直接从地方走向全球。而且在全球化条件下共同体的形式或种类有了新的发展，如"命运共同体"，即随着紧急情况造成的压力和危机而产生的，但又随着危机的消失而消失，具有脆弱性和短暂性，有的共同体非常松散，不同于传统上以地域为基础的共同体，如全球化与工会权利南方组织，这类共同体在地理位置、国籍、意识形态、组织形式、生产者与消费者利益以及性别等方面存在很多矛盾，但其仍然是一个共同体。参见〔加〕布赖登、科尔曼:《全球化、自主性与共同体》，载〔加〕黛安娜·布赖登、威廉·科尔曼主编:《反思共同体——多学科视角与全球语境》，严海波等译，社会科学文献出版社 2011 年版，第 8、22~25 页。

〔7〕〔美〕克雷格·卡尔霍恩:《共同体:为了比较研究而趋向多变的概念》，载李义天主编:《共同体与政治团结》，社会科学文献出版社 2011 年版，第 8 页。

也表现在成员的归属感、义务感和实际行动当中。[1]

共同体精神的培养与维持，对于共同体治理而言具有十分重要的意义和作用。它有助于建构一个富有生机与活力、相互支持、并具有包容力的共同体，有助于培养共同体成员间的互相信任与合作关系，对于共同体治理以及内部纠纷解决都能发挥积极的作用。共同体精神能够促进成员彼此之间的信任，以及成员对共同体的认同与归属，有利于解决成员之间以及成员与共同体之间的纠纷。在产生纠纷之时，基于信任或归属感，成员可能首先选择在共同体内部加以解决，通过内部途径进行沟通与交流，增进相互了解的机会与空间，促进人际包容，有可能达致积极的纠纷解决效果，从而防止纠纷激化与外化。不过，在此种意义上而言，共同体精神可能达到的效果也是有限的。

具体说来，共同体精神主要包括共同体内部成员的归属感和认同感，对于共同体治理以及内部纠纷解决机制的建立与运行都发挥着重要的作用。第一，归属感。从历史的观点上说，共同体在地方中形成，反过来，地方往往又由共同体来界定。位置的体验是由其基础和边界来衡量的，有助于促进沟通和想象，以形成归属感，而这种归属感是共同体的核心，[2]提高成员对共同体的认同，促使成员信任共同体，愿意通过共同体内部机制解决对立的问题或冲突。第二，认同感。认同与共同体之间存在深刻的联系。[3]认同为共同体成员提供一个组织框架，使人能够在此框架中决定善和价值的含义以及在类似问题的主张。虚拟地说，如果成员失去这种认同，就会感到迷茫，就会在许多问题上无法理解事物对他们的意义。[4]因此，共同体成员有必要通过参与共同体的实践，培养对共同体的认同。这些实践可以多种多样，其中参与共同体内部纠纷解决机制便是其中之一。通过参与共同体内部机制解决纠纷，

---

〔1〕 参见［加］黛安娜·布赖登、威廉·科尔曼主编：《反思共同体——多学科视角与全球语境》，严海波等译，社会科学文献出版社 2011 年版，第 55 页。

〔2〕 ［加］黛安娜·布赖登、威廉·科尔曼：《全球化、自主性与共同体》，载［加］黛安娜·布赖登、威廉·科尔曼主编：《反思共同体——多学科视角与全球语境》，严海波等译，社会科学文献出版社 2011 年版，第 12 页。

〔3〕 ［美］阿米泰·伊兹欧尼：《特殊主义义务是否合理》，载李义天主编：《共同体与政治团结》，社会科学文献出版社 2011 年版，第 165 页。

〔4〕 Charles Taylor, *Sources of the Self*: *The Making of Modern Identity*, Cambridge, Harvard University Press, 1989, p. 27.

使得共同体成员更加深入地了解共同体的价值观和目标，了解共同体的组织框架和运行方式。

共同体治理需要共同体精神作为支撑，但同时也是培养共同体精神的最佳场所。这种精神只有在共同体背景中才能真正被实践、被培养并发挥出全部优势。共同体是产生信任、归属感，并促使成员参与共同体行动从而实现目标的重要组织形式。因为在共同体内部，成员间能够清楚地了解成员及共同体的权利、义务和责任，更有利于进行自我管理。不过，共同体精神不是一成不变的，因此共同体要随着社会的变化不断地发展、更新自己，保持成员对共同体的认同感，增强成员对共同体的归属感。这种共同的价值观对于增进共同体成员间的相互沟通及对共同体事务的参与性而言十分必要。当然，认同感与归属感对于共同体治理所发挥的作用也可能有限，因为它毕竟要依靠成员的主观意识与认知，还要依靠成员的参与。

第二节　共同体治理

共同体治理意味着共同体根据自身的特点、结构、目的以及所处的环境等确定目标、制定规则，自主管理内部事务，不受或少受国家的干预。共同体治理有其合理性与必然性，因为共同体内部事务与活动有其自身的特点与共性。在法治社会中，共同体治理的形式多种多样，但是在共同体治理中最重要的是国家与共同体的关系，这取决于多种因素。国家应当尊重共同体的自主治理，仅在必要时进行干预。同时，共同体治理也受到多种因素影响，存在治理的边界。

一、共同体治理的内涵

共同体治理主要是指共同体成员的自主治理，自主决定本共同体的公共事务，而非由本共同体以外的人或组织来治理。[1]共同体根据国家的授权和自身需求，自主制定符合本共同体需要、在其内部适用的共同规则，决定共同体的治理方式，自主处理内部事务和纠纷等。这就意味着关涉共同体利益的制度、决策等由共同体自行决定，因为共同体更了解其本身的目的、功能、

---

〔1〕　王建勋编：《自治二十讲》，天津人民出版社2008年版，序言第1页。

结构、成员的需求以及自身所处的环境与条件等，也有利于在共同体内部建构一种理性且公正的秩序。同时，需要依靠共同体精神的支撑，使得共同体成员认为共同体事务与自己休戚相关，可以通过行使一次权利或履行一项义务来实践这种精神，从而增强共同体成员的认同感和归属感。

共同体治理的方式决定了国家在其治理中只起有限的作用，但这并非意味着国家在这一领域的全然退出和不加干预。国家尽量促进共同体对其自身事务进行治理，仅在必要时进行干预。国家的作用应当仅限于为共同体提供行为的框架和/或对其行为进行程序性审查，而非指涉其行为的实质内容。

人类的属性是其社会性，即对群体某种程度的依赖。在历史上，共同体始终是重要的社会组织方式。国家形成之后，国家与共同体的关系就成为社会治理最基本的问题。社会自治程度越高，则国家规制的强度、范围和刚性越低，社会的灵活性和多元化程度就越高。近现代以来，随着民族国家的兴起，国家权力的强化和规制范围不断扩大，与此相应，国家对共同体治理的限制越来越多。尽管如此，在多数法治国家依然为共同体自主治理保留了充分的空间，在法律上亦赋予其正当性与合法性。

二、法治社会中的共同体治理

在法治社会，共同体本质上是因成员自愿加入而构成的，个人加入共同体意味着接受该集体的共同价值观和基本规则。共同体成员连接成共同体，便不再是各不相关或完全独立的个体，而是服从对其个人自主性施加诸多约束并反过来从共同体获益的人。成员的权利、义务等内容均由共同体规则和标准加以规定，成员应当遵守这些规则和标准。共同体内部的规则约束着成员的行动范围。"共同体并没有对其成员放任自流，或是让他们自由开拓行为方式的每一种可能性。它们按照一整套规则或者标准运作，这些规则和标准界定了各种情形下的合理行为。大体而言，规则通过界定人们可以期待从伙伴那里所得到的东西而消除利益纷争"，[1]促使人们平息内部纷争。

1. 法治社会中共同体治理的形式

现代法治国家的共同体治理最重要的形式是地方治理，通过分权，使地方自行试验符合本地的政策，使公民学会管理本地的公共事务，这正是民主

---

〔1〕 Colson, *Tradition and Contract: The Problem of Order*, Heinemann, 1975, p. 52.

社会实现的根基。[1]此外，还表现为行业治理、大学治理、社团治理等形式，因为构成共同体的要素包括身份、信仰、政治、经济和文化等。其中一些共同体治理的形式涉及基本人权，已经被很多国家纳入宪法。随着法治的发展，当代（后现代）理论对于共同体给予了更多的理解和正当性证成。其理论基础包括：少数人权利、少数人群体权利、公民社会理论、社群（共同体）正义、多元价值观，等等。当代法治已经将共同体治理提升为一种基本人权和自由。

2. 共同体与国家的关系

在当代法治社会，对于共同体自治而言，最重要的问题是共同体与国家的关系。总体说来，两者之间的关系是此消彼长的，即社会"自治力量越强，国家干预的范围就会相应缩小；反之，如果国家对社会自治加以严格限制或社会自治能力本身很弱，则对国家权力和法律控制手段依赖程度必然很高"。[2]但两者之间的关系是非常复杂的，[3]取决于多种因素。

首先，两者的关系取决于国家对共同体的法律定位及授权范围，共同体作为与国家相对的概念，其自我管理、自主决策及活动的合法性及其空间必然受到国家的控制，因此只有在国家承认共同体治理合法性的前提下，其成员才有权自主制定规则、处理成员间的关系及内部事务和纠纷等。其次，取决于国家权力包括司法权对共同体内部事务的介入程度，即当纠纷发生时，是优先选择内部纠纷解决机制还是司法管辖权优先，在程序上体现为自治性纠纷解决机制是否可以作为法定前置（必经）程序。再次，承认并尊重共同体自主治理并不意味着国家行政管理权及司法权的放任和不作为。法治社会中的共同体治理意味着共同体要在法律的框架下活动，不能违背法律。而"法律的一般性任务就是解决已经发生的争议"，那么对于共同体内部纠纷，法律可能以某种形式介入，"包括司法裁决，也包括选举、表决、管理决定、法律咨询和签订调解书等形式"。[4]因此，国家可以通过行政权和司法权保护、监督、干预共同体对其内部纠纷的处理机制，保障其合法性与公正性，

---

〔1〕　Colson, *Tradition and Contract: The Problem of Order*, Heinemann, 1975, p. 2.

〔2〕　范愉:《纠纷解决的理论与实践》，清华大学出版社2007年版，第171页。

〔3〕　［英］多米尼克·布莱恩:《共同体政治》，载李义天主编:《共同体与政治团结》，社会科学文献出版社2011年版，第58~59页。

〔4〕　［德］托马斯·莱塞尔:《法社会学导论》，高旭军等译，上海人民出版社2011年版，第167~168页。

对其失误进行救济和矫正，从而有利于保护共同体成员的权利以及维护法治秩序。从这个意义上说："法律对于社群生活的干涉形式提供正当性：保护隐私和法治。"[1]最后，也是最重要的，当代法治国家需要合理界定共同体治理与国家法律规则、司法救济的边界和限度，既不过度依赖国家干预，又能有效避免共同体权力的滥用，才可能达至善治。原则上，国家的作用主要在于为共同体提供行为的法律框架，仅在必要时对共同体内部事务进行干预，以及对共同体行为进行监督。"在社会自主性得以展现的那些领域，政治权力应当尊重社会的自主权。"[2]然而，在共同体治理能力较弱、社会自治尚未得到社会广泛认同之前，国家对共同体的较强规制则是不可避免的。

三、共同体治理的边界

在当代法治社会共同体治理的正当性及其边界的界定受到多种因素的影响，具体包括以下几个方面：

（一）国家授权和实际控制能力

共同体作为自治性的社会组织，其形成过程具有自愿性，即成员的自愿加入，其活动具有自主性，即自我管理、自主处理内部事务包括纠纷等。但是共同体自我管理的权力与空间取决于国家的授权与认可，取决于国家对共同体控制的程度与能力。国家形成、发展的过程体现着国家与共同体之间控制与反控制的关系。现代意义上的国家是在市民社会的基础上形成并反过来力图控制市民社会的，而市民社会为了保障自身权利与自治的空间始终与国家进行对抗，双方的力量此消彼长。如果共同体的权力增强，那么国家的力量就会相对减弱，如果共同体的力量不足或削弱，则国家干预、控制的能力必然增强。可见，国家控制与共同体治理之间存在着权力分配关系。共同体"具有与国家权力对抗的属性"，[3]即共同体以其自治性、多元性监督国家权力的行使及其边界，有效地将一部分国家权力分解为自治权力，以自身力量解决内部问题，化解内部矛盾。国家承认共同体自我管理的权力与空间，

---

〔1〕 ［美］埃里克·A. 波斯纳：《法律与社会规范》，沈明译，中国政法大学出版社 2004 年版，第 308 页。

〔2〕 ［英］查尔斯·泰勒：《市民社会的模式》，载邓正来、［英］J. C. 亚历山大编：《国家与市民社会：一种社会理论的研究路径》，中央编译出版社 1999 年版，第 21 页。

〔3〕 马长山：《法治的社会根基》，中国社会科学出版社 2003 年版，第 173 页。

就意味着将国家权力的一部分分割给共同体，从而"有效地将自己的某些职能委托给这些群体"，认为它们"能比国家更有效地为其内部成员产出公共物品"。[1]然而，现代国家权力的触角已经触及社会生活的各个领域，尤其是数字技术在行政领域的应用使得权力控制的范围在不断扩大，对共同体内部事务的干预和限制越来越多，这意味着共同体自主治理的空间在缩减。因此，共同体治理的边界首先取决于国家的授权和国家对共同体的控制程度。

（二）共同体的治理能力

共同体自身的治理能力影响着共同体治理的程度与空间。尽管在全球化环境下许多主流观点对共同体持赞扬态度，但也有学者如布赖登、科尔曼对此持怀疑态度，他们认为在现代时期共同体建立自治的能力值得质疑，始终对共同体是否能够真正满足成员的需要保持高度的关注。但他们并非完全否认共同体的自主管理，仍承认其对于共同体的价值，只是其存在的条件、被理解的程度以及实现的方式正在发生变化。共同体作为人类活动的产物，由其内部的多变性和外部的共同边界组成，具有更新和适应的能力。但这种能力牵涉文化价值、制度结构和交际行为等多种因素。[2]由此可见，共同体自身的目的、内部结构以及成员间的交往行为等内部因素及其多变性，以及国家的制度架构、文化理念等共同体外部因素及其多变性都会对共同体治理的能力产生重要影响。并非任何共同体都具有自主管理的能力，也并非具有自主管理能力的共同体都有相同程度的治理能力，因此共同体自身能力的强弱影响着共同体治理的边界。

（三）历史因素

共同体治理的界限因其所经历的历史背景不同而呈现出不同的样态。如西方国家兴起与发展的历史中就存在着共同体自治优先于国家集权的状况。洛克认为，社会先于政府而存在，"在所有政治社会出现之前，人类就形成了一种共同体"。[3]西欧中世纪中后期的历史表明，城市以及城市自治权的出现

---

〔1〕［美］埃里克·A.波斯纳：《法律与社会规范》，沈明译，中国政法大学出版社2004年版，第324页。

〔2〕［加］黛安娜·布赖登、威廉·科尔曼：《全球化、自主性与共同体》，载［加］黛安娜·布赖登、威廉·科尔曼主编：《反思共同体——多学科视角与全球语境》，严海波等译，社会科学文献出版社2011年版，第26~29页。

〔3〕［英］查尔斯·泰勒：《市民社会的模式》，载邓正来、［英］J.C.亚历山大编：《国家与市民社会：一种社会理论的研究路径》，中央编译出版社1999年版，第14页。

在先。随着中世纪欧洲生产力的发展以及"商业革命"的出现，城市日渐兴起并不断成长，通过获得"特许状"等多种途径逐渐享有行政、司法、财政、军事等权力，选举议会，组建行会进行行业自治管理等，民主形式较为普遍，并形成民主参与和自律管理的精神。城市的自由及其自治特权的重要性不仅表现在经济方面，更为关键的体现在政治方面，意味着城市具有与教会、国王、贵族等进行斗争和抗衡的政治权力。而近代以来的西方国家是在城市的兴起与发展过程中，随着封建领主以及教会势力的衰落与削弱，王权逐渐集中并获得了人民的合法性认同而日益走向集权，[1]"民族君主的力量日渐增强、国家机构逐渐完备"。[2]作为一类共同体，城市先于国家而存在，并且具有与国家合作或抗衡的能力。而中国的历史发展大体与西方国家的情况相反，共同体并不具备与国家进行抗争的政治权力。共同体的基础不是城市，而是公社和土地，而国家作为最高的政治形态，凌驾于所有小的共同体之上，并对土地享有唯一的所有权。[3]因此，共同体治理的空间与权限均受到国家的控制。在西方历史发展中发挥重要作用的城市，在中国古代社会并不具有政治上的可与国家抗衡的权力，西欧城市发展中被视为重要力量的商人团体，在中国历史上"被看作是不受欢迎的下等人，在衣服穿着、武器佩戴、车马乘坐和土地占有等方面受到种种限制"，[4]即使商人可以从事经营活动并成为富豪，但在政治上仍是软弱和无足轻重的，[5]不具备与国家抗衡的政治权力。

（四）政治因素

作为社会力量组成部分的共同体，无论因何种目的而组织起来，在分割国家权力方面都具有重要的价值，正如托克维尔所言，"它们使我们具有自治的体验并形成自治的习惯"，而这种自治性的社团在很大意义上并非外在于政治权力，而是深深穿透于政治权力的力量，使权力处于分立、分散的

---

〔1〕 马长山：《国家、市民社会与法治》，商务印书馆2002年版，第64~67页。

〔2〕 ［美］斯塔夫里阿诺斯：《全球通史——1500年以后的世界》，吴象婴等译，上海社会科学院出版社1998年版，第29页。

〔3〕 参见马长山：《国家、市民社会与法治》，商务印书馆2001年版，第119页。

〔4〕 ［美］斯塔夫里阿诺斯：《全球通史——1500年以后的世界》，吴象婴等译，上海社会科学院出版社1998年版，第30页。

〔5〕 ［美］卡尔·A. 魏特夫：《东方专制主义》，徐式谷等译，中国社会科学出版社1989年版，第313页。

状态，[1]因此，具有独立性、自主性的共同体不是脱离于政治系统的，而是防止专制和特权的有效途径。孟德斯鸠认为，依照国家架构的多样性而在国家与共同体之间形成权力的分配，从而使得共同体成为政治体系中权力分立及多样化的基础。[2]法律在不同程度上承认来自各类共同体在各种层面的治理，包括地方治理、行业治理、各类社团治理等。国家通过法律规定了共同体治理的外在界限，共同体也以此设定了国家行动的界限，由此，共同体治理与国家干预由法律结合在一起，强调彼此的权利与义务。

（五）社会因素

社会认同在一定程度上决定着共同体治理的空间。社会认同意味着社会成员的共同承认，而"共同承认这一要素，严格来讲就是使意见成为公众或公共意见的关键所在"。[3]共同体的治理及其程度需要社会的广泛认同，这种认同能够渗透到个人的行为之中，一定程度上规约着个人对共同体的行为。如果社会认同度不高，那么共同体治理就有可能失去个人自愿参与及遵守共同体规则的根基，也许就导致国家权力不同程度地介入和干预，从而增强国家对共同体的控制。因此，共同体治理能力较强且社会认同度较高的国家治理空间较大，国家对共同体的干预程度就较小，相反，在共同体治理能力较弱且社会认同度较低的国家治理空间也相对较小，国家对共同体的控制程度也就相对较强。

（六）文化和理念因素

国家与共同体之间的关系也必然受到其所处的文化背景及相关理念的影响。如民众的集体主义理念有可能鼓励不受国家监督与控制的共同体，倡导共同体的完全自治，但这又可能导致共同体的盲目自治最终归于自我毁灭。"如'雅各宾'式的民主观念，认为仅当人民一起形成'共意'时，人民才是自由的。"这似乎意味着共同体不受国家督导，享有完全意义上的自治，但这种不受国家权力调整与控制的自治有可能导致共同体的"自我毁灭"，可能

---

〔1〕 [英] 查尔斯·泰勒：《市民社会的模式》，载邓正来、[英] J. C. 亚历山大编：《国家与市民社会：一种社会理论的研究路径》，中央编译出版社1999年版，第31页。

〔2〕 [英] 查尔斯·泰勒：《市民社会的模式》，载邓正来、[英] J. C. 亚历山大编：《国家与市民社会：一种社会理论的研究路径》，中央编译出版社1999年版，第27页。

〔3〕 [英] 查尔斯·泰勒：《市民社会的模式》，载邓正来、[英] J. C. 亚历山大编：《国家与市民社会：一种社会理论的研究路径》，中央编译出版社1999年版，第20页。

演变为"极端形态的民族主义",[1]从而不利于共同体正常、有序地发展。又如自由主义传统突显共同体治理的重要性,认为独立的共同体能够制约国家权力,发展自治权,保护自身及其成员的自由。再如国家中心论或法律中心论的理念,强调国家或法律在社会治理中的作用,甚至主张最大限度地实现法律对社会的全面控制,[2]而对共同体及其治理给予有限的关注并予以控制,因此共同体治理的空间十分有限。可见,在不同理念和文化因素的影响下,共同体与国家的关系呈现出不同的样态,共同体治理的边界也由此不同。

综上所述,在法治社会下,共同体治理作为社会自治的基本形式,其正当性、范围和程度取决于多种因素。而如何处理与国家规制的关系则是共同体治理最核心的问题。

第三节　共同体治理与国家规制

共同体与国家的关系是共同体治理中的关键。国家应当尊重共同体治理,但也要在必要时、在一系列原则和规则下予以适当干预,且干预应当有合理的界限,如此形成共同体治理与国家规制间的良好结合,最终达至善治。

一、善治:国家规制与共同体治理的结合

在法治社会,良好的国家治理与社会自治构成了善治的理想目标。那么,共同体治理与国家规制的关系则成为善治能否实现的重要体现,历来是法治国家的重大公共政策问题。

关于善治的理念及其内涵众说纷纭,总体说来,善治是在长期积累和系统分析治理内涵的基础上形成、转化而来的,[3]是为克服治理的失效性问题

---

〔1〕　[英] 查尔斯·泰勒:《市民社会的模式》,载邓正来、[英] 亚历山大编:《国家与市民社会:一种社会理论的研究路径》,中央编译出版社 1999 年版,第 20~30 页。

〔2〕　"当国家最终取得了足够多的财富和权力的时候,就会以更为纯粹的法律制度取代各种形式的非法律规制手段,而且会渐渐取得成功,因为,和非法律规制手段相比,法律制度是更好的。"参见 [美] 埃里克·A. 波斯纳:《法律与社会规范》,沈明译,中国政法大学出版社 2004 年版,第329 页。

〔3〕　世界银行在 1996 年后鼓励治理的理念向作为最优化政治行动风格的善治的理念转变。参见 [法] 让-皮埃尔·戈丹:《何谓治理》,钟震宇译,社会科学文献出版社 2010 年版,第 48 页。

而提出的理念。关于治理的基本含义，全球治理委员会的定义具有很大的代表性和权威性，认为"治理是各种公共的或私人的个人和机构管理其共同事务的诸多方式的总和，具有四个特征，即治理不是一整套规则，也不是一种活动，而是一个过程；治理过程的基础不是控制，而是协调；治理既涉及公共部门，也包括私人部门；治理不是一种正式的制度，而是持续的互动"。[1] 在治理含义的基础上，为使治理更有效而产生的善治理念，在20世纪90年代开始流行，成为时髦词汇，使用频率非常高，多用于政治学、经济学等领域。关于善治的基本含义和特征，我国学者俞可平在总结众多文献的基础上，认为善治就是使公共利益最大化的社会管理过程，其本质特征就在于它是政府与公民对公共生活的合作管理，是政治国家与公民社会的一种新颖关系，是两者的最佳状态。实际上是国家权力向社会的回归，善治的过程就是一个还政于民的过程，表示国家与社会或者说政府与公民之间的良好合作。善治的基础与其说是在政府或国家，还不如说是在公民或民间社会。从这意义上说，公民社会是善治的现实基础。[2]可见，善治的内涵指明了国家治理与社会自治的结合。

关于善治的基本要素，俞可平在综合各家观点后概括为六个，即合法性、透明性、责任性、法治、回应与有效，[3]何增科概括为十个要素，即合法性、法治、透明性、责任性、回应性、有效、参与、稳定、廉洁、公正和包容性。[4]无论是几要素，均可看出善治与法治之间有着必然的联系，只是关于善治与法治关系的论述并没有深入进行。[5]较为遗憾的是我国法学界目前对善治与法治关系的研究成果较为少见。强世功在《法制与治理》一书中

---

〔1〕　全球治理委员会：《我们的全球伙伴关系》，转引自俞可平主编：《治理与善治》，社会科学文献出版社2000年版，第4~5页。

〔2〕　俞可平：《引论：治理和善治》，载俞可平主编：《治理与善治》，社会科学文献出版社2000年版，第11页。

〔3〕　俞可平：《引论：治理和善治》，载俞可平主编：《治理与善治》，社会科学文献出版社2000年版，第9~10页。

〔4〕　何增科：《治理、善治与中国政治发展》，载《中共福建省委党校学报》2002年第3期。

〔5〕　俞可平认为法治是善治的基本要求，没有健全的法制，没有对法律的充分尊重，没有建立在法律之上的社会程序，就没有善治。参见俞可平：《引论：治理和善治》，载俞可平主编：《治理与善治》，社会科学文献出版社2000年版，第10页。何增科认为实行法治、保障司法独立是善治的重要内容，参见《治理、善治与中国政治发展》，载《中共福建省委党校学报》2002年第3期。

论及法律与治理间的关系，但仅限于说明法律是国家治理的工具，并未对法治与治理、法治与作为新型治理理念的善治之间的关联性作出进一步的论述。"法律是国家进行治理的工具，构成国家治理技术的一部分。"法律权力的展开需要政府治理权力的支持和配合，法律权力的实践也往往需要政府治理权力的协助，借助政府治理权力的渠道达致其目的。但法律的权力能力或法律的支配强度自然无法和政府治理权力相比。[1]值得关注的是，在《多元化纠纷解决机制与和谐社会建构》一书中，作者对善治与法治的关系做了较为深入的分析。在对善治进行分类——法治型善治与效能型善治的基础上，从法学的视角突出强调效能型善治在解决过度法治带来的问题以及消除法治的负面影响方面所发挥的作用，指出善治与回应型法具有内在契合性，并说明"中国语境下的善治是法治化进程中的善治，不仅要树立法的权威，实现规则之治，还要避免硬性法治、过度法治，使治理开放灵活、多元而有弹性。只有这样才能既克服法律的局限性，又有可能接近善治"。[2]可见，法治是善治应有之意，善治又能够克服法治的局限性。

善治的理念强调法治与社会自治、国家规制与共同体治理的相合，意味着国家治理过程中突显法治重要地位和作用的同时，也要依赖社会自治、共同体治理，两者结合，实现对社会的有效治理。

二、国家干预的必要性

毫无疑问，法治社会的共同体治理是在法律规制下的自主治理，国家权力、特别是司法权可以并且有能力通过一定的制度和程序介入共同体事务。国家对共同体治理越尊重，司法介入就越谨慎和节制。反之，国家和社会公众对共同体治理缺少信任或共同体治理能力越低，司法介入的程度和力度就越大。然而，效果未必越佳。国家掌握着控制对共同体治理介入的主动权，能否合理把握介入的边界与尺度，对于共同体治理的发展至关重要。

共同体治理的范围、边界、能力以及实现治理的条件都无法脱离其与国家间的关系及相互作用。共同体虽是一个独立、自治的领域，但并不是自足的领

---

〔1〕 强世功：《法制与治理：——家转型中的法律》，中国政法大学出版社 2003 年版，第 236～238 页。

〔2〕 范愉等：《多元化纠纷解决机制与和谐社会的构建》，经济科学出版社 2011 年版，第 65~70 页。

域，它只有与国家相整合，接受国家的调整，才能防止盲目自治带来的权力滥用与失序。因此，"共同体总是处于内部力量和外部力量的不断互动之中"。[1]

当代法治社会对共同体治理的承认和尊重并不意味着国家对共同体内部事务不加干预。近现代初期，各国司法管辖权多奉行对自治体（宗教、政党、社团、行会、大学等）内部事务不予干涉的司法消极主义政策，尽可能对此类纠纷不予立案，但随着司法在人权保护和参与公共决策方面的社会功能不断提高，司法的能动性大大增强，自治体内部事务早已被纳入司法管辖。不过，这并不意味着国家权力可以任意、不受节制地介入共同体内部事务，而是限制在一系列原则和规则下，如人权原则、不告不理原则、有限干预原则等，同时，国家行政主管机构和司法机关都对共同体内部非诉讼纠纷解决机制给予支持和鼓励。

国家权力，尤其是司法权对共同体内部事务的介入具有合理性，一方面体现为保障成员的权利，限制共同体因滥用自治权而损害内部成员的利益，以实现公平。事实上，从国家治理及资源的利用角度来看，法院可以不干涉共同体对其内部事务包括纠纷或冲突的自主管理。但是由于对共同体内部规范的实施及其权力实施的"不安"，法院还是会干涉共同体内部的纠纷或冲突解决，防止共同体内部治理行为侵犯成员的利益，这也正是法院干涉的正当性基础。如果法院对此置之不理，则在促进各种非法律的社会控制形式——共同体自治的同时，似乎容忍了不公正的行为。[2]因此，司法权必然要对共同体内部纠纷的处理行为进行干预，以便在共同体滥用自治权损害成员利益、侵犯成员权利的情况下，为其提供有效且正式的保障机制，实现社会公平。在这种意义上，可以把司法权的干涉理解为法律对于共同体治理的负面影响所采取的一种适当的回应。另一方面，国家司法权适当地对共同体内部纠纷解决等事务进行干预，能够促进共同体的发展。通过司法判决结果体现的立场与倾向性，促使共同体对其治理行为进行反思和修正，制定出更适当的内部规则或措施，完善自主管理的同时能够满足成员的利益需求，注重对成员

---

〔1〕　[加] 黛安娜·布赖登、威廉·科尔曼：《全球化、自主性与共同体》，载 [加] 黛安娜·布赖登、威廉·科尔曼主编：《反思共同体——多学科视角与全球语境》，严海波等译，社会科学文献出版社2011年版，第13页。

〔2〕　[美] 埃里克·A. 波斯纳：《法律与社会规范》，沈明译，中国政法大学出版社2004年版，第325～327页。

权利的保护，减少内部纠纷与矛盾，"有助于创建更具生机、包容性和相互支持的共同体，能为人们提供更为安全、轻松的工作与生活环境；与此同时，可以在一定程度上调整人们的某些态度和行为"。[1]

三、国家干预的局限性

在承认法治国家必须依法规制共同体及其治理的同时，也需要看到，历史上尽管曾经有一些依靠国家集权大幅度限制社会自治的例证，但经验表明，这种治理很难获得成功和良好的效果。当代善治理论倡导共同体治理与国家控制的有机结合，在总结吸取法治国家社会治理经验的基础上，提倡适度节制国家权力、更多地发展社会自治、提高社会成员的参与，改善治理主体结构，降低社会治理的成本和风险，建立稳定和谐的社会秩序。

国家对共同体治理的干预之所以不是万能的，是因为在国家能力、提供的资源和取得的效果等方面存在着诸多的局限性，具体包括：

第一，国家能力方面的局限性。尽管当代各国政府的触角与功能日益渗透到社会管理的各个层面与角落，但是，在全球化趋势下，国家将越来越难以承担起作为公民保护神的角色。在许多西方民主国家，国家作为其公民的"养家人"的角色也正在日益减弱。原先由国家和公共权威机构所履行的许多功能，正在被逐渐私有化，许多国家在应付内政事务方面也陷入了困境，尤其是犯罪率的上升以及法律体系和公共秩序的瘫痪等，难以保障公民免受其害。"全球化进程及新自由主义意识形态的兴起与形成，使得许多发达国家的民众越来越不信任各自的国家和政府，一些人宁可不愿意相信徒有形式的国家程序，不愿意理会国家政治及其政治党派，而是利用自己的力量在身边寻找解决困难的途径。"[2]这是世界政治发展的一个非常鲜明的特征，即对国家力量以及国家规制的争议和质疑。[3]国家权力在能力上的有限已经使得民众对国家权力的迷信逐步削减，其中也包括对司法万能和司法介入的迷信。

---

〔1〕［英］保罗·霍普：《个人主义时代之共同体重建》，沈毅译，浙江大学出版社 2010 年版，第 96 页。

〔2〕［英］保罗·霍普：《个人主义时代之共同体重建》，沈毅译，浙江大学出版社 2010 年版，第 40、111~112 页。

〔3〕［美］弗朗西斯·福山：《国家构建：21 世纪的国家治理与世界秩序》，黄胜强、许铭原译，中国社会科学出版社 2007 年版，第 3 页。

　　第二，公共资源方面的局限性。国家权力特别是司法权力的运行是一种成本极高的治理方式，任何一个国家都不可能在社会治理和纠纷解决中无限投入大量的社会资源，相比之下，良好的社会自治和共同体内部纠纷解决机制在效益方面的优势远远高于国家规制和司法救济。共同体是"自下而上"得以建构的，对于共同体内部成员具有特殊的组织意义和精神支撑，通过自主治理及纠纷解决机制的运行，能够在相对温和的氛围内更方便、快捷地解决内部纠纷，在很大程度上节约了社会资源，间接地促进了国家资源的利用。

　　第三，治理效果上的局限性。在共同体治理方面，需要关注人们如何思考与和睦相处，以及整个复杂的关系体系如何得以统一。[1]由此可见，共同体治理中根本的特征是成员们如何制定规则处理成员间的关系及内部事务，以实现共同目标，达致共同体内部的和谐，一旦确认这一点，就能意识到国家在对共同体的治理过程中只起有限的作用。"共同体有助于建立一个更自愿的社会，促使人们遵循共同体规则。如此，警察与法庭的作用均可被降至最低限度。同时，政府对于因维持社会秩序而采取强制措施的可能性与需要，也会有所降低。在很大程度上，法律与秩序可以被共同体的非正式控制所替代。"[2]另外，国家权力对共同体治理进行干涉的社会效果也非常有限。国家通过行使行政管理权对共同体行为进行引导和控制，但是共同体作为自治性组织毕竟有其自身的特殊目的、自主运行的规律和自我管理的需要，它在多大程度上能够遵从国家行政权力的引导以及是否能够取得国家干涉意欲达到的初衷都取决于诸多因素，甚至也许会背离国家干预的方向。国家通过司法权对共同体内部决定的介入效果有时差强人意，表面看来通过司法判决解决了彼此间的纠纷，但矛盾也许并未在实质层面得以解决，共同体可能依据内部规则或要求而不执行法院裁判的结果，不仅成员权利得不到真正有效的维护，而且可能会进一步激化矛盾，引发更多的冲突。另外，法院对共同体内部决定进行审查，涉及更深层次的司法权与共同体自主管理权之间的斗争，而由于司法体制、司法能力本身的局限性等诸多因素有可能将法院置于社会关注的风口浪尖，进一步危及司法应有的权威性。

---

　　[1]　[美]文森特·奥斯特罗姆：《美国联邦主义》，王建勋译，上海三联书店2003年版，第9页。

　　[2]　[美]阿米泰·伊兹欧尼：《特殊主义义务是否合理》，载李义天主编：《共同体与政治团结》，社会科学文献出版社2011年版，第177页。

四、国家干预的合理尺度

在法治社会，国家不可能放任共同体治理而不进行任何干预，同时也不可能将共同体完全纳入国家权力的规制之下，因此合理界定国家对共同体治理进行干预的尺度就成为各国公共政策的重点。

无论是历史上还是当代，世界各国社会自治和国家规制的模式、格局都截然不同，并不存在绝对普适性的标准。法治社会国家与共同体自治的关系需要建立在一定的社会条件和基础之上。在分权与社会自治已经形成传统和实践基础的国家，国家对共同体治理的作用应当是辅助性的，即国家尽量促进共同体对其自身事务实现自治，仅在必要时进行干预。"辅助性原则以下面的假设为出发点：从根本上说，较小的共同体应承担起解决共同体问题的责任，只有在需要社会和政治支持的时候，更高一级实体才能进行干预。从这个意义上说，国家是辅助性的。这一原则不仅限于国家组织，也适用于社会、经济、教会、文化及其他领域的组织。教皇庇护十一世在《国十年（四旬，四十载）通谕》中的一段话，是对这一原则的经典表述：'……（个人）可以靠自己的主动性和勤奋完成一些事情，并对共同体作出贡献；因而，把更低一级的下属组织能够完成的事情，交给更大的、更高一级组织不仅是不正当的，同时也是巨大的灾难，是对正当秩序的扰乱。每项旨在帮助社会成员的活动，其性质都应当有助于社会，而决不能摧毁或扰乱社会。'""辅助性原则意味着优先考虑较小的共同体或私人的治理形态。……只要所解决的问题不再适合在更高层面解决或由更高一层政府提供资金，就应将权力、责任和资金交回给尽可能小的治理单位，或者交回给予所要解决之问题关系最紧密的自治层面或径自交给私人自治。"因此，辅助性原则是共同体面对各种形态的国家强制时保障自由和自治的一项防御性原则。[1]

在社会组织和社会自治尚未获得充分的权力和能力，不足以形成与国家协同治理的正常格局的地方，国家不应对共同体内部事务采取放任态度，只能在对社会体制进行改革、建构的同时，逐步培养发展共同体自治及其内部纠纷解决机制，随着自治能力的提高，国家可以适度退出，减少干预的程度

---

〔1〕〔瑞士〕罗伯特·内夫：《论非中心制度》，秋风译，载王建勋编：《自治二十讲》，天津人民出版社 2008 年版，第 321~323 页。

和力度。

五、国家干预的具体形式

当代法治国家对于共同体自治的规制主要体现为政策法律导向和审查作用，旨在引导共同体从事合法、正确的行为，制止或审查共同体的非法、不正确的行为，从而滋养共同体的自主性。国家的作用主要体现在两个方面：

其一，事先的行为引导，主要是指国家通过制定法律指导或规范共同体的行为。法律的作用主要是国家授权和限定共同体的治理范围、权限、权利和义务，分别界定其权利空间和禁止性行为等，由此，共同体的治理权能和边界基本上已由国家界定，国家原则上不再干预其自治权限内的事务。例如，国家可以授权或要求共同体按照国家法律规定设置内部纠纷解决机制或程序，甚至可以将其设定为诉讼前置程序或将特定纠纷完全排除在司法管辖之外。

其二，事后的行为审查，主要是指国家司法机关对共同体行为的合法性进行审查。在共同体成员对其内部规则、纠纷解决程序及结果存在异议，且属于司法管辖权范围的，司法机构可以通过诉讼程序对争议的规则和程序进行司法审查，通过司法救济维护共同体成员的权利。司法干预一般以程序性审查为主，但也可以进行实质性审查，包括对共同体内部规则合法性、合宪性的审查。司法干预不仅可以有效纠正违法或侵犯人权的问题，也可以引导共同体调整自身规则，更好地依法治理，维护人权，但一般而言，当代国家的司法机关都会尊重共同体治理，支持鼓励共同体成员优先选择共同体内部纠纷解决机制解决纠纷。

在当代法治社会，无论是立法还是司法干预，目的都不是将共同体完全纳入国家的严格规制之下，而是鼓励引导其在法治轨道上行使自主管理权。共同体内部纠纷解决方面的发展，可以为成员提供方便、快捷、有效的纠纷解决途径，通常也会得到国家的支持。

第四节　共同体治理与内部纠纷解决机制

任何共同体的治理都需要建立和维护内部的规则和秩序，纠纷解决机制是解决共同体成员因违反内部规则而引发的纠纷，因此构成共同体治理的重要内容和基础。

一、解决纠纷是共同体治理的重要内容

共同体中必然存在一定数量的冲突，但同时共同体又是一个拥有某些必须要素从而能够把冲突包含在稳定边界之内的社会团体。[1]可见，共同体治理的重要内容就是内部纠纷的解决或者内部的冲突管理，以缓解共同体内部的压力，维持内部秩序并实现利益共享。共同体内部冲突或纠纷解决机制的重要性则凸显出来。由于共同体成员有着共同的利益要求和共同的价值观，遵守共同的规则，因此其成员之间以及成员与共同体之间的纠纷适宜在内部解决，这样不仅有利于维护成员个人的权益，建立和谐、互动的共同体秩序，也尽可能避免国家权力的干预。当代法治国家都尊重共同体在解决内部纷争方面相应的自治权，使其能够通过自我调控将纠纷在内部加以解决。"国家应该把推进共同体自治的发展作为一项持续不断的政策加以长期贯彻，并为共同体发展自治提供各种资源和途径，将国家治理与共同体自治有机地结合起来。这种关系反映在共同体内部纠纷解决机制的运行方面，可以进一步理解为，共同体内部纠纷属于自治范围，共同体可以依据自身的规则、程序及权威解决其内部纠纷，而无需国家的干预与介入。然而，当共同体无力解决其内部纠纷时，就不得不求助于国家权力。在社会治理中，共同体自治力量越强，国家干预的范围就会相应缩小；反之，如果国家对共同体自治加以严格限制或共同体自治能力本身很弱，则对国家权力和法律控制手段依赖程度必然很高。"[2]

二、内部纠纷解决机制的合理性与优势

共同体不是一个只强调"我"的共同体，也不是一个只强调"我们"的共同体，而是一个强调"我和我们"的共同体，从而实现权利与秩序的并重与平衡。在共同体中，共同的价值观、认同感得以凝聚，形成良好、互动、和谐的共同体秩序，但同时成员作为个体的权利要求和自主性也应得到适当的表达。因此，当产生内部纠纷时，不仅要赋予成员主张权利的空间，也要

---

〔1〕 ［美］阿米泰·伊兹欧尼：《创造好的共同体与好社会》，载李义天主编：《共同体与政治团结》，社会科学文献出版社 2011 年版，第 350 页。

〔2〕 范愉：《纠纷解决的理论与实践》，清华大学出版社 2007 年版，第 171 页。

注意对共同体价值的维护，尽量维持权利与秩序之间的平衡。共同体内部纠纷解决机制的功能、价值和优势主要体现在以下几个方面：

（1）成员权利的表达。共同体治理能力主要体现在是否能为成员提供对话与沟通的充分空间以及对相对弱势群体的价值和利益的考虑和容纳。当共同体成员之间或成员与共同体之间产生纠纷时，成员作为相对弱势的一方需要充分的空间表达自己的权利要求，共同体应当为其提供空间或途径，并尽量考虑或容纳成员的利益诉求，如此既可以在共同体内部实现对成员权利的保护，也可以通过对话与沟通尽可能化解纠纷。

（2）共同体秩序的维护。首先，共同体内部的成员有着共同的利益要求，"密切联系在一起的人们，有着一种不致引起互相伤害、不会导致相互疏远的既得利益"，[1]因此遵守共同体的规则既是维护共同的利益，也是维护成员个人的利益。人们有不同的利益，但是他们看到利益的有效互补性能够实现相互依存的利益共享，[2]就能够遵守共同体的规则，实现最终的利益共享。其次，共同体实际上是一种个人的联合体，那么共同体成员对共同体规则的服从，是因为规则对所有成员均有制约作用，若没有这种发生制约作用的规则，就不可能实现这种联合。如果有成员违反规则或产生冲突而给共同体的秩序带来麻烦，共同体有权对此进行直接的干预和管理。再次，共同体因有其自身的特点与结构，有权处理内部事务以适应自身的发展。因此，任何破坏共同体规则和危害共同体秩序的行为都要受到惩罚，以便维护共同体的秩序。最后，共同体及其成员之间有着紧密的关系，成员对共同体一般具有归属感和认同感，因此通过内部机制解决彼此间的冲突或矛盾，有利于双方关系的维系，也有利于在一定程度上恢复共同体的凝聚力，增强成员对共同体的认同感。

（3）方便、快速、经济地解决纠纷，节约纠纷解决成本、降低风险。可以通过合理的程序设计，尽可能通过协商调解，以和平、建设性、非公开的方式解决内部纠纷，减少纠纷及其处理过程带来的成本与风险。

（4）适用、确认和发现共同体规则。在内部纠纷解决过程中，除了法律规范外，内部的共同规则（包括共同体自身的规章制度、行为规范、惯例、

---

〔1〕［法］贡斯当：《古代人的自由与现代人的自由：贡斯当政治论文选》，阎克文、刘满贵译，商务印书馆1999年版，第154页。

〔2〕［美］文森特·奥斯特罗姆：《美国联邦主义》，王建勋译，上海三联书店2003年版，第16页。

内部标准等)、共同体精神和公共道德都是各方公认的依据,纠纷解决中不仅可以适用、确认既有的共同体规则,也可以根据新的情况探索发现、约定和确立新的规则,这就使得纠纷解决成为共同体自我发展和预防今后纠纷反复发生的契机。

(5)防止纠纷激化与外化,分流诉讼的压力。通过内部机制解决共同体内部纠纷,在较为和平的氛围中通过对话与沟通了解彼此的观点与想法,有利于冲突的缓和,有利于双方认真考虑纠纷的解决方案,从而有可能获得令双方都较为满意的结果。由此防止内部纠纷的激化与升级,防止内部纠纷寻找外部机制加以解决的可能性,有可能减轻法院的压力,节约司法资源。

三、共同体内部纠纷解决机制的结构

一般而言,共同体内部纠纷解决机制需要根据共同体性质、特点以及纠纷的特殊性而设立,繁简不一,且通常具有多元化的形式。主要形式包括:

(一)协商

"协商,又称谈判、交涉或商谈,是一种旨在相互说服的交流或对话过程,其实质是一种双方的交易活动,目的是达成合意。""作为一种纠纷解决方式,协商的特征在于:它不是一种特定的制度,只是一种纠纷解决的手段,具有较大的灵活性;在形式和程序上比较随意,具有非正式性;通常不企求第三者的介入,具有高度的自主性。"[1]

共同体内部纠纷解决机制注重通过和平、建设性的途径解决内部纠纷,因此,协商受到高度的重视,共同体通过特定的机制,为纠纷双方提供协商对话的机会和空间,避免纠纷双方对立的升级与纠纷的外化。在此意义上可以说,共同体为冲突的一致性解决方案提供基础。[2]"共同体内部有着复杂的、相互联系的、相互影响的各种利益,以及由此引起的对立情绪和必需的协商,这种协商的需要来自与共同体相联系的压力和满足感。共同体不是既定的,而是不断协商下的一种关系。"[3]共同体解决内部纷争或应对内部冲突

---

[1] 范愉:《非诉讼程序(ADR)教程》,中国人民大学出版社 2012 年版,第 96~98 页。

[2] Jurgen Habermas, *The Inclusion of the Other*, MIT Press, 1998, p. 4.

[3] [加]黛安娜·布赖登·威廉·科尔曼:《全球化、自主性与共同体》,载[加]黛安娜·布赖登·威廉·科尔曼主编:《反思共同体——多学科视角与全球语境》,严海波等译,社会科学文献出版社 2011 年版,第 2 页。

的主要方式就体现在其沟通程度的强弱方面，因此，面对差异或冲突，通过对话或沟通加以解决是更为有效且适宜的方式。

协商对话因其能产生信任和达成共识而显得格外重要。[1]"对话"能够促使观点不同的人共同协作，控制紧张状态，只要双方更重视协作所能够取得的实际效果，就能够避免潜在的冲突。[2]尽管妥协或者对话并不是目的，甚至也不是处理大多数问题的药方，但是，适当的妥协与对话可以使利益不同的行动者有机会冷静思考，尝试着把不同的利益要求交织在一起，从而有可能达成利益上的共识，进而避免矛盾与冲突。

（二）调解

在纠纷解决的意义上，调解是指在第三方协助下，以当事人自主协商为主的纠纷解决活动。调解是协商的延伸，区别在于中立第三方——调解人的参与。调解的主要特征在于：是在中立第三方的参与下进行的纠纷解决活动，以当事人自愿为前提，调解协议本身的建立和生效不具有国家强制性，但其效力能够得到法律的保证，与诉讼相比，调解具有特殊的程序利益，包括便利性、常识化、低廉、快速、及时、非对抗性、保密、灵活性、彻底性、利于履行等。[3]

在当事人双方无法自行通过协商解决纠纷的情况下，共同体内部纠纷解决机制应提供一种中立性的调解服务，协调解决成员之间以及成员与共同体之间的纠纷，发挥共同体治理的重要功能。调解本身属于一种协商性纠纷解决方式，不仅具有协商的优势，而且更能显示出共同体的作用，包括其规则的有效性、公正性、凝聚力和权威性。

（三）仲裁或裁决

仲裁，是根据当事人的合意，把纠纷的处理，委托给法院以外的第三方进行裁决的纠纷解决方法。传统仲裁的特点在于：依仲裁契约启动，即以当事人之间（事先）达成的协议为前提，裁决的终局性，即仲裁者拥有对争议

---

〔1〕　［加］黛安娜·布赖登、威廉·科尔曼：《全球化、自主性与共同体》，载［加］黛安娜·布赖登、威廉·科尔曼主编：《反思共同体——多学科视角与全球语境》，严海波等译，社会科学文献出版社 2011 年版，第 24 页。

〔2〕　Will Kymlicka, *Citizenship, Community and Identity in Canada*, in James Bickerton and Alain G. Gagnon, Canadian Politics (Fourth Edition), Broadview Press, 2004, p. 41.

〔3〕　范愉：《非诉讼程序（ADR）教程》，中国人民大学出版社 2012 年版，第 105~109 页。

的决定权且当事人不得拒绝接受仲裁裁决，纠纷解决的灵活性，即仲裁在适用实体规范和程序两方面都具有相当大的灵活性。[1]

　　传统的自治性纠纷解决机制中通常包括仲裁或裁决程序，这是一种最具权威性乃至终局性的方式，也被视为一种社会司法程序。布赖斯指出，自治制度总能养成为公共目的进行合作的习惯，其中包括的一项重要内容即为消弭内争，用一种公判的方法解决自治团体内各分子的争端[2]。所谓公判就是指裁决。商事仲裁本身起源于欧洲商人自治共同体，是运用商事惯例解决商事纠纷和商人内部争议的主要手段。不过，当代社会在纠纷解决中越来越推崇协商性纠纷解决方式，仲裁和裁决程序中也开始引进调解，以缓解裁决方式的对抗性和局限性。

　　综上，共同体内部纠纷解决机制的意义不仅在于注重协商与调解，解决个别成员的纠纷和个别事件，还能够促进共同体内部多种层级和形式的合作，共同参与规则、关系和秩序的建构，预防纠纷的发生，促进共同体内部的和谐与善治，也有利于防止纠纷激化或诉诸国家司法介入，缓解共同体的压力，维持共同体的秩序。

---

〔1〕　范愉：《非诉讼程序（ADR）教程》，中国人民大学出版社 2012 年版，第 117~120 页。

〔2〕　［英］詹姆斯·布赖斯：《现代民治政体》（上册），张慰慈等译，吉林人民出版社 2001 年版，第 130 页。

第二章

高校治理及其内部纠纷解决机制

在阐述了当代法治国家对共同体治理及其内部纠纷解决机制的支持，并分析了国家规制与共同体治理的关系、原则和规律之后，将高校作为一种特殊的共同体，探讨高校治理、高校内部纠纷解决机制以及高校治理和国家治理之间的关系。尝试将法社会学有关国家与社会、共同体理论应用于高校治理这一具体问题的分析，说明在法治社会中，高校治理及其内部纠纷解决机制对于高校自身以及教育体制的运行发展具有重要的基础性意义。

第一节　高校：特殊的共同体

高校是以学术研究、知识的传播与教育及为社会提供公共服务为目的[1]的一类组织。尽管当代世界各国教育体制有所不同，但一般而言，高校都是"一个由学者与学生组成的、致力于寻求真理之事业的共同体"。[2]其特点是：①拥有明确的目标。高校作为一种根据国家相关制度建立的联合群体，拥有明确的目标，即进行学术研究、从事知识的传播与教育以及为社会提供

---

〔1〕　关于高校的目标或者说功能，国内外学者均对其进行过探讨，主要概括为传播知识、发展知识与提供公共服务等三个方面。参见唐振平编著：《中国当代大学自治管理体制研究》，国防科技大学出版社 2006 年版；林玉体编著：《美国高等教育之发展》，高等教育文化事业有限公司 2002 年版；和震：《美国大学自治制度的形成与发展》，北京师范大学出版社 2008 年版；〔英〕约翰·亨利·纽曼：《大学的理想》，徐辉、顾建新、何曙荣译，浙江教育出版社 2001 年版；陈洪捷：《什么是洪堡的大学思想》，载《中国大学教学》2003 年第 6 期；刘宝存：《威斯康星理念与大学的社会服务职能》，载《理工高教研究》2003 第 5 期，等等。

〔2〕　〔德〕卡尔·雅斯贝尔斯：《大学之理念》，邱立波译，上海人民出版社 2007 年版，绪论第 1 页。

公共服务。②拥有系统的组织机构和成员。高校为实现其宗旨和目标，需要建构相应的组织结构，如董事会、校长、各种行政和管理组织、各级院系、学术组织、学生组织、教师组织等，方便其从事相应的学术研究与教育教学管理活动。高校的主体是教师、学生和管理者。③制定相应的教育管理制度和规则。高校需要建立严格明确的规章制度、管理规则、纪律、行为规范，明确校内各种关系和成员的权利义务责任，包括科研、教学与行政管理等方面的制度，如高校董事会制度、校长负责制、人员聘任制度、招生制度学分制、学术审查制度、违规违纪审查制度、财务收支制度等，也包括内部纠纷解决机制，以确保高校日常活动顺利进行，实现其宗旨和目标。④奉行学术自由精神，遵循科学研究规范。实行高度自治，并以严格的职业伦理保证自律、赢得社会公信力。

本书使用的共同体的概念，指为利于自己行动而构建组织和相关制度的联合群体。毫无疑问，现代高校完全符合共同体的基本属性和特征：

（1）高校具有地域性。共同体的地域性主要是指共同体成员在一定面积的范围内共同生活，进行长期的交往而形成共同的特点，如语言、习俗甚至举止动作等。近现代社会的高度流动性已经打破了传统意义上的地域的界限，不再拘泥于地域的封闭性，仅仅是强调群体与特定空间的联系和相对确定性，即共同体成员的聚合及共同生活的特点。高校作为一类学术性组织，其成员是在特定空间内共同工作或学习的，尽管并不限于某个独立封闭的特定地域环境，但无疑存在一个校园空间，使共同体成员能够在其间共同"生活"，并形成学术共同体。在这个意义上，高校具备共同体的地域性特征，高校内部的纠纷机制往往也被称为"校园调解"和"校园司法"。

（2）高校具有意志性。共同体的意志性主要是指共同体的价值取向，即精神层面的认同感和归属感，能够保证共同体成员彼此在精神上的联系，使得共同体能够得以更加深刻而持久维持。高校作为学术性共同体，并不意味着必然具有完全统一的意志，而是指具有共同的目标、共同的理念、共同的基本价值观，秉承共同的规则，共同遵守旨在保障这些因素的基本制度。其中最为重要的特殊的精神就是学术自由，[1]这种精神或价值取向获得高校内

---

〔1〕 Sweezy v. New Hampshire, 354. U. S. 234, 263（1957），参见张斌贤、李子江主编：《大学：自由、自治与控制》，北京师范大学出版社 2005 年版，第 158 页。

部成员的认同，并产生一种归属感，成为维持高校运行与发展的基础。除此之外，高校自诞生之日起就拥有的自治传统，使得其具有相对独立的个性、品格和文化，这些都构成了共同体的意志性或精神特征。

（3）高校是一种特殊共同体。一方面，高校符合社会学意义上的共同体的概念和特征，关于共同体的相关理论及共同体治理的原理均可有条件地用于高校相关制度的研究，另一方面，高校亦具有一定的特殊性，其目的、功能与结构特征不同于传统社区共同体，也不同于其他行业共同体，由此这一共同体的治理形式、程度及国家对其的规制也具有独特性。本书在研究中将始终兼顾这种共同性和特殊性。

第二节　高校治理

高校作为一类共同体，由于其性质、目标、功能、结构的特殊性，从其产生之初就实行自主治理，这是高校运行和发展的内在要求。高校治理受到多种因素制约，包括国家的授权和认可、历史因素、政治因素、社会因素、文化与理念等，因此，其定位、程度、范围和边界与其他共同体治理一样，都是有限的。

一、高校治理的内涵

关于高校治理的基本内涵不同学者观点虽有差异，但基本含义大体一致。比如，有学者认为，高校治理可以理解为大学在法律上享有的，为实现其办学宗旨，独立自主地进行教育教学管理，实施教育教学活动的资格和能力。[1]有学者认为，高校治理表现为高校有权制定和执行校内管理的规章和政策，有权实施管理措施和行使裁量权。[2]有学者认为，高校治理是相对独立于政府的内政控制，由校内人员根据组织自身条件，对环境的关系状况作出反应，选择学校组织的行为及其方式，并对自己的选择及其结果负责。[3]有学者认

---

〔1〕 劳凯声等：《规矩方圆——教育管理与法律》，中国铁道出版社1999年版，第220页。

〔2〕 秦惠民：《管理行为的合理与合法——高校纠纷中的学生权利保护》，载《中国教育法制评论》2006年第0期。

〔3〕 刘慧珍：《制度创新与有效大学组织的建设》，北京师范大学1996年博士学位论文。

为，高校治理是指大学应当独立地决定自身的发展目标和计划，并将其付诸实施，不受政府、教会或其他任何社会法人机构的控制和干预。[1]还有学者认为，高校治理是指高校可以自由地治理学校，自主地处理学校的内部事务，最小限度地接受来自外界的干预和支配。[2]

从总体来讲，高校治理意味着高校根据自身的目标、性质、结构、要求及所处环境制定规则或政策，自主管理内部事务，免受或少受外界的干预和控制。高校治理应当满足"三个基本要求"："一是大学治理的主体应是大学内部的力量，不是国家等学校以外的其他组织；二是大学治理的内容是高校内部的事项，主要包括学术上的自由和管理上的自主；三是治理的目标是保障学术活动只服从真理的标准"。[3]

二、高校治理的原则

从西方中世纪产生大学之时起，大学就是一个管理自身事务的团体，[4]自治一直作为一种悠久的传统贯穿于西方高校发展的整个历程。"从中世纪大学的最早起源，下溯至目前这个世纪，自治或自我管理就一直是大学理念中的一个关键成分。"[5]这是高校最悠久的传统之一。[6]

大学的自我管理源自西方中世纪大学的雏形——学者行会的自治传统，基本含义是大学必须免受教会和国家的干预和控制，自主决定和处理自己内部的事务，树立遗世独立的精神，获得摆脱外界干扰的权利。[7]这种自治权主要表现为"法权自治——在教会的某些地区性限制范围内，有向教皇上诉

---

〔1〕 程雁雷：《论司法审查对大学自治的有限介入》，载《行政法学研究》2000 年第 2 期。

〔2〕 王德耀、薛天祥：《略论大学自治》，载《上海高教研究》1994 年第 2 期。

〔3〕 湛中乐、韩春晖：《论大陆公立大学自治权的内在结构——结合北京大学的历史变迁分析》，载《中国教育法制评论》2006 年第 0 期。

〔4〕 大学是一个管理自身事务的团体，不管它的财产来自捐赠、古老的财产权还是国家，不管它的许可来自教皇饬令、皇帝的认可还是省或州的立法。参见［德］卡尔·雅斯贝尔斯：《大学之理念》，邱立波译，上海人民出版社 2007 年版，绪论第 1 页。

〔5〕 转引自和震：《美国大学自治制度的形成与发展》，北京师范大学出版社 2008 年版，第 4 页。

〔6〕 ［美］约翰·S. 布鲁贝克：《高等教育哲学》，郑继伟等译，浙江教育出版社 1987 年版，第 28 页。

〔7〕 唐振平编著：《中国当代大学自治管理体制研究》，国防科技大学 2006 年版，第 25 页。

的权力、罢课和分离独立的权利、独揽大学学位授予的权利"。[1]大学自治原则从大学产生之时起便已确立，它是在大学不断的斗争过程中形成的。12世纪到13世纪，法国和意大利出现两种大学的原型，它们最终都形成了自治模式，但自治的形成是一个漫长且艰苦的过程，是大学的教师和学生在同教皇、国王的不断斗争中逐步确立的。在无人设计的分权进程中，保护大学里的师生免受外界影响的诸多体系逐渐形成了，包括自下而上的治理、代表集会、联邦式分权结构、复杂的投票程序，以及解决冲突的制度化规范等。开放入学、信息公开、自由探究的大学理念也逐渐形成。[2]可见，大学自治是大学产生、形成过程中最重要的原则，是实现其学术自由理念的必然要求，这一原则被确立下来后便贯穿于西方大学发展的整个历史进程直至今天。

高校的自我管理有其合理性，既基于高校自身的特殊性，如以学术研究、传播知识、服务社会为宗旨，又基于其特殊的组织架构与运行方式。高校内部事务的运行特点及规律，其特殊的目标、结构、成员组成、成员的要求以及自身所处的环境、具备的条件以及面临的问题等，只有高校最为清楚和了解。因此，关涉高校自身利益的制度、决策等最好由其自行制定，产生于高校内部的问题、冲突或矛盾最好由其自行先予考虑和处理，不受或尽量少受国家的干涉。但是，高校自我管理是一种通过规则的自治，是高校根据自身所处的各种复杂情况与具备的条件，制定规则来处理内部事务。高校制定各种规则，由此调整、控制和约束不同成员的行为。这些规则不仅涉及高校行政管理方面的内容，如董事会的构成规则、校长的选任规则、各种行政部门运行的规则，也涉及教学活动的规则，还涉及校园秩序维护的规则等，能够约束高校内部不同行动者的行为。

高校自我管理的原则使得高校与国家及其他组织之间保持了相对独立性。近现代以后，随着国家对于教育的规制不断加强，高校也受到了影响，其自治的正当性、范围和程度受到限制，其间公共政策几经变革，甚至高校自治的原则也遭遇挑战。如16世纪至18世纪末期间，欧洲政治生活的变化对大学产生了重大影响，政府与大学的关系发生改变，政府因为具备了全面干预

---

〔1〕　〔法〕雅克·勒戈夫：《中世纪的知识分子》，张弘译，商务印书馆1996年版，第68页。

〔2〕　〔美〕苏珊尼·洛曼："对大学进行达尔文医学诊断"，载〔美〕罗纳德·G.埃伦伯格主编：《美国的大学治理》，沈文钦、张婷姝、杨晓芳译，北京大学出版社2010年版，第55~56页。

社会的能力，不再迁就大学，而开始干预大学内部事务，传统的大学自治遭到冲击。19世纪初至19世纪70年代，由于科技的快速发展，大学的地位和功能日益凸显，大学自治的理念又得到加强。但是，政府仍然对大学进行干预和控制，只是控制的程度、手段等因各国情况以及大学传统力量的不同而有所差别。19世纪70年代开始，政府对大学的管理不再是简单、粗暴的专制式，而开始注重选择管理手段，通过法律进行更广泛的合作。20世纪至第二次世界大战结束后，各国政府与大学的关系更为紧密，政府对大学的干预进一步强化。政府主要采取立法、计划调节、控制高等教育经费等措施加强对高校的控制。20世纪80年代以来，随着政府分权模式的兴起，放松对大学的管理，赋予大学更多的自主权和行动自由是各国政府在改革公立高校过程中的共同做法。[1]可见，尽管经历了一些曲折与变化，但社会发展最终证明了高校自我管理的合理性和生命力，高校自我管理的原则依旧受到广泛的认同与尊重，不仅始终是学界的共识，也为大多数国家的教育体制所认可和维护，可以说，当代法治社会对于高校自我管理给予了基本保障，但在不同国家其程度及表现形式各有不同。

三、影响高校治理的因素

高校治理的范围是有限的，各国高校治理的定位、程度、范围和边界与其他共同体治理一样，都受到多种因素制约。大学与其他组织一样，是处于特定时代总的社会结构之中而不是之外。[2]影响高校治理的因素主要包括国家的授权和认可、历史因素、政治因素、社会因素、文化和理念因素等。

（1）国家的授权和认可。高校作为独立的学术性共同体，其治理的范围、程度等首先取决于国家的授权，即国家对高校的法律定位及采取的政策。因此，在国家与高校之间就高校自我发展和自主决定的空间存在着一种权力分配关系，即国家授权高校的范围越大，高校自我管理的空间就越大，意味着国家干预的力量相对越小，国家授权高校的范围越小，高校自我管理的空间就越小，决定着国家控制的力量相对越大。不同的国家在这种权力分配关系

---

〔1〕 许杰：《政府分权与大学自主》，广东高等教育出版社2008年版，第34~38、56页。

〔2〕 ［美］亚伯拉罕·弗莱克斯纳：《现代大学论：英美德大学研究》，徐辉、陈晓菲译，浙江教育出版社2001年版，第1页。

方面所采取的原则不同，决定着高校治理的空间有所不同。

西方国家高校自治是高等教育领域中的传统，国家尊重高校作为学术性的独立共同体所具有的自治能力，因此赋予高校在教育管理和教学活动中较大的自主空间，尽管在历史发展中国家与高校间的权力配比关系也曾发生过较大的变化，其间国家对高校的干预和控制不断加强，甚至挑战高校自治的原则，但目前西方多数国家在高等教育领域的基本做法是充分尊重高校自治的理念与原则，并体现在教育体制的设置与实施上。但是，西方国家的发展过程和模式存在差异，因此国家对高校进行干预和控制的手段、程度等有所不同，而且不同国家高校自治的传统和力量也存在差异，因此高校自治的程度与范围自然就有区别。"不同的国家有不同的大学，期望大学适应一种单一的模式是很荒谬的。"〔1〕有的国家（如美国）赋予高校相当大的自治权，仅在教育目标与职能等方面做些宏观的指导，有的国家（如荷兰）赋予高校较大的自治权，国家对高校内部的组织结构、行政管理机构的运作机制等内容均进行规制，但高校在教育教学管理方面享有较大的自治权。从总体来看，西方国家普遍认同和尊重高校自治。

我国的情况有些特殊，国家并未对高校自我管理的原则予以明确的认可，而且国家对高校事务的管理与控制色彩较为浓厚，体现在对高校的招生、教育教学、科学研究、机构设置等方面，且高校自治的传统及力量也比较薄弱，因此高校治理的空间和范围十分有限。尽管如此，国家仍然在具体的教育体制设置和实施方面保留了对高校自主权的适度尊重。

（2）历史因素。高校治理的范围、边界等与其所处的历史背景和环境有着密不可分的关系。从西方大学发展的历史来看，从大学产生之初，自治便是其最主要的理念与原则，这项悠久的传统可追溯至欧洲中世纪时期。中世纪大学自治得益于中世纪的城市自治和行会自治，主要是大学在与教会、世俗政权的斗争中争取到独立自主的地位与权力，体现在其组织形式和活动方式方面，使得大学摆脱世俗政权、教会、城市等外部力量的控制和干预。"在西方的政治经历中，中世纪的大学曾经力图从封建地主和城市寡头政治集团、

---

〔1〕 ［美］亚伯拉罕·弗莱克斯纳：《现代大学论：英美德大学研究》，徐辉、陈晓菲译，浙江教育出版社 2001 年版，第 2 页。

从形成中的民族——国家、从占统治地位的教会那里取得某种程度的自治。"[1] 在日后的发展过程中，尽管国家规制与大学自治的关系经历过一些变化，有时甚至危及大学自治的原则，但最终国家采取尊重大学自治的态度，只是通过不同的手段对大学事务进行一定程度的控制与协调，以促进大学自治的发展，提升其自治的空间。

而在我国高等教育体制中一直没有采用高校"自治权"的概念，而是采用"自主权"的说法。尽管我国高校办学自主权不同于西方的大学自治权，但是两者在功能和精神上存在着内在一致性，均力图保持大学的适当自治空间。[2] 我国高校办学自主权的形成有特定的时代背景和特殊内涵。计划经济体制下，我国逐渐确立了党和政府对高校的领导权，建立起高度集中统一的高等教育管理体制。在改革开放实行市场经济体制后，原有高等教育管理体制的弊端不断显现，如政府对高校的管理过多过死，使得高校失去发展的活力等。为适应新的社会发展需要、促进高校的发展，我国进行了高等教育体制的改革，明确提出"扩大高校办学自主权"的目标与方针，由此我国高校办学自主权的概念形成，并在日后的发展中不断得以强化。但是，由于我国实行高校办学的主体是国家和教育行政部门，高等教育的权力集中于政府，高校隶属于政府，因此在这种管理体制下的高校自主权空间是非常有限的。

（3）政治因素。高校治理的发展也取决于国家为其提供的政治空间，即国家基本的政治制度与政治结构能够为高校自治的空间提供政治基础，同时国家通过法律手段明确国家和高校的权利与义务，借此明确彼此行动的界限。就此而言，"大学自治的范围和程度取决于政府的性质（自由主义或极权主义，经济高度发达或不太发达，中央集权制或联邦制）"。[3]

在西方，从19世纪70年代开始，尽管政府仍然对大学进行干预和控制，但不再是简单、粗暴的专制方式，而开始注重选择管理手段，通过法律与大学进行更广泛的合作。20世纪各国政府与大学的关系更为紧密，政府主要采取立法、计划调节、控制高等教育经费等措施加强对高校的控制。20世纪80

---

〔1〕 江山野主编译：《简明国际教育百科全书·教育管理》，教育科学出版社1992年版，第299页。

〔2〕 湛中乐、韩春晖：《论大陆公立大学自治权的内在结构——结合北京大学的历史变迁分析》，载《中国教育法制评论》2006年第0期。

〔3〕 江山野主编译：《简明国际教育百科全书·教育管理》，教育科学出版社1992年版，第299页。

年代以来，政府赋予大学更多的自主权和行动空间，主要采取立法、控制经费等措施对高校进行宏观的控制。如美国的民主制度、联邦分权体制和多权力中心的政治结构都为高校自治的空间提供了政治基础，联邦宪法修正案、政教分离原则的实行，也为高等教育独立于中央政府的控制提供了条件。[1]

我国的政治制度是人民代表大会制以及共产党领导的多党合作和政治协商制度，是民主基础上的集中和集中指导下的民主相结合的制度，中央集权的特点比较突出。体现在高等教育领域即为国家对高校事务的控制和干预较广，居于主导地位，通过法律赋予高校特定范围内的自主权。我国高校的办学自主权"实际上是法律所赋予的一种大学自治权"，[2]主要体现在《教育法》[3]和《高等教育法》中，其主要内容涉及：招生，包括制定招生方案和调节招生比例；教育教学活动，包括设置学科、专业，制定教学计划、选编教材等；科研活动，包括科学研究、社会服务、授予学位等；机构设置及人员配备；教师管理，包括聘任教师、实施奖励或处分等；学生管理，包括学籍管理、实施奖励或处分、颁发证书等；经费使用，包括管理和使用各种财产和经费。

（4）社会因素。高校治理的发展依赖于社会各方面的自治环境以及公众对自治的认同程度。高校治理过程中，需要社会和公众对大学的目标、学术发展逻辑、运行方式与规律等内容予以更多的理解，支持大学自我管理的理念与原则，为增强大学治理的空间提供可能性。

高校治理中，国家对其介入的程度和限度取决于一个社会整体对自治的认同程度，这体现了国家与社会的关系，以及国家治理的文化传统和基本模式。一般而言，在实行分权治理模式的国家，对共同体治理的宽容度较高，对共同体内部事务干预介入程度较低，而共同体治理的权力与范围相对较大，对国家权力的依赖性较小，有时甚至为维护共同体利益而与国家权力进行对抗。国家司法权对共同体内部事务的干预通常限于审查其行为的合程序性，而很少指涉其行为的实质内容。例如，美国实行联邦制分权的国家模式，在

---

[1]　和震：《美国大学自治制度的形成与发展》，北京师范大学出版社 2008 年版，第 216 页。

[2]　湛中乐、韩春晖：《论大陆公立大学自治权的内在结构——结合北京大学的历史变迁分析》，载《中国教育法制评论》2006 年第 0 期。

[3]　《教育法》，即《中华人民共和国教育法》，为论述方便，本书中所引述的我国法律、法规名称统一省略"中华人民共和国"字样，全书统一，下不赘述。

多权力中心的体制下，高校享有相当大的自治权，形成"以学术法人为基础的外行董事会的自治模式"，不同于中世纪大学和欧洲大学既有的自治模式，既"确立了高校独立于外部权威的法律地位，又能够在高校与外部组织之间建立联系，形成高校与外部各种权威之间既独立又联系的关系"。[1]而荷兰在君主立宪政体下对高校进行集中管理与控制，但仍秉承欧洲大学自治的传统，充分尊重高校的自治权力，实行高校委员会领导下的校长负责制，遵从教授治校的管理模式，具有较大的自治空间。

相比之下，国家中心和中央集权体制下社会对于共同体治理的宽容度较低，对共同体内部事务干预介入程度较高，而共同体对于国家权力也会较为依赖。国家不仅强调高校必须完全服从法律规制和行政管理，其内部纠纷解决机制的作用也会相对有限，司法对个案纠纷的介入屡见不鲜，不仅对程序性问题进行审查，也会对共同体规则的合法性进行实质审查。例如，我国高等教育的管理体制中以国家为主导并集中于中央政府部门，教育部制定统一的高等教育法规，要求全国所有高校必须统一贯彻实施，高校自我管理的空间有限，包括其处理内部纠纷事务的权限也相对有限，形成国家督导下的高校自主模式，高校对国家较为集中的行政管理方式也较为依赖。另外，国家司法权对高校内部事务的处理（包括处分决定、纠纷解决结果等）也进行干预，不仅审查处理行为的合程序性，而且可以审查作为其依据的内部规则的合法性。

（5）文化和理念因素。高校治理的发展与边界深受文化、理念因素的影响。如在西方，契约自由、法人自治的思想对于高校自治的发展产生重要的影响。契约自由、法人自治的思想使得国家与大学之间形成一种相互理解、容忍的默契，大学相对于国家而言是平等的主体，大学自治是根据国家与大学间形成的契约（如最初的"特许状"）而获得的自我管理、自主发展的权力，其"核心要素是大学的法人地位及其所享有的对办学职能的独立控制权"。[2]当国家或政府对大学内部事务进行干预和控制时，大学可以作为独立

〔1〕 和震：《美国大学自治模式的形成》，载张斌贤、李子江主编：《大学：自由、自治与控制》，北京师范大学出版社2005年版，第223页。

〔2〕 徐小洲编著：《自主与制约——高校自主办学政策研究》，浙江教育出版社2007年版，前言第2页。

的法人团体与政府进行协商，在特殊情况下还可与政府对簿公堂，保护大学应有的权力和自治的地位。可见，大学自治的空间较为广阔。

我国自古以来形成的国家中心、集权思想对于高校治理也产生了特殊的影响。国家在高等教育建设方面居于明显的主导地位，高校隶属于国家，两者的地位并不平等，存在着管理与被管理、服从与被服从的关系，国家对高校的控制与干预成为必然和常规的行动策略，高校必须按照国家规制进行管理与发展，高校自身和社会公众对此也习以为常，因此高校对国家的依赖性较强，自我治理的范围十分有限。

（6）高校治理的能力。从历史上看，高校自治制度的形成是高校发挥自身能力，为摆脱教会、世俗权力的控制，尽力争取其自我管理、自主活动的空间与权力，如"中世纪巴黎、牛津、剑桥等大学反对孝敬主教控制的斗争"。[1]现代社会，随着各方面条件的不断发展与变化，高校自身的治理能力通常发挥着重要作用，有时甚至是关键作用。如美国达特茅斯学院董事会不畏强权誓死争取独立自治的决心和勇气、美国州立大学为正当权益上百次与政府对簿公堂等，[2]都说明大学治理能力在大学发展中不可替代的作用。

高校治理的能力既包含高校自我管理、自主决策与自我发展的能力，也包括高校与外部组织或机构之间的关系处理能力，对其自治的范围与空间均有重要影响。高校治理能力越强，越能够更好地处理内部事务并促进高校的发展，同时其与外部机构或组织进行抗争的空间就大，相反，能力越弱，其对外部机构的依赖性越强，拥有的自治空间越有限。如美国高校实行外行董事会管理体制，董事会作为高校的最高权力机构，拥有非常强的自治能力，能够决定高校内部的重大事务。荷兰高校尽管受到国家的集中管理和控制，但可以摆脱其他社会组织与机构的压力和影响，通常很少受到公众舆论的直接影响。而且国家很少直接干预高校内部的各项学术事务，允许高校享有一定程度的行业自治权，如学术官员的选拔权、教师的聘用权、教授人选的提名权等实质性自治的权力，国家仅对教授聘用提名等事务行使审批等程序性权力，因此高校的自治能力与权限较高。我国高校在以国家行政管理为主导的模式下，实行党委领导下的校长负责制，对高校内部事务的管理均要按照

---

〔1〕　和震：《美国大学自治制度的形成与发展》，北京师范大学出版社 2008 年版，第 218 页。

〔2〕　和震：《美国大学自治制度的形成与发展》，北京师范大学出版社 2008 年版，第 218 页。

党的领导和国家法律规定的内容进行，如机构设置、人员安排与任命、招生、课程安排等。尽管教育部赋予高校一定程度的自主权，但高校是在法律规定的范围内进行具体的执行活动，无法就上述重大问题进行自主决策，高校对国家行政权力的依赖性较强，习惯于国家对高校的管理和控制，自治的能力与权限相对较低。

第三节　高校治理与国家规制

高校治理中最核心的问题就是高校与国家间的关系。国家尊重高校的自主权，但高校发展中也离不开国家的合理规制，其规制的方式包括立法、行政、司法等，但规制并不是任意和无限的，而仅限于必要之时。

一、高校治理中国家规制的合理性

高校治理中最核心的问题就是界定共同体治理与国家规制的关系。这一问题首先取决于各国对高校治理的法律定位和政策以及不同的高校管理体制。"国家让大学的存在成为可能，国家也捍卫着大学。"[1]国家意欲干预或控制高校，而高校要维护自我管理，两者之间因性质、职能不同而形成的权力之争自大学产生以来就从未停止，只不过在不同国家、不同时期程度不同而已。[2]

高校自主的程度反映了高校与国家之间的权力分配关系。[3]在当代法治社会，各国均尊重高校自主权，通过法律授权和制度设计，赋予高校较大的自我管理空间，遵循教育和科研等活动的规律，根据自身的情况与条件进行日常科研、教学与管理活动，将国家干预控制在最低限度，同时，国家亦提供资源保障高校更好地实现其自身的目标与功能。但是，高校也不可能脱离国家的规制和管理，不可能完全超脱司法管辖权。国家注重建构合理的高等教育管理体制和必要的司法审查和救济机制，主要通过引导与监督的方式对高校进行管理和制约，并严格限定介入的尺度和界限。

---

〔1〕　[德] 卡尔·雅斯贝尔斯：《大学之理念》，邱立波译，上海人民出版社 2007 年版，第 173 页。

〔2〕　李建华、伍研：《大学自治：我国高等教育体制创新的哲学阐释》，载《现代大学教育》2004 年第 1 期。

〔3〕　许杰：《政府分权与大学自主》，广东高等教育出版社 2008 年版，第 26 页。

高校的生存与发展需要国家的支持，国家也需要高校为其发展作出贡献。随着科技和市场经济的发展，高等教育的重要性突出，在各国均受到极大的重视，甚至被视为"国运的中心"。[1]同时，高等教育也呈现出民主化、大众化的趋势。尽管高校自主仍然是基本原则，但"高等教育作为国家头等重要的事业，其活动原则必须符合国家需要和广泛接受的社会标准"，[2]出现"政府要什么，大学就给什么；市场要什么，大学就给什么"的局面，大学不知不觉地被政治化和市场化了，[3]也体现出高校发展不可避免受到国家的影响和干预，国家对高校可能提出不同程度的要求与规范，这也是当今世界高等教育改革中各国政府探求的一种趋势。[4]另外，高校的发展需要资金，而国家是教育资金的有力且最直接的提供者。世界各国高校的维持与发展水平和程度都依赖国家提供资金。高校若要实现完全的自主权，必然要求完全的经费独立，但这是根本不可能的。国家为高校发展提供资金，必然有其自身的考量，要求高校作出相应的回报，那么国家对高校进行直接或间接的、不同程度的指导或干预就不可避免，但这种影响和控制必须限定其边界和范围。

国家的干预可以是直接的，也可以是间接的。在今天世界上的大部分地区，高等教育已成为国家政府中的一个重要组成部分，受到立法、行政、司法部门的制约，并且受到各国政府政治权力的影响。[5]也要注意的是，国家如果要干预高校这类特殊共同体的内部事务，也要符合高校的结构、特点和需求，否则无法进行成功且有效的干预。

二、国家介入高校治理的方式与尺度

由于高校这类共同体在目的、组织结构等方面存在的特殊性及其产生和

---

〔1〕　[荷] 弗兰斯·F. 范富格特主编：《国际高等教育政策比较研究》，王承绪等译，浙江教育出版社 2001 年版，第 1 页。

〔2〕　[加] 约翰·范德格拉夫等编著：《学术权力——七国高等教育管理体制比较》，王承绪等译，浙江教育出版社 1989 年版，第 12 页。

〔3〕　金耀基：《大学之理念》，生活·读书·新知三联书店 2001 年版，第 23 页。

〔4〕　陈永明、朱浩、李昱辉：《大学理念、组织与人事》，中国人民大学出版社 2007 年版，第 19 页。

〔5〕　参见 [德] 迪特里希·戈尔德施米特：《高等教育体制》，载 [加] 约翰·范德格拉夫等编著：《学术权力——七国高等教育管理体制比较》，王承绪等译，浙江教育出版社 1989 年版，第 161~184 页。

发展的历史过程中所展现的相对独立性，加之其在市场经济和科技发展中的重要作用，各国政府均承认或尊重高校治理的基本原则，认为"大学是独立地从事智力工作之家"。[1]但是，高校自我管理是相对的，为了自身的生存与发展，高校不可避免地受到外界的干预和影响，尤其是国家层面的干预和控制。

目前，世界各国对高校自治的干预及其界限基本体现在三个方面：一是立法方面，通过立法设定高校的目标与职能以及规定国家提供财政支持的方式与力度。这是目前国家与高校间关系发展的国际趋势，"全世界的教育都由成文的法律规范来调整"。[2]各国政府在越来越把高等教育发展、革新和多样化的责任转移到高校的同时，保留制定广泛的政策，特别是预算政策的特权。另外，政府的作用主要限制在制定高校的目标与职能方面。[3]二是行政方面，即通过高等教育体制影响高校。教育体制是教育机构与教育规范的结合体、统一体，它是由教育的机构体系与教育的规范体系所组成。一个国家的教育体制是由一系列法律、制度、机构和实践构成，受政治体制、国家制度和社会机制决定和制约。教育体制首先决定了国家对高校自我管理的认可程度、范围与边界，其次决定了国家对高校的管理和介入方式。例如，部分国家有关高等教育的政策是通过行政主管机构的行政手段贯彻落实的，部分国家则完全通过高校自主选择其办学宗旨、管理方式、资金来源，仅通过法律进行宏观调控。一般而言，国家规制程度越高，则高校自我管理程度就越低，反之，规制越宽松，高校自我管理程度就越高。例如，美国联邦与州的分权制决定美国高等教育体制的主管机构在州政府，联邦政府对高等教育事务的干预甚少，而州政府也只是在必要时对高等教育机构的教育目标与职能进行宏观指导，因此高校具有相当大的自治权，对其内部事务包括办学宗旨、管理方式与机制、资金来源、教学活动等均可以进行自主选择。荷兰是君主立宪制国家，高等教育主管机构集中在中央政府的教育文化科学部，这一部门负责制定全国统一适用的高等教育法，规制高校的办学目标、组织结构、管理制度等内部事务。尽管受到国家的统一规制，但荷兰高校继承了中世纪大学

---

〔1〕 ［美］罗伯特·M. 赫钦斯：《美国高等教育》，汪利兵译，浙江教育出版社2001年版，第12页。

〔2〕 江山野主编译：《简明国际教育百科全书·教育管理》，教育科学出版社1992年版，第153页。

〔3〕 ［荷］弗兰斯·F. 范富格特主编：《国际高等教育政策比较研究》，王承绪等译，浙江教育出版社2001年版，第1、9页。

自治的传统并且受到国家的尊重，因此国家通常不直接干预高校内部的各项事务尤其是学术性事务，认可高校享有较高程度的自治空间。我国是社会主义国家，实行的是人民代表大会制度和共产党领导下的多党合作制，高等教育主管机构主要集中在教育部，通过制定全国适用的法律法规规制高校的内部事务。我国高等教育体制的特点是以行政管理为主，因此，高校自我治理程度较弱。但随着教育体制的改革和行政化管理的弱化，高校治理程度和范围必然会逐渐扩大。三是司法方面，通过司法程序对高校行为尤其是作出的涉及学生重大利益的行为进行审查，这种审查不仅局限于程序性内容，即高校行为是否符合相关的程序性要求，有时也涉及实质性内容，即高校行为本身是否具有合法性。

第四节　高校治理与内部纠纷解决机制

高校治理需要建立和维护内部的规则和秩序，而形式多样的内部纠纷解决机制对于解决共同体成员因违反内部规则而引发的纠纷，发挥了非常重要的功能，有着不可替代的优势，因此构成共同体治理的重要内容和基础。但是，国家对高校内部纠纷解决机制也要进行适当、必要的干预，防止其为维护内部秩序而侵害成员权益。

一、高校内部纠纷解决机制的主要形式与特点

高校内部纠纷解决机制属于非诉讼纠纷解决机制，与所有共同体内部纠纷解决机制相同，根据纠纷的性质和需要，主要采用三种基本方式：即协商（谈判）、调解和裁决。以这三种基本形式为基础，各国高校存在着形形色色的内部纠纷解决机制，没有绝对普适性的模式，但都注重协商和民主参与。

（一）内部纠纷解决机制的主要形式

（1）校园协商与对话机制。针对校园内部发生的纠纷，最初由纠纷双方当事人自行约定时间、地点对矛盾或问题进行协商，意图达成合意，从而解决纠纷。协商与对话是"历史最悠久，也是最常用的纠纷解决方式"，[1]通

---

〔1〕　范愉：《非诉讼程序（ADR）教程》，中国人民大学出版社 2012 年版，第 97 页。

常适用于纠纷发生的初期阶段。例如，在荷兰高校，当学生与高校发生纠纷时，鼓励并极力推荐学生首先通过非正式途径加以解决，即推荐学生与引起纠纷的人员进行沟通，尽力找到令人满意的解决方案。如此能够尽快解决纠纷，而通过其他途径尤其是相对正式的途径解决纠纷将花费很长时间。这种模式虽然没有体现在法律中，但在高校内部的《学生章程》以及二级学院的规定中都有明确体现。在美国高校，这种方式也得到校方的鼓励。因为学生与高校间的纠纷属于高校内部纠纷，具有特殊性，通过对话与协商机制加以解决对双方都有裨益。

（2）校园调解。校园调解是对校园协商对话机制的延伸，即当纠纷双方当事人无法通过直接对话与协商解决矛盾时，通过中立第三方的参与，为双方当事人提供特定的时间、场所及相应的引导，以协助当事人之间解决纠纷。校园内部的中立第三方通常是校方机构或人员，有时校园内自治性组织也可成为调解人，如学生自治性组织，这些机构、组织或人员为校园内部成员间发生的纠纷提供协助，促进双方当事人对纠纷的自主协商。如在美国高校内部，鼓励学生通过调解方式解决与校方的纠纷，但也明确说明，要在学生充分了解调解的含义及意义的前提下才能适用，校方必须事先公布相关规则，且受理纠纷的机构作为调解人要向学生解释和说明这种方式的意义所在。通过这种方式解决纠纷，将"非正式性、理解与支持学生的价值最大化"。[1]又如在荷兰高校，当纠纷双方无法就争议问题通过对话直接达成合意时，可以请求相关机构作为调解人进行调解，以促成合意，消除纷争。在中国高校，学生辅导员在解决学生间纠纷的过程中发挥着非常重要的作用，他们与学生接触非常频繁，对学生了解更多，能够作为调解人采取较为灵活的方式协助解决学生间的矛盾与冲突。

（3）校园仲裁。校园仲裁意味着由校方机构对纠纷当事人之间的争议问题进行裁决，其不同于校园调解的重要之处在于作为中立第三方的仲裁人，可以对双方当事人施加外部的强制力，有权对争议事项作出判断和裁决。这种方式通常适用于性质较为严重、对事实部分存在较大争议或者对学生权益影响较大的纠纷。对于此类纠纷，学生或教职员工可以提请校方有关部门居

---

〔1〕 Ira Michael Heyma, "Some Thoughts on University Disciplinary Proceedings", *California Law Review*, Vol. 54, No. 1. （Mar. , 1996）, pp. 73~87.

中裁决，在调查纠纷事实的基础上作出判断。如在美国大学内部，学生可以就学校作出的学术性惩罚决定向有关机构提请仲裁，对影响学生权利或利益的决定进行审查和裁决。又如在荷兰大学内部，学生可以就学校作出的学费缴纳方面的决定向学校董事会提请仲裁，董事会组成仲裁小组对相关决定作出判断和裁决。

（4）校内学生申诉制度。该项制度主要用来解决学生对学校作出的特定类型的处理或处分决定不满而产生的纠纷，受理部门主要是学校的申诉委员会，作为中立的第三方对学生提请的申诉事项进行审查并作出最终的决定。从形式上而言，校内学生申诉制度属于校园仲裁的一种类型，即由中立第三方对内部成员间的纠纷进行居中裁决，其程序设置及所具有的程序优势等也符合仲裁的程序特点，但是从性质上看，校内学生申诉制度属于一种专门性、特殊性纠纷解决机制。特点是：首先，针对的当事人较为特定，仅限于学生与校方间产生的特定类型的纠纷，[1]其次，纠纷类型特定，即涉及的具体纠纷通常限定于学校对学生违纪行为的处分引起的争议，最后，规则特定，解决纠纷的依据、程序等通常是学校内部的规则。

除了上述四种主要的内部纠纷解决机制以外，有的国家高校还设置有学生听证制度，是在校方即将对学生作出处分之前为学生与校方提供的沟通程序，使得双方在第三方的主持下有机会就学生是否具有违纪行为以及可能产生的处分进行论证，表达各自观点并说明自身行为的正确性，最后由第三方作出具体的判断，给予处分建议。校内学生听证制度对学生是否具有违纪行为的事实进行调查，为学生提供陈述、申辩的机会，给校方阐述可能给予的处分的原因以及结果，确保学生与高校间至少有沟通的机会，[2]增强双方互相理解的空间，有利于提前化解双方可能产生的纠纷，从而防止或降低双方发生纠纷的可能性。

---

〔1〕　在美国，校内学生申诉制度主要处理因校方对学生违反《学生行为守则》行为作出的处分决定而产生的纠纷；在荷兰，该制度主要处理因校方对学生作出的与考试有关的处理决定而产生的纠纷；在中国，校内学生申诉制度限定为因校方对学生作出的退学、取消入学资格和违规、违纪处分决定而产生的纠纷。关于高校校内学生申诉制度的具体内容笔者将在下面章节予以介绍，此处不予赘述。

〔2〕　在"Goss v. Lopez 案"中，美国最高法院认为："在学生与实施纪律者之间至少应当有正式的沟通。" 419 U. S. 584（1975）。

（二）内部纠纷解决机制的共同特点

各国高校内部纠纷解决机制的设置并无一定之规，也没有绝对普适性的模式和规律。既有根据制度要求设立的，也有自发形成的，既有包含从协商到裁决的系统性多元化机制，也有单一和简单的形式。有些作用大、权威性强，也有些则与其他功能融为一体。从共同特点看，当代各国高校内部纠纷解决机制的特点和重心主要是注重协商和民主参与。

（1）注重协商，旨在使利益不同的当事人有机会冷静思考、进行对话协商，尝试达成共识，避免冲突的激化或升级，尽可能促使纠纷在共同体内部得以解决。在高校，无论是学生内部、教职员内部、师生之间还是校方与学生之间发生的纠纷，都需要有进行交流和协商解决的机会、空间和促成机制，使得双方能够陈述、表达自己的观点与利益要求，可能促成双方理解彼此的想法与利益要求，从而达成共识而在内部解决纷争。高校内部的协商调解以及裁决机制中的调解前置，都能够起到这种作用。

是否能够以对话和协商的方式解决内部纠纷，也是衡量高校自我治理程度的一个标准。"开放和对话是建构共享认同的最基本的一步，包括共同体内不同行动者之间的开放的对话，以及对相对弱势群体的价值和利益的考虑和容纳。"当双方产生纠纷或冲突时，在高校内部是否有开放的对话空间与途径，为双方行动者提供沟通与交流的机会，是否能够考虑弱势一方的利益要求等，都体现着高校治理的水平与能力。

（2）民主参与，则是为共同体成员提供参与解决内部纠纷的一种机会和场合。无论是纠纷双方，还是纠纷解决者（调解员、仲裁员等），都是共同体内部成员，这种自己人解决自己人的纠纷和问题的意义在于：调动共同体成员对共同体事务的参与，以维护共同体的内在凝聚力、调动成员的归属感和责任心，提升共同体的治理能力，同时，解决纠纷的过程也是适用和检讨共同体规则的过程，由此可进一步确认这些规则的公正性、权威性和正当性，此外，内部纠纷解决机制的特有功能和优势在使得当事人及时获得公正、便利和经济的救济同时，还可以发挥教育共同体成员、弘扬共同体精神、预防纠纷等社会功能。

二、高校内部纠纷解决机制的功能与优势

内部纠纷解决机制始终是高校治理的重要内容,[1]发挥着重要功能,也具有独特的优势。

(一) 内部纠纷解决机制的功能

高校内部纠纷解决机制的功能和意义在于依照内部规则对共同体内部的纠纷进行自主解决,平衡共同体内部纠纷各方的利益,处理各种复杂关系,尽可能避免冲突激化、外化以及国家权力的介入与干预。

在这个意义上可以说,高校内部纠纷解决机制旨在维系一种"关系型"自治,即多种社会关系之间的合作。高校内部的管理机制存在多种复杂关系,包括学校对学生、教职员工的管理关系,学术管理关系、师生关系、学生与教职员工之间的关系,等等。不同的纠纷解决机制针对不同的关系和不同类型的纠纷采用适宜的方法和程序,同时调动共同体成员的参与,从而维系各种关系的稳定与和谐。如学生与学校间的纠纷可能涉及不同的关系,需要从多种层级进行协调,如校级、下属院系级别、院系中的不同层级等等,同时可以根据纠纷的性质选择不同的解决机制,如学生自治组织、学校管理机构或独立的纠纷解决程序等,总之各种内部纠纷解决机制的最终目标都是维护学校共同体的内部关系和秩序。

(二) 内部纠纷解决机制的优势

高校内部机制解决内部纠纷具有明显的优势,除了能够快速、方便、经济地解决纠纷、有利于维持纠纷双方间的关系、通过对话与协商解决纠纷、缓解诉讼压力等[2]可见的优势外,还有其他隐性优势。

(1) 内部组织系统、结构与成员间的关系有助于解决纠纷。因为纠纷双方对共同体的组织与结构都比较了解,对组织运行的原则和基本情况都比较

─────────

〔1〕　这一点在西方大学产生之时就已经确定下来。如法国巴黎大学和博洛尼来大学是早期大学的原型,在不断与教会和国王的斗争中争取大学自治。尽管两者之间最终形成了截然相反的治理模式,但都是自治模式,都包括下列内容,自下而上的治理、代表集会、联邦式分权结构、复杂的投票程序,以及解决冲突的制度化规范。参见 [美] 苏珊尼·洛曼:《对大学进行达尔文医学诊断》,载 [美] 罗纳德·G. 埃伦伯格主编:《美国的大学治理》,沈文钦、张婷姝、杨晓芳译,北京大学出版社2010年版,第55~56页。高校内部纠纷解决机制一直是高校治理的重要内容。

〔2〕　参见第一章关于共同体内部纠纷解决机制的优势部分。

熟悉，对内部纠纷解决机制的运行及其原则也比较清晰，由此可以预见彼此行为的可能性，并综合考虑彼此之间可能存在的复杂利益关系，因此有极大的可能性通过内部机制解决彼此间的冲突或纠纷。"能够预见那些必须要打交道的人将会采取怎样的行为，这正是共同体成员资格的社会优势之一。这种能力不只源于对特定人群的长期观察，而且源于共同体组织的系统性和共同体关系的错综性。"[1]高校内部成员间产生纠纷时，由于工作或学习的环境、条件是共同的，享有的价值观也是共同的，适用的制度与规则也是共同的，而且对高校整个组织的系统结构也比较了解，对彼此存在的复杂关系也比较清楚，因此纠纷双方能够根据高校共同体的规则与共处的经验预见对方的行为，由此有利于纠纷双方通过内部途径解决矛盾或冲突。

（2）共同体精神对纠纷解决机制的积极作用。共同体精神是共同体成员共享的价值观，主要包括认同感和归属感。这种精神的重要性，"并不在于人们能够识别自己在一个彼此联系的集体中的成员资格，而在于他可以通过自己所归属的那些共同体关系修正自己对各种行动方案的思考"[2]。高校作为一类特殊的学术性共同体，内部成员享有共同的价值观，这种精神就是高校的灵魂，如自由独立、求真务实、理性批判等，促使高校内部成员产生强烈的认同感和归属感，其意义并不在于成员能够识别自己作为高校学生的资格，而在于当其与校方发生纠纷或矛盾时能够仔细考量彼此间目前或将来可能存在的复杂关系，从而选择自己的行动策略，很有可能会选择通过校内机制解决彼此间的纠纷或矛盾。

（3）培养成员的参与意识和民主意识。学校教育体系在年轻人的社会化过程中发挥着极为重要的作用，他们在接受教育的过程中获得社会的主流行为规范、价值观以及公民意识等。学校和教育是确保社会延续性发展的重要途径，对许多社会的参与形式有着很强的引导作用，是社会资源最重要的来源或原动力之一。[3]高校可以充当民主训练的平台，通过鼓励成员参与内部

---

〔1〕 ［美］阿米泰·伊兹欧尼：《回应性共同体：一种共同体主义的视角》，载李义天主编：《共同体与政治团结》，社会科学文献出版社2011年版，第34页。

〔2〕 ［美］克雷格·卡尔霍恩：《共同体：为了比较研究而趋向多变的概念》，载李义天主编：《共同体与政治团结》，社会科学文献出版社2011年版，第11页。

〔3〕 ［英］保罗·霍普：《个人主义时代之共同体重建》，沈毅译，浙江大学出版社2010年版，第40、111~162页。

事务，包括鼓励学生通过利用校内学生申诉制度主张自己权利、解决与高校间的纠纷，使学生意识到通过自己的参与和主张有可能改变高校的行为，从而实践民主的治理方式，学习维护权利与自由的精神和技术等，促进民主的发展，"对民主作出贡献"。[1]

（4）弥补国家纠纷解决机制的局限。共同体成员通过共同体内部机制解决纠纷，对于国家来说也有好处，能够弥补国家在纠纷解决方面提供机制的不足或者局限。尽管共同体内部纠纷解决机制不能代替国家司法机关对成员权利的保护，但是，它可能通过内部机制为成员提供必要的沟通渠道来完善国家救济机制不能及时、有效的缺陷。高校内部纠纷具有特殊性，较为有效、高效、快捷且经济的纠纷解决途径就是高校内部的纠纷解决机制。国家提供的外部纠纷解决途径，如司法机关对高校内部纠纷的解决，相对于内部解决纠纷机制而言，存在一定的局限性。如并非所有的校内纠纷都适合通过司法机构加以解决，因为司法机构的受案范围有限，校内纠纷如果通过司法机构加以解决，必然要花费更多时间、金钱以及精力，司法机构解决校内纠纷意味着对纠纷双方行为的审查，而这种审查通常仅限于程序性审查，而非实质性审查，通过司法机构解决校内纠纷也不一定获得预想的结果。可见，高校内部纠纷解决机制的运行有利于弥补国家纠纷解决机制的局限。

三、国家对高校内部纠纷解决机制的干预

在了解高校内部处理纠纷的机制与过程的基础上，需要进一步分析隐藏在这些机制与过程背后的利益博弈，尤其是高校与国家立法机关与司法机关的较量等，这就涉及国家对高校的干预及其限度。国家对高校及其内部纠纷解决机制的适当干预是不可避免且有益的，但是一旦干预过多，就会引发高校治理的官僚化、意识形态倾向等问题，因此干预必须是有限的。

在对高校内部纠纷解决机制的建立与运行方面，国家的作用应当是一只"隐而不见的手"，即仅限于为共同体提供行为的框架和/或对其行为进行程序性审查方面。国家的干预或介入途径主要有两种：一是事先的行为引导；二是事后的行为审查。具体而言，事先的行为引导主要是指立法层面的引导，即国家通过立法机构对高校内部纠纷解决机制事先进行细致的规定，指导高

---

〔1〕 ［美］罗伯特·M. 赫钦斯：《美国高等教育》，汪利兵译，浙江教育出版社2001年版，第12页。

校按照法律规定建立与运行相应的机制。事后的行为审查主要指司法层面的审查，即国家对高校内部纠纷解决机制并未在立法层面加以具体规定，而是当高校与内部成员间产生纠纷诉诸司法系统时，由司法机关对高校行为是否符合正当程序进行审查，而对高校行为的实质合理性并不进行审查。这两种途径在各国的表现形式有所不同，有些国家将事先的行为引导与事后的行为审查结合起来，有些国家只侧重于事后的行为审查，有些国家在两者之间摇摆不定，尚未形成固定的模式。

第三章

高校治理与内部纠纷解决机制的比较

——以美国和荷兰为例

在当代法治社会，高校治理尽管在各国都不同程度地存在并得到国家法律的认同和保障，但并不存在绝对普世的模式和单一的制度设计。在初步厘清法治社会中共同体治理和高校治理的基本理论之后，将以遵行高校自治原则的欧美国家为例，比较高校自治与内部纠纷解决机制的不同模式及其深刻的社会、体制、文化因素。这种比较给我们提供了多元化的思路，对完善我国高校治理以及内部纠纷解决机制颇有裨益，同时，这种比较也进一步揭示出共同体治理与国家体制、文化传统和社会因素等的深刻联系。

第一节　问题意识与对象选择

如前所述，当代世界各国多数承认高校作为学术性共同体享有高度的自治，对其内部事务进行自我决策与自主管理，包括高校内部纠纷解决机制的建立与运行等，免受或少受外部机制尤其是国家的干预。然而，由于世界各国教育体制和高校治理的模式存在差异，其内部纠纷解决机制建立、运行的原则与状况迥然各异，国家对高校内部纠纷解决机制的干预程度与方式也截然不同。比较不同的模式，旨在深入揭示其共同规律和差异以及形成差异的社会原因，由此归纳出具有理论价值的启示。

选取美国与荷兰高校作为比较研究的对象，主要原因是：首先，这两个国家作为欧美发达国家，经济、文化、科技发展水平均居于世界前列。美国是全世界高等教育最发达的国家，不仅高校数量巨大，而且世界排名前列的大学中美国占了绝大多数。欧洲是现代大学的诞生地，欧洲的大学模式在后起的发展中国家有很大影响。[1]其次，从传统的法系划分角度考虑，美国是英美法系国家，荷兰是大陆法系国家，各自拥有独特的教育体制和高校自治模式，内部纠纷解决机制的建立与运行及国家对其干预、介入方式都具有较强的代表性和特征，具有可比性和典型意义。最后，两国的高等教育体制及高校自治的程度都很高，其差异性比较对于我国具有较高的参考借鉴价值，尤其有利于避免将西方某一体制、机制绝对化、单一化的偏颇。

比较的层次依次设定为：高校治理模式、高校内部纠纷解决机制、校内学生申诉制度。高校内部纠纷解决机制是高校自治的重要内容，而内部纠纷主要发生在高校与学生两大主体之间，尤以学生对校方作出的惩戒或处分决定不满而产生的纠纷较为突出。这类纠纷较为常见且具有特殊性，[2]无论大小、轻重，都会引起校方的重视，[3]因为它涉及学生权利、高校内部的自我管理与秩序维护。解决此类矛盾最典型的机制就是校内学生申诉制度，因此通过对校内学生申诉制度的建立与运行状况能够了解高校自治的模式、水平与程度。

第二节　美国高校治理与内部纠纷解决机制

美国高校治理模式受历史传统、国家政治体制、高等教育管理体制、社会认同、文化理念以及高校自治能力等因素的影响，形成对话式自治模式，根据自身的特点、组织、性质、结构、目标以及所处的环境自行制定并实施

---

〔1〕　钱颖一：《大学治理：美国、欧洲、中国》，载《清华大学教育研究》2015 年第 5 期。

〔2〕　第一，这类纠纷涉及学校管理权与学生权利之间的博弈，是与高校治理关系最为密切的一类纠纷；第二，这类纠纷具有多发性且涉及学生的权利，有时甚至涉及学生最重要的权利即受教育权等，是高校治理中非常重要的问题；第三，这类纠纷的解决处理直接关系高校自治性规范的合法性，也是国家干预或介入的重点内容；第四，这种内部纠纷解决制度相对比较正式，能够集中反映内部纠纷解决机制的主要特点、优势和问题；第五，该制度还直接涉及此类纠纷的前期处理，以及与其他制度（包括行政申诉制度和司法诉讼程序）的衔接和纠纷的后期处理等，可以借此完整地了解高校内部纠纷解决机制与国家规制的关系及处理效果；第六，该制度普遍存在于各国高校之中，具有研究的便利性。

〔3〕　如美国明尼苏达大学《关于惩戒程序的相关信息》中表明，被指控的违反学生行为守则的行为，无论轻重，都是学校担心的事情。

内部纠纷解决机制，包括校内学生申诉制度，使得纠纷解决制度的设立、运行与实践呈现出丰富的多样性。

一、美国高校治理的模式

美国高校治理的模式主要体现为对话式自治模式，即高校享有高度自治权，当政府意欲干预高校事务时，高校能够独立与政府进行谈判协商，而且政府对高校的干预仅限于外部事务，不涉及高校的内部事务。美国高校治理模式的形成受历史传统、国家政治体制、高等教育管理体制、社会认同、文化理念以及高校自治能力等因素的影响。

（一）美国高校治理的模式：对话式自治

1. 对话式自治模式

治理模式主要体现为高校与国家之间的关系。美国高校治理模式体现为高校自治占主导地位，政府控制较弱，[1]高校与政府间形成对话模式，凸显高校的独立性及其自治权，强调当政府意欲干预高校事务时，高校能够独立地与政府进行谈判协商。美国高校的突出特点之一是享有显著的不受政府控制的自由，高校从总体上被公认具有高度自治，[2]即自己决定和管理自己的内外部事务，包括资金分配、行政管理、教职员聘任、招生、专业课程设置等方面。高校与国家间是一种对话与契约的关系，"由于公众契约思想的确立使得政府、大学、社会之间形成相互谅解、容忍的默契。当政府、社会对大学进行干预时，大学可以作为一个独立的法人团体与政府、社会谈判协商，甚至对簿公堂，捍卫大学自己应有的权力和自治的地位"。[3]

当代美国大学已经超越传统的大学模式（传播知识与发展知识的模式）而发展出自我的性格与理念，即将学术与市场相结合而为社会服务，已越来越为其他国家的大学有意或无意地视为模型。[4]这种模式决定了高校必须会受国家的影响与干预。而且，随着高校在社会经济、文化、科技、军事等领域中作用的提升、高校职能的扩展、高校数量及类别的增多等，国家也开始

---

〔1〕　许杰：《政府分权与大学自主》，广东高等教育出版社 2008 年版，第 37 页。

〔2〕　[美] 德里克·博克：《美国高等教育》，乔佳义编译，北京师范大学出版社 1991 年版，第 3 页。

〔3〕　和震：《美国大学自治制度的形成与发展》，北京师范大学出版社 2008 年版，第 122 页。

〔4〕　金耀基：《大学之理念》，生活·读书·新知三联书店 2001 年版，第 7~9 页。

寻求对高校的干预。然而国家对高校的干预仅限于外部事务，不会涉及高校自治、学术自由以及自主管理的领域。联邦政府对高等教育只是提供咨询服务与部分资助，而州政府正式承担和履行高等教育功能，但除了提供经费和必要的指导外，一般不干涉高校的内部事务。[1]

2. 国家对高校的干预

美国高校具有高度的自治权，能够与政府进行平等对话与协商，但是并不意味着政府对高校事务完全不干预。政府干预高校事务的手段或方式具体表现为事先的行为引导和事后的行为审查，分别体现在立法环节和司法环节，但主要侧重于事后的行为审查，事先的行为引导较少，即立法机构作用有限，司法机构发挥监督作用，但也只限于程序性监督，并非对高校行为进行实质性审查，而是充分相信高校自我治理的能力，支持高校对内部事务进行自主管理与决策。

（1）立法机构的作用：事先的行为引导。国家尊重高校自治的原则，一般不干预高校内部事务，因此对高校内部纠纷解决机制的建立与运行，没有相关的法律规定，教育部也没有相关的规章要求，完全交由高校自主制定和实施，没有给予任何事先的引导。美国虽然有联邦普遍适用的《高等教育法案》，但其侧重点在于宏观地规范高等教育机构的资质、行为以及学生的基本权利（如言论自由权）等，并不涉及非常具体的校内管理制度。另外，众所周知，判例法是美国法律最重要的正式渊源。美国最高法院明确指出，高校要在总体上遵循最低限度正当程序要求，可以根据各校情况予以适当调整，但至少都要设立某种形式的通知和听证制度。[2]符合正当程序的规定非常模糊与笼统，不属于详细而具体的引导，只能算作一种最低限度的要求。

（2）司法机构的干预：事后的行为审查。法院尊重并支持高校自治，拒绝在学术共同体内进一步扩大司法权限，[3]最重要的原因是这种自治是更广泛意义上的学术自由理念的一种变异或组成部分，而学术自由对于自由的社

---

〔1〕 徐小洲编著：《自主与制约——高校自主办学政策研究》，浙江教育出版社 2007 年版，第 9 页。

〔2〕 Edward N. Stoner, Jonh Wesly Lowery, "Navigationg Past the 'Spirit of Insubordination': A Twenty-first Century Model Student Conduct Code With a Model Hearing Script", *Journal of College and University Law* (2004).

〔3〕 Board of Curators, UNIV. OF MO. v. Horowitz, 435 U. S. at 78, 91（1978）.

会而言是很重要的。[1] 判例法的历史表明，法院一直以来不愿干涉自治组织的内部事务，[2] 因此法院通常的做法是对于并无明文规定的事项，已承认属于大学自治的范围之内，如超越立法规定的学费比率、对于入学资格设定额外的健康要求，以及全权任命教师、规定和强制执行学生行为准则、举办有关学生惩戒和教师人事决定的准司法听证等，均属高校自治的权限。[3] 因此，法院通常不干涉高校自我解决内部纠纷的措施及其结果。如美国地区法官贝克尔（Becker），奥利弗（Oliver），柯林森（Collinson）和亨特（Hunter）联合发表观点，认为高等教育是最值得尊重的，在其进行内部惩戒、解决纠纷时，法院应当给予其最充分的保护，而不是对其进行无故干预。[4] 这样不仅有利于实现高校的教育功能，也有利于发展许多对维持校方与学生之间关系有益的因素。[5] 但是，最高法院仍然对高校的内部管理行为包括解决纠纷的行为进行适当约束，即要求其符合正当程序，确保学生在对高校作出的决定有异议时，可以获得通知和听证的机会，能够陈述自己的观点。

　　法院对高校自治的尊重程度在历史上也经历了一些变化。如对高校惩戒学生、解决内部纠纷而言，从法院完全不予干涉、赋予高校大量自由裁量权[6] 到有条件地予以干涉、要求其遵守自己制定的规则。20 世纪初，"代替父母地

---

　　[1]　Nordin, "The Contract to Educate: Toward a More Workable Theory of the Student-University Relationship", *8 J. COLL. & U. L. 141*, 149（1980-82）. 教育合同：学生——学校间关系更可行的理论，8 J. COLL. & U. L. 141, 149（1980-82）. 另外还有其他三个方面的原因："高校的历史地位""教育是一种公共活动""教育程序的本质是基于先进的知识和深奥的评价而形成判断"。See Raoph D. Mawdsley, "Plagiarism Problems in Higher Education", *Journal of College and University Law Summer*（1986）.

　　[2]　Falone v. Middlesex Courntry Medical Society, *62 N. J. Super. 184*, 162A. 2d 324（Superior Court of New Jersey, 1960）.

　　[3]　参见和震：《美国大学自治制度的形成与发展》，北京师范大学出版社 2008 年版，第 160~161 页。

　　[4]　"General Order on Judicial Standards of Procedure and Substance in Review of Student Discipline in Tax Supported Institutions of Higher Education", *45 F. R. D. 133*, 136, 141,（W. D. Mo. 1968）.

　　[5]　此案中，法院认为"教育程序的本质不是对抗，而着重于维持员工与学生间的关系"。See Edward N. Stoner, Jonh Wesly Lowery, "Navigationg Past the 'Spirit of Insubordination': A Twenty-first Century Model Student Conduct Code With a Model Hearing Script", *Journal of College and University Law*（2004）.

　　[6]　过去不同时代的法官，基于各种不同的原因，均拒绝干涉高校开除学生的决定。Ira Michael Heyma, "Some Thoughts on University Disciplinary Proceedings", *California Law Review*, *Vol. 54*, *No. 1.*（Mar., 1966）, *pp.* 73.

位说"占据主导地位。在这种原则指导下，法院认为高校是学生的父母，因此倾向于将大量的自由裁量权交给学校，让学校代替父母来行使管理学生的权力。20世纪60年代，法院不再坚持"代替父母说"，转而认为学生与学校间是契约关系：学校作为契约一方为学生提供教育服务，而学生作为另一方要支付学费并遵守校规。另外，从具有里程碑意义的案件 Dixon v. Alabama Board of Education 后，法院要求公立高校在对学生作出处分决定之前要给学生提供最低限度的正当程序措施。21世纪，尽管法院不再像从前一样，不经审查就批准高校的裁决，但仍然尊重高校自我处理纠纷、维持秩序的行为，只是希望高校在已经制定了相应程序性规则时能够按照自己的规定去做，否则将面临司法审查。[1]但这种审查也仅限于高校是否完全按照自己的规定行为，由此判断其是否存在武断或任意的行为，[2]并非对高校所作出的决定的正确性与合理性进行实质审查。目前的趋势是，司法系统越来越尊重高校在处理内部事务方面作出的决定。[3]

可见，法院的基本原则是不会从总体上干预高校机构的运作，承认高校是一个特殊的自治体，有权力也有能力处理内部事务，采取相应的措施与程序解决内部矛盾与纠纷，并认为这不是法院利用专业知识可以干预的领域。高校根据《学生行为守则》对学生"作出的决定或施加的惩罚不应当被改变，即便基于同样的事实而提起的刑事指控被驳回、减轻或作出有利于被告的判决"。[4]因此，法院对于高校通过内部学生申诉制度处理内部纠纷的结果持一

---

〔1〕 Edward N. Stoner, Jonh Wesly Lowery, "Navigationg Past the 'Spirit of Insubordination': A Twenty-first Century Model Student Conduct Code With a Model Hearing Script", *Journal of College and University Law at 3*（2004）.

〔2〕 In re Rensselaer Soc. of Eng. v. Rensselaer Poly. Inst., 689 N. Y. S. 2d 292, 295（N. Y. App. Div. 1999）案中，法院对高校与学生间关于惩戒处分的决定进行司法审查时，仅限于审查学校是否完全按照自己制定的规则进行惩处，由此判断其是否武断或任意而为。在 Rensselaer Soc. of Engineers v. Rensselaer Polytechnic Institute, 260 A. D. 2d 992, 689 N. Y. S. 2d 292, 135 Ed. Law Rep. 226（3d Dep't 1999）案中，高校对学生或学生组织的纪律事务方面作出的决定，有限地接受司法审查，也就是说，司法审查仅限于审查高校是否遵守自己制定的惩戒程序方面的规则和规章，以便确定高校行为是不是任意、武断的。

〔3〕 Edward N. Stoner, Jonh Wesly Lowery, "Navigationg Past the 'Spirit of Insubordination': A Twenty-first Century Model Student Conduct Code With a Model Hearing Script", *Journal of College and University Law*（2004）.

〔4〕 参见明尼苏达大学《学生行为守则》。

种非常小心、谨慎的态度，不会轻易介入。如果高校不执行自己制定的规则，法院可以要求其重新为学生提供程序，重新作出决定。但有时高校并没有完全遵循自己制定的规则或规章，出现一定程度的偏离行为，只要学生没有受到不公平对待，法院出于对高校自治的尊重，对这种偏离行为也予以宽容。[1]

（二）影响美国高校自治模式的因素

1. 历史传统

在美国，任何一种见解、习惯、法律甚至任何一种事件，都不难从这个国家的起源中找到解释。[2]美国高校自治的品格与理念是以美国自治的传统为根基的。在一个不尊重、不崇尚自治的社会环境中，也不可能出现大学自治制度。[3]

美国有自治的传统，从个人至各种共同体都推崇自治，不受他人或其他共同体的威胁或压迫。所有的权力来自社会并从属于社会，社会本身将分为很多的部分、利益集团和公民阶级，以致个人或少数人的权利很少遭到由于多数人的利益结合而形成的威胁。[4]美国自治的传统从最初的《五月花号公约》就已经开始。"美洲殖民始于一种思想。这思想就是一个社会里的公民可以自由结合并同意通过制定对大家都有益的法律来管理自己。'五月花号'大帆船上的乘客为了建立一个大家都能受到约束的自治基础，在上岸前签订了一份公约，自愿结为一民众自治团体，它基于被管理者的同意而成立且将依法而治。如此《五月花号公约》拉开美国自治的序幕。"[5]这份公约是北美移民团体最早的历史文献，也是移民者制定的第一份自治公约，具有宗教契约、自治法规和互助互爱的多重约束意义。[6]这种自治的精神以及相应的制

---

〔1〕　如在 Jaska v. Regents of Univ. of Mich. , 597 F. Supp. 1251 (E. D. Mich. 1984) 案中，听证会持续时间、听证会组成人员的更换都没有完全按照校方规则执行，对于这些相对轻微的程序违法行为，法院认为并没有违反宪法，也不算违反正当程序，而且 "没有记录显示听证会小组成员的决定是不公平或不公正的"。Raoph D. Mawdsley, "Plagiarism Problems in Higher Education", *Journal of College and University Law Summer* (1986).

〔2〕　［法］托克维尔：《论美国的民主》，董果良译，商务印书馆1988年版，第32页。

〔3〕　和震：《美国大学自治制度的形成与发展》，北京师范大学出版社2008年版，第39页。

〔4〕　参见［美］汉密尔顿、杰伊、麦迪逊：《联邦党人文集》，程逢如、在汉、舒逊译，商务印书馆1980年版。

〔5〕　［美］拉维奇编：《美国读本》，陈凯等译，国际文化出版公司2005年版。

〔6〕　和震：《美国大学自治制度的形成与发展》，北京师范大学出版社2008年版，第40页。

度安排体现在美国人日后生活的方方面面，并得到不断的丰富与发展。

美国自治传统的根基在于乡镇，乡镇自治与自由是乡镇为进行有效的防御而全力发展自己而自发形成的，并通过法律、民情、环境、时间等加以巩固的。这与欧洲大陆的所有国家均有明显差别。在美国，一个被普遍承认的学说即为"个人是本身利益的最好的和唯一的裁判者。除非社会感到自己被个人的行为侵害或必须要求个人协助，社会无权干涉个人的行动"。乡镇自治就像是一个个人行使自己的权利，在与本身有关的事务上是独立的，但在与公共利益有关的事务上必须服从州政府设定的义务。[1]由此衍生至美国现代共同体的自治，即共同体是自身利益的判断者与衡量者，在只与其自身有关的事务上是独立的，最好由其自身管理。但也涉及共同体自治的边界问题，即当涉及公共利益之时，共同体也必须服从国家设定的义务和规则。政府在设定义务和规则时只是指示一个原则，而在执行时，共同体一般又恢复了它的个体独立权。这种共同体自治模式进一步衍生至高校治理中，体现为高校对于内部事务具有独立的判断能力与管理能力，政府对此予以充分的尊重。

2. 政治体制

美国是联邦制国家，政府的权力体现在联邦与州两个层面，联邦将有关各州的自治权留给州政府，各州政府拥有立法、行政、司法权，而联邦政府权力的行使是以州政府无法单独行使权力的领域为界限，如财政、税收、国防、外交、邮政、出入境管理、国民福利等方面。这种分权制、多权力中心的政治体制为高校自治提供了政治基础与保障。"美国联邦制努力促成的是某种重要的意义上人民'统治'的可能性，并避免'政府'统治的假想。'政府'仅在有限的意义上统治。……人们逐渐重视自组织和自治安排的创造性潜力。"[2]政府对社会各种共同体的控制是间接的，隐而不见的。在联邦分权制基础上，政府将更多的管理权限授予各类共同体，仅对其进行有限且必要的管理与干预。这也反映在政府对高校这类共同体的管理格局方面，政府赋予高校更多的自治权限，对其内部事务进行自我决策、自主管理。因此，美国的联邦分权制、多中心治理结构以及教育分权体制为高校自治的权限与空

---

〔1〕 参见［法］托克维尔：《论美国的民主》，董良果译，商务印书馆1988年版，第66~76页。

〔2〕 ［美］文森特·奥斯特罗姆：《美国联邦主义》，王建勋译，上海三联书店2003年版，第16~17页。

间提供了政治基础，而且还通过联邦宪法修正案等法律的规定为高校自治提供了保障与条件。从这个意义上说，高校自治的范围、程度等取决于国家的政治体制框架，取决于国家的授权，取决于国家对高校控制的程度与能力。

关于政府对高校的授权与控制程度主要体现在联邦、州与高校的关系方面。联邦政府对高等教育只是提供咨询服务与部分资助，而州政府正式承担和履行高等教育功能，对州立大学实施公共控制，从宏观与微观方面对教育管理、教师聘用、学生注册与毕业、学术标准与评估体系等方面进行管理。[1]尽管法律规定州政府拥有领导和管理高等教育的职权，但是，州政府除了提供经费和必要的指导外，一般不干涉高等学校的内部事务。

联邦政府、州政府与高校间的关系具体体现为：①联邦政府与高校的关系。根据美国宪法的规定，联邦政府对高等教育没有直接管理权，因此联邦政府很少干涉高校事务。但从教育均等化理念出发，联邦政府也会实施各种补助金计划资助高等教育，对其产生一定程度的影响。[2]但是，从总体上来说，联邦政府对高等教育只是提供咨询服务与部分资助。而且，联邦政府的资助不超过全美高等教育总额经费的 15%，且多针对学生和学术研究，不会触及高校自治的根本原则。[3]②州政府与高校的关系。美国高校多为州立高校，因此州与高校的间接关系更为突出。州政府正式承担和履行高等教育功能，对州立大学实施公共控制。这主要是源于美国人民对政治集权的担心和对教育功能独立于政府控制的渴望。[4]州政府对高校具有一定基本管理权力，主要集中在教育管理、教师聘用、学生注册与毕业、学术标准与评估体系等方面。[5]尽管法律规定州政府拥有领导和管理高等教育的职权，但是，州除了提供经费和必要的指导外，一般也不干涉高校自治的范围。州立高校拥有独立法人资格，在诉讼、财产管理和支配、资金借贷、人事雇佣、征收有关费用、制定学校内部规则方面享有很高的自治权。[6]

---

〔1〕　姚云：《美国教育法治的制度与精神》，教育科学出版社 2007 年版，第 117 页。

〔2〕　陈永明、朱浩、李昱辉：《大学理念、组织与人事》，中国人民大学出版社 2007 年版，第 122 页。

〔3〕　陈永明、朱浩、李昱辉：《大学理念、组织与人事》，中国人民大学出版社 2007 年版，第 123 页。

〔4〕　和震：《美国大学自治制度的形成与发展》，北京师范大学出版社 2008 年版，第 153 页。

〔5〕　姚云：《美国教育法治的制度与精神》，教育科学出版社 2007 年版，第 117 页。

〔6〕　陈永明、朱浩、李昱辉：《大学理念、组织与人事》，中国人民大学出版社 2007 年版，第 124 页。

3. 高等教育管理体制

国家政治体制在某种程度上影响、决定着高等教育管理的体制。美国实行联邦分权制的政治体制，侧重于将管理权限更多地赋予高校，"在总体上美国州一级的高教管理是控制少、自治程度高",[1]形成市场驱动的高等教育体制。尽管目前政府越来越多地卷入制定高等教育的目标和职能，但作用主要限制在为高校制定从事教学、科研、服务社会的界限与条件，而将更多调节与控制的权力交给高校自身，使高校走向"自我调节的系统"。[2]

尽管美国高校具有很强的自治性，但也无法做到全然的独立与自治，在某种程度上依然受制于国家。国家对高校事务的干涉遵循辅助性原则，即优先考虑较小的共同体或私人的治理形态。只要问题不再适合在更高层面解决或由更高一层政府提供资金，就应将权力、责任和资金交回给尽可能小的治理单位，或者交回给与所要解决之问题关系最紧密的自治层面或径自交给私人自治。因此，国家并不直接管理高校内部事务，只是通过为高校提供资金的方式为其运作设定某些原则，或者当高校与其成员间的矛盾被诉诸司法系统时，司法机关方对高校行为进行审查，但也仅限于程序性审查而已，即审查其行为是否符合正当程序的要求。

4. 文化理念与社会认同

自由主义思想、美国自治的传统与精神渗透在美国社会生活的各个领域，包括高校的发展模式之中。正如托克维尔在《论美国的民主》一书中《人民主权原则》一章结尾部分写道："有一些国家，权力是由外部加于社会的，社会不仅要按它的指示行动，而且要被迫按照一定的道路前进；还有一些国家把权力分开，有时权力属于社会，有时不让它属于社会。但是，在美国，社会是由自己管理，并为自己而管理。美国形成一个社会由自己管理并为自己管理的自治社会。"高校自治便是这自治社会中的重要组成部分。另外，高校自治的理念与制度依赖于公众对自治理念的高度认同。公众对社会自治理念的推崇与认同影响着公众对高校自治的理念与制度的认同程度。在这种意义上，只有获得公众对大学自治的理解和支持，才能保护大学自治，使得公众成为大

---

〔1〕 和震:《美国大学自治制度的形成与发展》，北京师范大学出版社 2008 年版，第 13 页。

〔2〕 [荷] 弗兰斯·F. 范富格特主编:《国际高等教育政策比较研究》，王承绪等译，浙江教育出版社 2001 年版，第 9 页。

学争取自治权的广大同盟军，否则公众就会成为大学自治的强大阻力。[1]

5. 高校自治的能力

高校自治能力的强弱影响着高校自治的程度。美国高校实行法人——外行董事会管理体制，这种基本的管理结构在殖民地时期就已经确立，[2]一直沿用至今。美国高校是独立的学术性法人组织，"限制了国家在法人活动领域的权力增长，也确保法人不受社会政治组织干预的地位"。[3]在独立学术法人地位的基础之上，美国高校实行外行董事会管理制度，董事会作为高校的最高权力机构，拥有高度自治的能力，能够决定高校内部的重大事务，如"拥有大学的财产管理权、教职员任免权、学校发展战略和方针的决策权等大学管理的基本权限。董事会任命的校长具体执行董事会的决策，负责学校的日常管理工作"。[4]

二、美国高校内部纠纷解决机制

美国高校内部纠纷解决机制包括校园协商、校园调解、校园仲裁、校内学生申诉制度、校内学生听证制度等，是在高校自主管理的过程中，根据自身的特点、组织、性质、结构、目标以及所处的环境由高校自行制定并实施的，未经国家层面的设计与自上而下的推行，体现高校自治的能力与权限。针对高校内部不同种类的纠纷，分别有不同层级、性质的纠纷解决途径和方式，构成内部纠纷解决机制的整体，维护高校内部的秩序与和谐。

（一）校园协商

校园协商作为一种常用的纠纷解决方式，受到校方的鼓励。校园协商机制为纠纷双方当事人直接对话提供平台，便于双方在纠纷发生初期进行沟通，了解彼此的看法，从而为解决纠纷提供最便利、快速的机制。因为有些纠纷事实非常简单、清楚，双方对此均无异议，即可自行协商解决纠纷的事宜，达成和解，化解纠纷。例如，当学生或学生组织因从事违规违纪行为受到指

---

〔1〕 李子江：《学术自由在美国大学的演变》，载张斌贤、李子江编：《大学：自由、自治与控制》，北京师范大学出版社 2005 年版，第 164～165 页。

〔2〕 "学术法人和外行董事会，它们在美国殖民地时期相互交叉，共同组成美国学院的基本管理模式。"［法］托克维尔：《论美国的民主》，董良果译，商务印书馆 1988 年版，第 32 页。

〔3〕 徐小洲编著：《自主与制约——高校自主办学政策研究》，浙江教育出版社 2007 年版，第 31 页。

〔4〕 李子江：《学术自由在美国大学的演变》，载张斌贤、李子江编主编：《大学：自由、自治与控制》，北京师范大学出版社 2005 年版，第 166 页。

控，在可能受到处分之前，学生或学生组织可以与行使处分的部门自行就处分进行协商，有可能达成合意，解决纠纷。如威斯康星大学规定，学生可以与校方就其违纪行为可能受到的处分达成和解，和解协议及其条款应当书面记录并由学生和调查人员或学生事务人员签字。又如爱荷华州立大学规定，在举行听证会前的任何时间，如果司法事务办公室负责人与拟被处分的学生或学生组织就违纪行为应当受到的处分达成一致意见，经学生处批准即产生效力。再如马萨诸塞大学规定，对学生提出违反学生行为守则的指控后，如果员工和被指控学生能够就指控事实和处分达成一致意见，可以双方签署协议，应当包括对处分的接受以及放弃听证或申诉的权利，由此使得纠纷得以化解。

（二）校园调解

美国高校鼓励学生通过调解方式解决纠纷（尤其是学生与校方间的纠纷），但必须是在纠纷性质比较轻微且双方对事实部分没有争议的情况下，或者学生同意通过调解方式解决问题的前提下方可适用。"高校或许希望在比较正式的听证会召开前建立一种仲裁或调解机制。这种想法可以接受，因为正当程序原则是灵活的，它只要求提供合理的通知和陈述的机会即可。换句话说，有些案件不需要正式的事实发现程序；只需当事学生与校方行政人员的非正式会面即可，当然，要通知被指控学生指控的内容，也要为其提供陈述理由的机会。"[1]如加州大学伯克利分校学生处主任受理指控学生违纪案件后，如果认为是轻微案件，则可以寻求调解等非正式的解决方案。可以要求1名官员（从大学理事会中选任）召开非正式的听证会，在学生间进行调解，并在适当的条件下给予学生最低限度的惩罚（如警告处分），没有必要实施正式的处罚，如此给学生带来最小的干扰和伤害，也促成与学生将来的合作关系。但是，如果学生对案件的事实部分有争议，或者学生认为其行为没有违反学校规则，或者涉及重要案件，可能被处以停学、开除等，就不能通过这种非正式的途径加以解决了。[2]又如明尼苏达大学鼓励学生通过适当的非正式途径解决纠纷。《关于惩戒程序的相关信息》规定，学生行为与学术诚实办

---

〔1〕 Edward N. Stoner, Jonh Wesly Lowery, "Navigationg Past the 'Spirit of Insubordination': A Twenty-first Century Model Student Conduct Code With a Model Hearing Script", *Journal of College and University Law* (2004).

〔2〕 Ira Michael Heyma, "Some Thoughts on University Disciplinary Proceedings", *California Law Review*, Vol. 54, No. 1. (Mar., 1966), p. 73~87.

公室被授权处理违反学生行为守则的行为，当其接到有关的不满报告时，可以开始收集信息，与被指控的学生联系并见面。作为调解人，在大部分案件中试图在学生之间解决纠纷。校方相信，大部分不满都可以通过非正式的途径解决。另外，《校园学生行为委员会程序》强调，任何时候，只要有可能，学校都致力于通过非正式途径解决纠纷。

（三）校园仲裁

校园仲裁属于相对正式的纠纷解决机制，有着较为严格的程序要求与规定，通常被用来解决学生或教职员工对学校作出的处理决定不满而产生的纠纷。对于此类纠纷，学生或教职员工可以提请校方有关部门居中裁判，审查作出决定的校方部门的行为在实质内容方面以及程序方面是否符合法律规定和校园内部规则，是否侵犯学生或教职员工的权利和利益。如学生对校方人员或机构作出的学术处分有权提请有关部门进行裁决，维护自己的利益。如马萨诸塞大学在《学术诚实政策与申诉程序》中规定，学生若因学术不诚实行为而受到处分，可以向学术诚实办公室提起申诉，要求对校方处分行为的依据及程序进行裁决。

（四）校内学生申诉制度

学生与高校间因校方处分决定而产生的纠纷具有特殊性，涉及高校内部成员间的利益以及校内秩序的维护等。而关于此类纠纷的解决，美国并没有相关法律进行特殊规定或说明，因此许多高校充分发挥自主管理权，根据自身组织结构和运行机制的特点，《学生行为守则》[1]设置校内学生申诉制度，给予纠纷双方陈述、申辩等表达观点的机会，并审查校方处分行为的合法性与正当性，既为学生提供申诉的机会，也为监督、规范校方行为提供途径。这种做法符合高校自我治理的需求，有利于高校为其成员提供安全的生活和学习环境，也得到了法院的认可，并将之确立为解决此类内部纠纷的指导思路。"高校可以自觉设计自己的程序，决定学生行为方面的事实问题，而不是建立一种刑事诉讼程序模式。"[2]

---

[1] 美国公立高校的董事会或管理委员会均制定《学生行为守则》，一般用于管理学生行为，其中规定学生应当遵循的学术性与非学术性的行为规则，同时也规定了违反守则的行为可能受到的处分以及学生可选择的救济途径。

[2] 在"Goss v. Lopez案"中法院已经确立了这种指导思路。

校内学生申诉制度适用的范围非常广泛，涉及对各种违纪行为所作出的处分。该制度的内容包括很多方面，如申诉申请人、提出申诉的时间、申诉理由、申诉处理方式及相应程序、申诉处理时间、结果及其效力等，但是各个高校关于该项制度的规定存在差异，因为高校情况不同，发生的主要问题或纠纷内容、类型均有不同，将在下文予以详述。

三、美国高校校内学生申诉制度的运行

美国高校结合自身组织结构的特点和运行机制，充分发挥自主管理的空间，对学生申诉制度进行设置与实施，以便在校内解决校生间的纠纷与矛盾。也正是因为美国高校极强的自治能力，使得校内学生申诉制度的运行与实践呈现出丰富的多样性。本书以美国爱荷华州立大学、明尼苏达大学、威斯康星大学麦迪逊分校、马萨诸塞大学和加州大学伯克利分校为研究样本，并辅之以其他学校的资料，试图描述校内学生申诉制度建立、运行的多种样态（详见附录一）及其与其他相关制度间的关系，在解决校生间特殊类型纠纷过程中体现高校自治的模式与空间。

（一）校内学生申诉制度的设立

关于校内学生申诉制度的设立，没有相关立法，立法机构认为这属于高校自治的范围，无论是联邦抑或州均不予干涉，完全由高校根据自身情况制定相关规则，解决高校与学生间的矛盾与纠纷。国家充分相信高校自治的能力，赋予高校在解决内部纠纷方面极大的自治权。美国高校也基本设立了该制度，即当学生对校方作出的惩戒或处分决定有异议时可以向校内有关机构提出申诉，要求审查校方作出决定的行为以及内容是否具有合法性与正当性。该制度的设置具有重要的功能，既能够为学生提供陈述观点的机会从而维护学生权利、促进学生发展，又能够监督校方行为使其更加规范化，还能够在解决特殊纠纷方面发挥重要作用，从而维持稳定的校园秩序，实现自我治理。

（二）校内学生申诉制度的运行

在校内学生申诉制度的设置与实施方面，美国高校均根据各自组织结构特点分别进行，因此在具体细节方面存在较大差异（详见附录一），体现在提出申诉的主体及主体享有的权利、提出申诉的时间、受理申诉的机构与人员、受理申诉的范围、申诉处理的方式、程序、时间、内容以及处理结果等方面（见表3-1）。

（1）提出申诉的主体。提出申诉的主体一般为受到高校惩戒处分的学生，但也有高校规定指控人[1]和受害人也可以提出申诉。

（2）提出申诉的时间。在接到处分决定后一段时间内，申诉人可以向申诉委员会提出申诉，提出申诉的具体时间可以由各高校根据自己的情况来确定，通常在5~15个工作日内。

（3）申诉申请及理由。申诉申请要以书面形式提交给学生行为管理人员或其指定人员，并说明申诉理由。申诉人提起申诉必须具备合理的理由，大致为两种：一种涉及实体方面的问题，如校方处分不当或者侵犯学生或学生组织的权利，一种涉及程序方面的问题，如校方处分程序不当、证据不足或出现新的证据等。

（4）受理申诉的机构与人员。受理申诉的主体与作出处分决定的机构不同，一般为作出处分决定机构的上级机构，但各个高校处理违规行为的机构不同，因此受理申诉的机构也会有所不同。申诉受理机构一般会组成申诉委员会，具体负责处理相关申诉事宜，委员由教师和学生组成，人数在3~6人。

（5）受理申诉的范围。申诉受理机构可以受理的申诉范围也是非常广泛的，凡是对高校关于违纪行为的各种处分决定不满意的案件均在受理之列。学生可能因为各种原因受到处分，如作弊、不当使用酒精饮料或可控物质、袭击、伤害或威胁他人、侵犯他人权利、破坏公共秩序、群体性暴力和聚众闹事、赌博、偷盗、骚扰、性骚扰、种族骚扰等。有些行为既可以发生在校内，也可以发生在校外。发生在校外的违反学生行为守则的行为，如果明显、直接地影响到学校的利益，则应当受到惩戒。

（6）申诉处理的方式。申诉处理的方式主要有两类：一是书面审理，即申诉委员会主要对校方作出处分行为时召开的听证会相关记录进行书面审理；二是会议审理，即申诉委员会召开听证会，允许双方当事人陈述并申辩己方观点。高校通常以书面审理为主要方式，辅之以会议审理方式，但也有高校以会议审理方式为主。

（7）申诉审查的内容。申诉受理机构主要对校方作出处分行为的实质内容和程序两方面进行审查，即处分行为程序是否正当、处分决定是否有充分

---

[1]　指控人一般为对违反学生守则的学生提出指控的人，不仅包括受害人，也包括其他人员，可以是高校内部的任何一个人。

的事实依据、是否适当以及是否有新提供的信息、证据等。

（8）申诉决定的作出。申诉委员会的决定一般采用投票的方式作出，以少数服从多数为原则。

（9）申诉处理的时间。申诉受理机构在接到申诉申请后，在特定时间内安排会议并处理申请事项，通常在 15～30 个工作日内，以保护当事人的权利以及解决纠纷。

（10）申诉处理结果及其通知。申诉受理机构的处理结果大致分为两类：驳回申诉请求，维持原处分决定，支持申诉请求，改变原处分决定，具体又分为四种情况，即撤销原处分决定、减轻原处分决定、要求重新召开听证会、要求重新审理案件。申诉处理结果要通知各方当事人。

表 3-1　美国高校校内学生申诉制度的构成

申诉主体	受到惩戒处分的学生或学生组织、指控人、受害人
申诉时间	接到处分通知后 5～15 个工作日内
申诉申请及理由	书面提交至学生行为管理人员或其指定人员，申请理由为校方处分行为在实质或程序方面不当
受理申诉的机构及人员	申诉委员会，通常由处分机构的上级机构组成，成员由教师和学生组成，人数在 3～6 人
受理申诉的范围	非常广泛，涉及各种违纪行为引起的处分
申诉处理方式	书面审理或会议审理
申诉审查的对象	校方处分行为是否存在实质或程序方面的不当
申诉决定的产生方式	申诉委员会投票作出决定
申诉处理时间	接到申诉申请后 15～30 个工作日内
申诉处理结果	维持或改变原处分决定

（三）校内学生申诉制度的具体程序

申诉委员会处理申诉事项的方式主要有书面审理和会议审理两类（见图 3-1），因此相应的程序设置也有差别，而且各高校根据自身情况选择以哪种审理方式及程序为主。

1. 以书面审理为主的程序设置大致如下〔1〕：

（1）在提出申诉的5个工作日内，申诉人必须提交一份关于申诉理由的书面陈述，应当包括下列信息：申诉理由、听证会上证据的相关论据和引用说明的情况。如果申诉是基于获得的新证据而提出的，则应当包括对新证据的陈述，并说明在听证期间该证据为何未被发现。

（2）在提交申诉申请后7个工作日内，被申诉机构将对其作出答复，提供一份书面陈述，复印件必须同时送达申诉人，同时还要将听证会的记录送交受理申诉的人员。

（3）在被申诉机构作出答复后3个工作日内，申诉人可以提供一份补充说明。

（4）所有证据均需提交申诉受理机构，便于其审理案件。未经受理申诉人员的特别许可，申诉程序进行期间证据不能被提走。以申诉为目的，学生、校方人员或学生组织有充足的机会查看记录和文件，但仅限于翻阅和查看，不能复印。

（5）在接到所有的书面陈述后，申诉受理机构主要进行书面审查，特殊情况下也可以规定或者要求各方进行简短的口头辩论。

2. 以会议审理方式为主的程序设置大致如下〔2〕：

（1）当事人提出申诉后，申诉委员会秘书安排听证会时间。如果有一方当事人不能按照计划出席或者提供可接受的听证会召开时间，申诉委员会主席将决定会议召开日期，并要求各方出席。

（2）主席负责维持有秩序的、公平的、有礼的申诉听证会，但听证会对公众不公开。

（3）主席宣布程序开始，并介绍下列事项：①确认参与申诉听证会的各方当事人身份；②告知申诉听证会正在进行录音；③审核证据标准。如果有证人在场的话，要求离开听证会房间直到主席叫他再进来为止。主席宣布听证会程序，包括下列事项：①陈述申诉请求；②小组委员会审查为申诉听证会准备的材料；③调查小组委员会是否存在偏见、歧视或先入为主的观点；④允许双方当事人对任何小组委员会成员提出质疑；⑤介绍在座的参与投票的成员（礼貌要求）；⑥考虑双方当事人提出的问题。

---

〔1〕　以爱荷华州立大学的程序设置为例。

〔2〕　以明尼苏达大学的程序设置为例。

（4）申诉开始，首先由申诉人陈述申诉理由并希望撤销原来的决定，然后由被申诉人向申诉人提问，接着由小组委员会向申诉人提问。但是如果申诉人（或顾问/律师）没有出席，小组委员会审查书面申诉材料。

（5）被申诉人对申诉事项进行答复，首先由被申诉人对申诉进行抗辩，然后由申诉人向被申诉人提问，最后小组委员会向被申诉人提问。

（6）总结陈词阶段，先由被申诉人陈词，然后申诉人陈词。

（7）主席宣布申诉听证会结束，由小组委员会进行讨论，不能进行录音。讨论结束后，宣布小组委员会的结论：①小组委员会认为申诉有效或无效；②小组委员会向教务长作出的建议。

（8）教务长对申诉小组委员会的建议可以采纳、修改或拒绝并作出最后的决定，送至各方当事人、最初听证机构，以及其他与申诉结果有利益关系的机构。

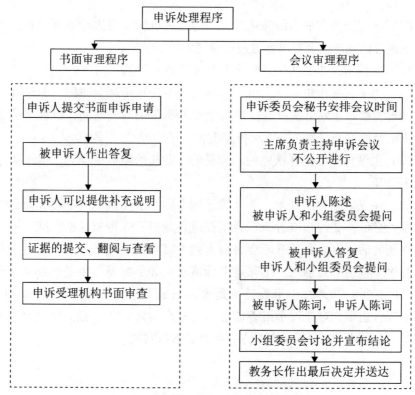

图 3-1　美国高校校内学生申诉处理程序

（四）校内学生申诉制度的功能

校内学生申诉制度作为高校内部纠纷解决机制，具有重要的功能与优势，既能够为学生提供陈述观点的机会从而维护学生权利、促进学生发展，又能够监督校方行为使其更加规范化，还能够维持稳定的校园秩序，实现自我治理。

1. 尊重学生、保护学生权利

高校作为一个社会组织，其运行的总体原则之一就是尊重学生的权利和机会。[1]校内学生申诉制度的重要功能就是维护学生的权利，给予学生机会陈述事实与表达观点。学生的福利是这些程序性措施设置的最终目标。[2]高校在对学生作出惩戒或处分后应当为学生提供相应的申诉程序，确保学生被给予所有正常的程序性保护，使其免于受到不公平的严重惩罚。另外，从微观层面来看，制度设计中也详细规定了学生享有的具体权利，如获得书面通知的权利、陈述的权利、参加申诉的权利、知悉案件处理结果的权利，等等。

2. 规范校方行为，维护学校利益

校内学生申诉制度在维护学生权利的同时，也能够规范校方行为，维护高校利益，"努力实现学生和学校的利益最大化"。[3]作为正当程序的体现，校内学生申诉制度有利于规范校方行为，防止高校任意、武断地惩戒学生，"限制高校只有在遵守正当程序规定的前提下才能惩戒学生"，[4]进而在将来可能产生的诉讼中提高校方行为的正当性，维护校方利益。也就是说，只要高校遵守了正当程序，就意味着不存在任意、专断的行为，表明其处理纠纷的结果是合理且公正的，即便学生对校内的最终处理结果仍不满意而起诉到

---

〔1〕　如明尼苏达大学《学生行为守则》中规定："学校试图提供一个社会，免受暴力、威胁和干涉；尊重学生、教职员工以及来宾的权利、机会和福利待遇；不会威胁校园组织内部成员的身体和精神健康与安全。"

〔2〕　在 *Many M. v. Clark* 一案中，法院在审查学校因考试作弊而开除学生的案件中认为，在处理学生违纪事件时需要考虑政策因素，而这些政策认为，学生的福利是非对抗性程序设置的最终目标，非对抗性程序设置强调惩戒程序的教育作用。Mary M. v. Clark, 100 A. D. 2d 41, 473 N. Y. S. 2d 845 (1984).

〔3〕　James M. Lancaster & Diane L. Cooper, "Standing at the Intersection: Reconsidering the Balance in Administration", *82 New Directions for Student Services 95*, pp. 104~105 (1998).

〔4〕　美国马萨诸塞州大学教授 DiMare 对听证、申诉程序的作用的看法。

法院，法院也会判决校方胜诉，支持校方的利益。[1]但是，如果校方没有遵守正当程序规定，法院就不会支持校方。[2]

"美国高校遵从这样一种理念，即未经程序保护不可以实施严厉的惩罚。程序的设置是要确保发现正确的事实，作出合理的处分。而仔细地询问以及深入的思考是合理实施惩罚的前提条件。因此，校内学生申诉制度是校方不断进行自我纠正与审核的途径，用来审查高校对学生进行惩戒或处分时是否出现程序性或实质性错误，基于学生的特殊情况和简单要求温和对待他们。如果学生没有从事被指控的违规行为，那么通过学校内部的申诉程序可以纠正已经对学生作出的处分决定。"[3]也就是说，不管最初的处分决定如何，校内学生申诉制度都会进一步支持高校得出正确的结论。通过制度的实施，制约校方滥用惩戒权的行为，增强校方行为的正确性，预防在将来的诉讼中处于不利地位。

3. 解决内部纠纷的重要方式

校内学生申诉制度侧重于纠纷的内部解决，而不是求助于外部手段与途径。学生从事违规违纪行为后，应当先通过校内程序解决纠纷，如果对校内程序处理的结果仍不满意，可以向法院提起诉讼。这就意味着，校内学生申诉程序"可以为纠纷解决提供内部途径，不需要通过诉讼解决纠纷"。[4]只有在穷尽校内程序仍然解决不了纠纷的情况下，才可以再寻求司法等外部纠纷解决途径。

高校与学生之间的冲突，尤其是在高校因学生违规行为而对其进行惩罚与处分时，特别是涉及停学或开除学籍等可能影响学生重大利益的处分时，就更为明显与突出。但是，高校也要与学生和平共处，维持正常、稳定的校

---

〔1〕 如在 Bleicher v. University of Cincinnati, 604 N. E. 2d 783, 789〔79 Ed. Law Rep. （236）〕（Ohio Ct. App. 1992）案中，法院支持高校开除学生的决定。法院对正当程序进行扩展解释，认为正当程序意味着"适用的标准不是衡量行为是否公正，而是衡量行为是不是专断的和任意的"。

〔2〕 在 Wolff v. Vassar College, 932 F. Supp. 88 (S. D. N. Y. 1996) 案中，法院要求没有遵循程序的高校为学生提供新的听证会。

〔3〕 Raoph D. Mawdsley, "Plagiarism Problems in Higher Education", *Journal of College and University Law Summer* (1986).

〔4〕 Raoph D. Mawdsley, "Litigation Involving Higher Education Employee and Student Handbooks", *West's Education Law Reporter*, August, (1996).

园秩序，因此，其重要职责之一就是"合理、有序地解决冲突"。[1]那么，设置相应的程序，能够相对平和、顺利地解决双方之间发生的纠纷与冲突，就显得尤为重要。校内学生申诉制度的设置与运行可以为此提供有效的内部解决途径，更适合解决校园内部纠纷，更好地满足各方当事人的需要。另外，校内学生申诉制度也是标准化和公开化的，都在高校的《学生行为守则》中有详细、具体的规定，并按照规定在实践中加以实施。它并不是临时性的，也不是有需要时才加以使用的，而是为各方当事人提供了一种制度性途径来解决纠纷。甚至是一些犯罪行为，也能够通过校内程序加以解决，而且受害人被鼓励通过校园惩戒委员会来解决问题。[2]

事实上，高校内部成员并不希望通过司法途径解决校内纠纷。[3]"在被调查对象描述的纠纷中，没有通过法律或准法律的途径来解决的。对绝大多数的纷争者而言，这种'理性的'方法不具有吸引力。……过去十几年来，将日益增长的向国家法院求助以解决高校内部纠纷的做法被证明是不能令高校纷争者满意的。……纷争者没有请'律师'，而是自己代表自己。他们没有遵守'证据'规则。第三方出于学校机构管理人员的责任经常介入纠纷，而不是出于纷争者的邀请而介入。……即使是使用准法律化的手段如听证会，在本质上是非法律性的行为，像西部片中那种老套的、友好的法庭模式，而不是现代的法庭模式。"[4]另外，通过校外司法程序解决高校与学生间的内部纠纷也存在一些局限。"法庭审理程序包括证据规则和大量的刑法规定，不仅没办法帮助教育者们处理学生违纪事件，而且也不利于形成那种积极的有利于学习和生活的校园环境。"如果以刑法在时间、程序、规则、维权等方面的标准来要求高校的申诉程序，不仅可能会加强其对抗性、增加费用，而且也无

---

　　[1]　明尼苏达大学《学生行为守则》中"指导原则"部分的规定。

　　[2]　Maureen P. Rada, "The Buckley Conspiracy: How Congress Authorized the Cover-up of Campus Crime and How it Be Undone", *Ohio State Law Journal* (1998).

　　[3]　哈特（Hart）和萨克斯（Sacks）在《法律程序》一书中写道，美国社会纠纷进行过程的"金字塔"式的层级体系大致有7个，从"私了"（如不通过司法手段，而是通过协商）到通过非正式的第三方再到达成正式协议而且永不反悔等。而高校纠纷过程涉及第六、七等级，即（6）提出指控（7）又提起申诉，但很少求助于法庭。See Walter C. Hobbs, "The 'Defective Pressure Cooker' Syndrome: Dispute Process in the University", *The Journal of Higher Education*, Vol. 45, No. 8. (Nov., 1974), p. 572.

　　[4]　Walter C. Hobbs, "The 'Defective Pressure Cooker' Syndrome: Dispute Process in the University", *The Journal of Higher Education*, Vol. 45, No. 8. (Nov., 1974), p. 578.

益于平和地解决纠纷，最终也可能"使高校对学生的控制变为无效"。[1]

但是，需要强调的一点是，校内学生申诉制度并不能完全排除司法管辖权和当事人的诉权，即不能为了在校园内部解决纠纷，就禁止学生求助于司法途径。如果学生对校内最终裁决感到不满意，仍可以提起诉讼，要求法院来解决纠纷。另外，在解决校内纠纷的过程中，如果违规学生的行为也违反了相关法律规定，那么高校不能阻碍或企图阻碍受害学生进行刑事指控。而现实生活中，这类事件并不鲜见。如学校干扰性骚扰受害者向校外权威机构提出指控，这是很常见的事实。[2]校方应当告知学生有权选择正确的纠纷解决机构，既包括校内机构，也包括校外机构。另外，如果违规学生因违反相关法律而受到联邦、州或地方权威机构的指控时，高校不能因为其为该校学生而予以特殊照顾，但可以建议校外机构考虑《学生守则》的规定以及高校处理此类行为的典型做法。如果刑法或刑事法庭对违法学生行为的处理与高校规则或处分不冲突的话，高校应努力配合。[3]

4. 注重对话与协商的重要性

对话与协商是共同体内部纠纷解决的重要方式，在高校这类学术性共同体中也不例外。在美国高校内部纠纷解决机制运行的过程中，对话与沟通的作用与价值得到凸显。当高校与学生之间产生纠纷时，美国高校能够重视作为弱势一方的学生的权利，为其提供与校方交流的平台与途径，使其能够表达自己的观点，并理解双方利益的交叉点，有可能达成共识，使得纠纷得以在高校内部加以解决。

协商对话的重要性也体现在校内学生申诉制度的运行中（详见附录二）。校内学生申诉制度从形式上来看，属于校园仲裁的一种，但由于现代新型仲裁制度的发展与特点之一是增强协商理念的重要作用，"强调当事人之间的对话以及人际关系的恢复和治疗"[4]等，因此协商对话在校内学生申诉制度中

[1] "General Order on Judicial Standards of Procedure and Substance in Review of Student Discipline in Tax Supported Institutions of Higher Education", *45 F. R. D. 142*, (W. D. Mo. 1968).

[2] Catherine Lucey, *Group Asks State to Investigate Handling of Rape Allegation at LaSalle*, MONTEREY HERALD, June 29, 2004.

[3] Walter C. Hobbs, "The 'Defective Pressure Cooker' Syndrome: Dispute Process in the University", *The Journal of Higher Education*, Vol. 45, No. 8. (Nov. , 1974), p. 578.

[4] 范愉:《非诉讼程序（ADR）教程》，中国人民大学出版社 2012 年版，第 95 页。

日益受到重视，并体现在具体程序的设置中，尤其体现在会议审理程序中，为学生与校方进行沟通与交流提供空间，允许双方互相发问以获得更多的信息，由此促进双方之间的理解，提高在校内解决纠纷的可能性，同时，也有利于纠纷解决后校生关系的恢复与校园秩序的和谐。

（五）校内学生申诉制度与其他制度的关系

校内学生申诉制度主要对校生纠纷进行处理，但要基于确定的事实。而对事实问题的调查发生在申诉之前，是通过校内学生听证制度完成的。听证制度除了调查和确定纠纷事实之外，还可能预防或减少纠纷。另外，校内学生申诉制度的处理结果并非终局性的。如果申诉人对申诉委员会的处理结果感到满意，则其处理决定为校内最终决定；如果不满意，则还涉及对其结果进行校内审查甚至校外审查的问题。因此，校内学生申诉制度与听证制度以及其他审查制度之间有着密切的关联。

（1）校内学生听证制度。作为校内学生申诉制度的前置程序，其主要功能在于调查事实，防止或减少校园内部主体间可能发生的纠纷。美国高校都设置了该项制度，只是不同高校的具体设置各有不同，具体内容大致包括如下几个方面：①受理范围非常广泛，高校可以针对学生在高校内外从事的任何违反《学生行为守则》的行为进行处分，包括学术性不当行为与非学术性不当行为两大类，学术性不当行为包括考试作弊、抄袭等，非学术性不当行为包括违反宿舍规则、破坏或阻止教学、研究、管理、惩戒等其他学校活动，等等。②受理机构一般根据案件性质、轻重程度不同，分别由不同的机构受理，在对违纪行为进行处分时负责召开听证会。③受理人员成立听证委员会，成员由教师或行政人员与学生组成，人数一般为3~5人，且学生成员人数不低于40%。④送达听证通知，即听证会召开前应当在规定期限内将可能受到处分的行为及其违反的规则、学生享有的听证权利、听证会召开时间、地点及程序等内容通知可能受到处分的学生。⑤听证会的召开原则上秘密进行，极少数情况下可以公开进行。听证会的具体程序在听证委员会主席主持下进行，先由双方当事人轮流陈述己方观点、出示证人、证据和相关信息，并向对方当事人提问，再由委员会成员向双方当事人提问，最后由双方当事人总结陈词。⑥听证会结束后，由委员会成员秘密投票认定学生是否从事违纪行为并给予相应的处分建议，然后由有处分权的机构作出最终的处分决定并书面通知各方当事人，同时告知其有关申诉的权利、时间和受理申诉的机构。

由于美国高校自治能力非常强，因此在听证制度实施过程中涉及的具体细节问题存在很大差异，体现在有处分权的机构设置、听证委员会的组成方式、听证通知送达的时间、听证会召开时间等方面。但无论存在多大差异，听证程序的设置都要确保基本的公平，即通知当事人相关的信息，包括拟受到处分的事由和可能受到的处分，尽快给予当事人听证的机会，使其能够陈述观点、提供证据等，以及听证会后收到书面的处分决定和可以对处分提出申诉的通知等等。

（2）校内审查制度。如果对申诉委员会的处理结果不满意，有些高校允许学生或学生组织向校长或其他最高机构（如高校董事会）再提出申诉（详见附录三）。这种情况下，校长或其他最高机构依据相应的规则和程序对申诉委员会的处理决定进行审查，并作出校内最终决定，或者确认申诉委员会的决定，或者推翻它的决定。

（3）校外司法制度。如果对校内作出的最终决定仍不满意，学生或学生组织可以向法院提起诉讼，要求法院对校内最终决定进行裁决。这里必须注意一点，即司法审查的前提条件是，学生或学生组织在向法院提起诉讼之前，必须穷尽校内的救济程序（详见附录三）。也就是说，只有在校内程序仍然解决不了问题的情况下，才允许通过诉讼解决纠纷。[1]而且，法院对此类纠纷的审理仅限于程序性审查，即仅审查高校所作出的最终决定是否符合程序性要求，是否遵循正当程序，[2]对于决定本身是否合法合理并不予审查。

第三节　荷兰高校治理与内部纠纷解决机制

荷兰高校治理模式受到欧洲历史传统、国家政治体制、高等教育管理体制、社会认同、文化理念以及高校自治能力等因素的影响，形成指导式自治

---

〔1〕 Raoph D. Mawdsley, "Litigation Involving Higher Education Employee and Student Handbooks", *West's Education Law Reporter*, August, (1996).

〔2〕 事实上，美国法院一直避免介入学校与学生的纠纷，直到 1961 年 Dixon v. Alabama State Board of Education 案，联邦巡回上诉法院首次在学生惩戒案件中要求公立学校遵循正当程序，在作出决定之前学生有权得到通知和听证的机会。参见湛中乐：《保障学生正当权利 规范高校管理行为》，载《中国高等教育》2017 年第 9 期。

模式。在法律、教育政策的指导下，高校结合自身特点设立并运行内部纠纷解决机制，包括校内学生申诉制度等，反映出高校治理与国家治理间的关系。

一、荷兰高校治理的模式

荷兰高校治理的模式主要体现为指导式自治，强调国家对高校事务的指导（并非控制），为高校发展提供资金支持，并通过法律和教育政策等在必要时对高校进行管理，仅限于弥补高校管理中的缺陷。这种治理模式的形成受到历史传统、政治体制、高等教育管理体制、社会认同、文化理念以及高校自治能力等因素的影响。

（一）荷兰高校自治模式：指导式自治

1. 指导式自治模式

相对于对话式模式而言，荷兰高校的自治模式称为指导式自治，这种模式强调国家对高校事务的指导（并非控制），政府为高校发展提供资金支持，并通过法律和集中的教育政策对高校进行管理，但这种管理仅在必要时才予以实施，而且仅限于弥补高校管理中的缺陷。荷兰高等教育事务主要由国家教育文化科学部负责，制定法律、政策规制高校的活动，内容涉及高校内部主要的科研与教学管理活动。"荷兰学校受中央政府指导，但由地方控制。教育部制定政策，但不能具体规定如何执行政策。这一指导性而非控制性的框架，令国家能在不干涉各所学校特色的前提下为学校拨款。"〔1〕

尽管国家在高校管理中占据一定优势，但并不意味着高校丧失自己的法律地位和基本的自治权限。在国家指导而非控制的模式下，荷兰高校仍然是独立的共同体，享有较高的自治权，自我管理是高校的基本原则，即高校具有科研、教学、行政、财务等内部事务的自主权。"由于大学不直接受任何个人而只受本省议会的管辖，所以它们实际上是自治的。大学能够朝着与所设置的系相协调的任何方向发展。"〔2〕法律赋予高校在政府限定的范围内享有高度自治权，不仅促进高校自身发展，而且也促进高等教育系统更加有效地满足社会变化的需求。

---

〔1〕　［美］马克·T. 胡克：《荷兰史》，黄毅翔译，东方出版中心 2009 年版，第 49 页。

〔2〕　［美］房龙：《荷兰共和国兴衰史》，施诚译，河北教育出版社 2002 年版，第 55 页。

2. 国家对高校的干预

尽管荷兰高校的自治程度较高，但国家对高校内部事务的干预仍然比较明显。国家通过事先行为引导与事后行为审查两种不同的手段与措施对高校内部事务与行为进行指引与干预。

首先，国家通过制定统一的、适用于全国的法律和政策对荷兰高校的行为进行指导。如荷兰教育文化科学部是最主要法律与政策的制定者，于1993年颁布适用于荷兰境内所有高校的法案《高等教育与研究法案》，对高校设立的目标、组织机构和人员、各项管理制度包括纠纷处理制度等内部事务均予以详细规定，从而指引高校的行为。另外，教育文化科学部还制定了关于高等教育机构提供的教育项目的性质、内容、质量等方面的政策。除教育文化科学部外，还有其他机构和组织也能影响政策的制定，形成一个复杂的政策制定系统。如议会有权立法，在广泛征集其他主体和代表机构（荷兰高校协会、学生联合会、教师组织以及专业机构等）意见的基础上，可以制定高等教育预算方面的法律。在立法准备阶段，其他部门如经济事务部、财务部、教育委员会和科学技术政策咨询委员会〔1〕也会发表意见。有时，其他普通咨询机构（如社会—经济委员会、政府政策咨询委员会、荷兰经济政策分析部以及社会和文化发展部等）也会参与高等教育事务活动，对其政策的制定形成影响。

其次，国家通过司法机构对高校行为的合法性进行审查，主要是对高校行为是否符合相关程序性规定进行审查，有时也涉及高校行为的实质内容。如高校学生因不满高校处分决定而与之发生纠纷诉诸高等教育特别法庭或地方法院，特别法庭或地方法院可以对高校处分行为是否符合程序性规定作出审查，解决彼此间的纠纷。又如高校学生因对高校作出的关于缴纳学费的决定有异议而向特别法庭提出申诉，特别法庭可以对高校决定是否合法进行审查等。

（二）影响荷兰高校自治模式的因素

1. 欧洲大陆国家的历史传统

任何一种理念与制度的建立与发展都离不开其所处的社会背景，荷兰属于欧洲大陆国家，其高校管理模式不可避免受到大陆国家自治传统的影响。

---

〔1〕 科学技术政策咨询委员会是荷兰高等教育事务方面重要的政府咨询机构。

因此若要研究荷兰高校自治的模式离不开欧洲大陆国家自治的传统。

现代意义上欧洲自治的传统来源于中世纪市镇的兴起与自治。[1]在市镇居民与领主不断斗争，甚至造反的过程中，双方达成和约，城市获得"特许状"，从而获得自治权。"从11世纪或12世纪开始，在法兰西、英格兰、苏格兰以及各低地国家，城市特许状被效仿和传播。市民阶层通过获得城市特许状的形式，既在一定程度上接受封建领主的控制，又在很大程度上独立于领主，获得了相当大的自治权，建立自己的政府，享有行政、司法、财政和军事大权，制定自己的法律，依法选举自己的城市议会，组建行会进行行业自治管理，逐步建立起民主参与和自治管理的制度和机构。"[2]但是，城市获得的特许状又不断遭到破坏和回避，因此城市为了自身利益不断地与国王、领主、教会的权力进行斗争。"尽管经过这么多起伏，协议时遭破坏，市镇自治在12世纪还是大功告成了。整个欧洲，尤其在法国，经过了整个世纪的普遍造反后，或多或少都享受到了自治。自治权已经确立，这是普遍的事实。"[3]尽管城市、大学获得较大的自治权，但始终摆脱不了领主或教会的控制。

在荷兰的发展历程中，也体现着这种城市与不同势力不断斗争、争取自治的特点。"人民的天性是古代日耳曼的、个人主义的，本能地反对所有强迫它变成绝对专制主义的集权模式。"反抗专制集权主义的力量"主要来自中产阶级，即城市市民"。[4]尽管城市获得较大的自治权，但在其发展过程中，仍然不同程度地受不同势力的控制。如在1648年荷兰独立之前的相当长时间内，是由罗马帝国或法国或西班牙控制或统治的。[5]

从城市兴起、发展的历史中，我们可以看到，这种自治从产生之初就带有一种裹胁的成分，城市总是在领主或教会的授权和控制之下获得自治的权限，且在与领主或教会的长期不断斗争中扩大自治的空间。因此，家长式的

---

〔1〕　古希腊、罗马时期就已经存在自治城市制度。虽然其对近代城市的形成发挥了巨大影响，但其与近代自治城镇之间的差异是很大的，体现在城镇的起源方面和最初的组成方面、城市中宗教和世俗权力分配方面以及是否存在奴隶制方面。参见［法］弗朗索瓦·基佐：《法国文明史》（第1卷），沅芷、伊信译，商务印书馆1993年版。

〔2〕　和震：《美国大学自治制度的形成与发展》，北京师范大学出版社2008年版，第19页。

〔3〕　［法］基佐：《欧洲文明史》，程洪逵、沅芷译，商务印书馆2005年版，第125页。

〔4〕　［美］房龙：《荷兰共和国兴衰史》，施诚译，河北教育出版社2002年版，第7页。

〔5〕　［美］马克·T.胡克：《荷兰史》，黄毅翔译，东方出版中心2009年版，第72~82页。

作风在中世纪城市兴起的过程中就已经显现。"主教管辖的城镇首先成为斗争的舞台。……主教们想要捍卫自己的统治拒绝臣民的要求,将臣民保持在专制独裁和家长式的制度之下。主教们认为自己的职责就是统治城镇,担心市民阶级的自治将会给他们造成困难。"[1]"瑞士历史学家加塞尔在《市镇自由乃是欧洲的救星》一书中认为欧洲大陆各大国始终深深地浸透着行政机构下达命令而人民服从的原则,因而也渗透着权力精神……因此,意大利、西班牙、葡萄牙、法国、德国近代建立起来的国家,也都无一例外是自上而下地形成的。结果,各个社会阶层是由行政命令和权力机构完全机械地凑在一起而形成国家的。享有市镇自由的国家,政府体系是建立在人们普遍地要求进行自我治理的愿望的基础上的,而没有市镇自由的国家,政府的基础是要求人们普遍地臣属于官僚机构。"[2]

可见,在欧洲城市自治的过程中,政府或权力始终对自治有着较强的干预。这种自治的传统也渗透在其他领域,包括高等教育领域。欧洲大陆国家自治的传统与历史对这些国家的高校治理模式都有着较为深刻的影响,形成一种由国家指导但又赋予高校较大自治权的指导式自治模式。

2. 政治体制

荷兰是议会制君主立宪国家。"荷兰议会称为总议会,为两院制。行政权由君主和内阁共同掌握。内阁大臣由下议院中占有多数席位的政党或政党联合指定。只有君主、政府(内阁)以及二院有权进行立法提案。"[3]国家管理与规制的权力主要集中在中央部门,包括对高等教育的管理权力,对高校自治的认可程度、范围与边界进行规定。荷兰中央政府的教育文化科学部负责制定高等教育法律和相关政策,对高校的办学目标、组织结构、管理制度等内部事务进行宏观管理。其他中央组织、机构也能够对高等教育法律与政策的制定产生影响,如议会、经济事务部、财务部、教育委员会和科学技术政策咨询委员会、社会—经济委员会、政府政策咨询委员会、荷兰经济政策分析部以及社会和文化发展部、荷兰高校协会、学生联合会、教师组织以及

---

〔1〕[比利时]皮雷纳:《中世纪的城市:经济和社会史评论》,陈国樑译,商务印书馆2006年版,第109~110页。

〔2〕[瑞士]罗伯特·内夫:《论非中心制度》,秋风译,载王建勋编:《自治二十讲》,天津人民出版社2008年版,第339~340页。

〔3〕[美]马克·T.胡克:《荷兰史》,黄毅翔译,东方出版中心2009年版,第38~39页。

专业机构等，都能够在立法与政策制定过程中发表意见，形成复杂的法律与政策制定系统。

3. 高等教育管理体制

荷兰高等教育最显著的特点是国家通过集中的法律和教育政策对高校进行非集中式的管理，但政府尊重高校自治权，不直接干预高校内部的各项事务尤其是学术性事务，认可高校享有较高程度的自治空间。国家教育文化科学部是高等教育法律与政策最主要的制定者，通过制定全国统一适用的《高等教育与研究法案》规定高等教育与研究管理方面的主要条款，赋予高校在政府限定的范围内、在教学与研究项目设置方面充分的自由。《高等教育与研究法案》明确了国家和高校的权利与义务以及彼此行动的界限，期望能够促进中央政府与大学之间保持可能的合作与行政管理关系，规定政府主要通过为大学提供资金的形式对高等教育予以支持，只具有"选择性控制"的权力，即只在必要时对高校内部事务进行干预，而且这种干预仅限于弥补高校管理中的缺陷。

另外，《高等教育与研究法案》明确规定高校必须对其教学质量负责，提供充足且广泛的教学与研究项目并保证学生能够接受高等教育，并通过特定的高等教育评估机制对高校的教学质量进行评估和控制。[1]这种评估机制也体现了国家对高校的一种间接控制，说明高校在享有高度自治权的基础上，受到国家权力的间接控制。"虽然都在强调'自治'，但实际上高等教育受到了来自不同方面的各种各样的控制，包括政治、经济和文化上的。"[2]

4. 文化理念与社会认同

欧洲向来具有契约自由和法人自治的文化观念，这种观念支撑着大学自治的理念，认为大学是具有独立法人地位的学术性组织，能够独立行使自我管理、自主决策和自我发展的权力。因此，大学自治的理念在荷兰得到继承和认同。加之荷兰民族宽容且开放的性格，对大学自治的理念认同度非常高。宽容是荷兰人典型的性格特征，这种宽容的态度与性格容易促成自治共同体

---

〔1〕　从 20 世纪 80 年代，"欧洲大多数国家开始运用国家系统和程序来对高等教育进行评估和控制，以提高高等教育的质量。建立这种体系时间最长的国家是法国、英国和荷兰"。参见 ［英］亨克尔、里特主编：《国家、高等教育与市场》，谷贤林等译，教育科学出版社 2005 年版，第 214 页。

〔2〕　参见 ［英］亨克尔、里特主编：《国家、高等教育与市场》，谷贤林等译，教育科学出版社 2005 年版，第 220 页。

的形成与发展，因此对任何共同体的自治均予以高度认同，包括高校这类特殊的共同体。"荷兰人长久以来都非常宽容地对待政治观点和见解的差异。荷兰人的宽容令社会分裂成一系列自发组成的群体。"[1]这些自发组成的群体当然崇尚自治理念与自我管理的实践。因此，荷兰人对高校共同体自治予以高度尊重和认同，而对大学的普遍态度也促成大学本身的特点，[2]提高大学自治的程度与空间。

5. 高校自治能力

荷兰高校尽管受到国家法律与政策的统一管理，但国家仅在必要时才对高校内部事务予以干预，因此高校对其内部事务拥有较高的自治权限和空间，自治能力较强，能够对教学、科研、财务、行政管理、教师聘任等内部事务进行自我决策和自主管理。"荷兰的大学享受异乎寻常的自由，拥有更好的机会去开创新的学科、去补充旧的学科。"[3]

二、荷兰高校内部纠纷解决机制

荷兰高校在遵从国家法律和政策规定的前提下，结合高校自身的特点构建内部纠纷机制，体现共同体内部自治的权限与空间。针对不同种类、不同层级的内部纠纷，荷兰高校设置了不同类别的纠纷解决途径与方式，主要包括校园协商、校园调解、校园仲裁、校内学生申诉制度等自治性纠纷解决机制。

（一）校园协商

在纠纷发生初期，荷兰高校鼓励、推荐纠纷双方通过直接的对话与协商方式进行充分的交流，进而达成合意，快速解决纠纷。校园协商方式在法律中没有规定，但在学校的《学生章程》以及二级学院的相关规则中却有明确规定。如《学生章程》中规定，当学生与高校发生纠纷时，推荐学生与引起纠纷的人员进行沟通，尽力找到令人满意的解决方案，尽快解决纠纷，避免通过相对正式的途径解决纠纷而花费很长时间。如果学生与引起纠纷的人员之间的关系或环境影响其进行非正式的对话，学生还可以向学生辅导员或学

---

〔1〕 ［美］马克·T. 胡克：《荷兰史》，黄毅翔译，东方出版中心 2009 年版，第 48 页。

〔2〕 ［美］房龙：《荷兰共和国兴衰史》，施战军译，河北教育出版社 2001 年版，第 55 页。

〔3〕 ［荷］约翰·赫伊津哈：《17 世纪的荷兰文明》，何道宽译，花城出版社 2010 年版，第 44 页。

校的学生服务中心进行咨询，获得相关的信息、建议甚至支持，帮助其解决问题。[1]再如二级学院规定，原则上学生应与引发纠纷的人员（可能是教师、秘书处或学院服务部门的人员）进行协商。[2]校园协商机制可适用于解决各种类型的纠纷。实践中，学生可以因为考试分数问题与任课教师直接进行协商与对话，也可以因为处理或处分决定而与作出决定的校方部门进行沟通，讨论校方行为是否具有合法性和/或合程序性以及学生行为是否符合学校的规则和/或程序规定，还可以因为缴纳学费的决定与校方部门直接对话等。

（二）校园调解

校园调解是在纠纷双方未能通过协商方式达成合意或者没有选择协商方式的情况下，请求第三方协助解决纠纷，促成双方合意。这种方式虽然没有在法律和学校的《学生章程》中予以明确规定，但在二级学院的相关规定中有所体现。如格罗宁根大学法学院规定，如果学生认为与引发纠纷的人员（可能是教师、秘书处或学院服务部门的人员）进行协商的结果并不令人满意或者对协商解决纠纷没有信心，可以向学院董事会的学生辅导员提出不满，请求学生辅导员进行调解，受理纠纷的学生辅导员将尽力与学生共同解决问题。如果学生辅导员认为有必要，且在征求学生同意后，还可将纠纷上报给学院的教学负责人，如果纠纷涉及教学负责人，则上报给学院董事会，以请求协助解决纠纷。校园调解方式也可用来解决多种类型的纠纷。例如，当学生无法就分数评定问题与任课教师直接达成合意时，可以请求所在学院的相关机构（考试委员会）作为调解人，对其与任课教师之间的分歧进行调解，以促成合意，消除纷争。另外，学生之间的纠纷也可以寻求学生自治组织或学生辅导员作为调解人，化解双方的矛盾。

（三）校园仲裁

校园仲裁作为一种相对正式的纠纷解决方式，不同于协商与调解，侧重于通过裁决的手段居中对纠纷双方间的争议事项作出判断和决定。这种方式在荷兰高校内部通常被用来解决学生对学校作出的决定不满而产生的纠纷，而此类纠纷一般涉及学生较为重大的利益。例如，学生可以就学校作出的学费缴纳方面的决定向学校董事会提请仲裁，董事会组成仲裁小组严格按照程

---

〔1〕　http://www.rug.nl/education/laws-regulations-complaints.

〔2〕　参见《格罗宁根大学法学院本科与硕士学习项目学习与信息导览2011~2012》，第128页。

序规定审查校方决定的合法性及合程序性，并最终对决定作出判断和裁决。

（四）校内学生申诉制度

校内学生申诉制度是针对高校内部特定类型纠纷设置的纠纷解决机制，由法律明确加以规定，体现在《高等教育与研究法案》和《普通行政法案》中。高校根据法律的规定，设置、实施学生申诉制度，用以解决特定类型的纠纷，即当学生对校方作出的与入学、考试有关的处理决定有异议时，可以向申诉委员会提出申诉，要求审查校方决定的合法性及合程序性，并由申诉委员会作出最终裁决。校内学生申诉制度的内容涉及申诉受理范围、申诉受理机构、申诉处理程序、处理结果等内容，将在下文予以详细介绍。

三、荷兰高校校内学生申诉制度的运行

荷兰所有高校均依照法律的规定建立并实施学生申诉制度，以便解决发生在学生与高校间特殊类型的纠纷。在该制度实施过程中，荷兰高校不仅按照法律的规定设置、运行相应的规则与程序，也结合自身的特点与条件发挥自主管理的能力，制定适合高校情况的特殊规定，如设置非正式纠纷解决方式并予以鼓励和推荐，使得校内学生申诉制度的运行及其功能呈现出多种样态。

以荷兰研究型高校[1]——格罗宁根大学[2]为研究样本，在了解相关法律规定以及学校内部规定的基础上，主要通过实证调研的方法，描述校内学生申诉制度的设立、目的、实施及其效果，深入了解该制度在实践中运行及

---

[1] 荷兰高校分为两大类：一类为研究型高校（U类），一类为应用技术型高校（H类）。两类高校的办学目的与教学重点均有差异，前者侧重学术研究与知识的传授，后者侧重职业技能的培训与规划。参见 Ben Jongbloed，Maarja Soo，高等教育政策研究中心，《国家报告：荷兰》。本书仅以荷兰 U 类高校为研究样本，因为 U 类高校属于传统意义上的高校，而且与美国、中国等国家高校的主要目的、功能等具有相似性。

[2] 荷兰共有 13 所研究型高校，其基本结构设置、目标、功能以及经费来源基本相同，均由法律予以明确规定。因此以格罗宁根大学为研究样本，具有一定的代表性，可以对此类高校校内学生制度的设立、实施及其效果进行实地调查与研究。格罗宁根大学地处荷兰最北部省份格罗宁根，成立于1614 年，是荷兰第二所古老的大学。大学在各个领域均为学生提供本科、研究生、博士生等不同级别的学位课程，此外还有丰富多彩的社会和文化活动，学生们把这座大学评选为最受欢迎的荷兰大学之一。格罗宁根大学下设 9 个学院，分别为法学院、医学院、哲学院、数学与自然科学学院、经济与商业学院、行为与社会科学学院、艺术学院、空间科学学院和神学与宗教学院，员工人数为 5500 人，学生人数为 27 600 人，设有 54 个本科生学习项目，116 个硕士生学习项目以及博士生 1400 人。每年获得 5 亿 7600 万欧元的教育发展资金。

其功能的多样性，从而分析荷兰高校自治的程度与空间。

（一）校内学生申诉制度的建立

格罗宁根大学根据法律的相关规定建立校内学生申诉制度解决特定类型的纠纷。关于校内学生申诉制度的法律规定主要体现在《高等教育与研究法案》中，有些关于处理申诉案件的程序性规定还体现在《普通行政法案》中。

《高等教育与研究法案》（Higher Education and Research Act，荷兰文缩写为 WHW）是荷兰教育部 1993 年颁布并适用于荷兰境内所有高校的法案。其中关于校内学生申诉制度的规定主要集中于第 7.59、7.60、7.61 和 7.62 部分。有些处理申诉案件的程序规定主要集中于《普通行政法案》（General Administrative Law Act，荷兰文缩写为 AWB）中第 7.3 部分。总体说来，关于校内学生申诉制度的内容主要包括申诉的提出、受理机构和受理范围、申诉处理的程序和结果等，均比较简单。

（1）提出申诉的主体及时间。学生对校方作出的决定有异议，应当在决定作出之日起 6 周内提出书面申诉。[1]

（2）申诉受理机构及人员构成。高校应当设置便于学生接近的机构，处理学生提出的针对高等教育机构作出的决定而进行的申诉。此类机构将确认申诉的相关当事人，并尽快将材料转给有权处理的机构。[2]

每个高等院校均需设置申诉委员会。申诉委员会应当制定程序性规则处理申诉案件：①申诉委员会的规模及构成；②如果有必要，可以设置多个不同的小组，负责不同的工作；③申诉委员会的成员和替补成员的选任；④申诉委员会的成员和替补成员的任期；⑤免于适用该程序的情况；⑥申诉委员会秘书选任的方式；⑦申诉委员会主席的替代。具体内容大致为：申诉委员会由 3~5 名委员组成，替补成员不能超过正式成员的人数。委员会主席、副主席以及其他由高校委员会任命的成员和替补成员任期至少 3 年，至多 5 年。学生成员的任期至少 1 年，至多 2 年。成员和替补成员不是校方行政机构或监察机构的组成人员。除了主席团成员外，至少一半应当由教师，特别是学术委员会成员组成。委员会主席、副主席必须满足司法人员的任用条件，即

[1] WHW 第 7.59a 第 4 款规定。
[2] WHW 第 7.59a 第 1、2、5 款规定。

司法人员法案第 5 条的规定。[1]

（3）受理事项。申诉委员会有权处理学生基于下列决定而提出的申诉事项，[2]绝大多数都是高校作出的与考试有关的决定：与学分有关的决定，即学生是否通过最后的考试；是否允许学生免考的决定；是否允许学生参加考试的决定；学生能否参加补考的决定；主考人员的决定；考试委员会的决定；是否允许学生参与培训的决定。

（4）申诉处理方式。申诉受理机构处理申诉事项的方式主要体现为两种：一是书面审理，即如果存在下列情况，则无须召开听证会：①申诉被明确驳回，或者；②申诉申请没有明确的理由，或者；③当事人声明放弃听证权。一是会议审理，即召开听证会，申诉受理机构处理申诉事项前应当给予当事人听证的机会，并通知申诉申请人、作出决定的行政机构和陈述观点的当事人。

（5）申诉处理时间。申诉委员会应在申诉提交之日起 10 周内处理申诉案件[3]。

（6）申诉处理结果。如果申诉委员会认为申诉成立，可以宣布有争议的决定全部或部分无效。申诉委员会的处理决定是一项新的决定，原争议决定的作出机构必须据此对争议事项重新作出决定。[4]

（二）校内学生申诉制度的运行

格罗宁根大学关于学生申诉制度的规定，是在《高等教育和研究法案》（以下简称 WHW）的授权基础上，[5]依照该法案和《普通行政法案》（以下简称 AWB）的内容而制定的，体现在学校内部不同层级的相关规定中，既包括校方制定且适用于全体学生的《学生章程》，[6]也包括校方申诉事项主管

---

〔1〕 WHW 第 7.60 条第 1、2、4、5 款规定。

〔2〕 WHW 第 7.61 条第 1 款规定。

〔3〕 WHW 第 7.61 条第 4 款规定。

〔4〕 WHW 第 7.61 条第 5 款规定，AWB 第 7：25 条也有如此规定。

〔5〕 WHW 第 7.59a 第 1 款规定，高校应当进一步制定行政管理规则处理学生申诉事项。

〔6〕《学生章程》（Student Charter）是基于国家法律，特别是《高等教育和研究法案》第 7.59 条而制定的，是特别适用于格罗宁根大学的补充性规章。WHW 第 7.59 条第 1、5 款规定，高校委员会负责制定并公布《学生章程》，其中包括学生的权利和义务、保护学生的权利、处理学生提出的抱怨和纠纷的程序以及处理纠纷过程中学生参与、申诉的程序，还有其他保护学生免受行政管理妨碍的程序等。《学生章程》规定了学生与高校双方的总体权利和义务，其中包括学生申诉权利方面的规定。See http://www.rug.nl/studenten/regelingen/studentenstatuut/2012-2013/index.

部门（主要指考试申诉委员会）[1]制定且适用于所有学院的《考试申诉委员会程序规则》，还包括二级学院制定并仅适用于本院学生的相关规定。[2]不同层级的规定在详尽程度以及侧重点方面略有差别（见表3-2）。如考试申诉委员会依照法律和《学生章程》制定的规则更详细、具体，更侧重于对细节方面的规定，操作性更强，便于在格罗宁根大学适用。这些制度性规定及其在实践中的应用，可以通过典型案例呈现出更加具象的场景（详见附录四）。

（1）提出申诉的主体。《学生章程》规定，学生申诉权利属于学生的法律权利，是WHW对公立高校学生权利的保护。学生有权对学校基于《学生章程》作出的决定提出申诉。《考试申诉委员会程序规则》详细规定了申诉申请书应当具备的内容：①申请人姓名、地址、住址；②申诉日期；③明确描述引起申诉的决定内容，如果可能的话提交关于决定的复印件，或者描述申诉所针对的决定的内容并明确说明申诉申请人的观点；④申诉的理由。

（2）提出申诉的时间。《学生章程》规定，学生要在有争议的决定公布之日起6周内提出，延期提出申诉，如果没有正当理由，考试申诉委员会将不予受理。[3]《考试申诉委员会程序规则》规定，当事人应当在相关决定公布之日或拒绝接受相关决定之日起6周内提出，超过6周提出申诉且无正当理由的，申诉不予受理。

（3）申诉理由。《学生章程》规定，学生有权对学校基于《学生章程》作出的决定提出申诉。《考试申诉委员会程序规则》规定，当事人可以基于正当理由而提出申诉，也可以针对违反法律的决定提出申诉。

（4）申诉受理机构及人员构成。《学生章程》规定，如果学生不同意学

---

〔1〕　学生法律权利保护中心和考试申诉委员会都是学校申诉事项的主管部门，但是学生法律权利保护中心只是受理学生申诉事务的部门，并不处理具体的学生申诉事务，而是负责将学生申诉案件转交至考试申诉委员会处理。考试申诉委员会是真正负责处理申诉事务的主要部门，根据相关规则和程序处理学生申诉的事项。因此，从这个意义上讲，校方学生申诉事务主管部门主要是指考试申诉委员会。

〔2〕　格罗宁根大学下设9个学院，每个学院均根据自身学院、专业的特点制定相应的学生规则，适用于本学院的特殊情况，其中包括申诉制度方面的规定。关于学生申诉的提出、申诉受理机构、处理程序等方面的规定都比较简单、粗略，因为详细的规定均已体现在法律和学校的规则中。但是，关于申诉制度针对的事项即学生可以对哪些事项提出申诉则规定得比较详细、具体，一般都结合本学院的特点，便于在学院内部具体操作和有效实行。

〔3〕　http://www.rug.nl/studenten/regelingen/studentenstatuut/2012-2013/rechtsbescherming/index.

校的决定，尤其是二级学院主考人员、考试委员会〔1〕或入学委员会〔2〕根据 WHW 第 7.60 条作出的书面决定，可以向学生法律权利保护中心〔3〕（Central Portal for the Legal Protection of Student Rights，荷兰文缩写为 CLRS）进行申诉，CLRS 确保将学生申诉转交至考试申诉委员会〔4〕（the Board of Appeal for Examinations，荷兰文缩写为 CBE）进行处理。〔5〕CLRS 和 CBE 都是学校申诉事项的主管部门，只不过 CLRS 是受理学生申诉事务的部门，并不处理具体的申诉事务，只是将受理的学生申诉案件转交至 CBE 处理。CBE 是负责处理申诉事务的主要部门，根据相关规则和程序处理学生申诉的事项。《考试申诉委员会程序规则》的规定更具指导性，即当事人应当向学生法律权利保护中心（CLRS）提出申诉。如若在申诉期限内向主考人员或其他校方机构提出申诉的，一般不予受理。

关于考试申诉委员会（CBE）的人员构成，《学生章程》中没有明确规定，而是由《考试申诉委员会程序规则》作出详细规定。委员会由 14 名成员组成，9 名教师，分别来自不同学院；4 名学生，分别来自上述学院；1 名成员为主席，不是学校人员，但必须满足地方法院法官的任职资格并隶属于司法部。学校董事会任命其中至少 1 名成员为副主席，也必须满足地方法院法官的任职资格。学校董事会、学院委员会的成员与监察员不能成为申诉委员会的成员或副主席。

（5）受理申诉的范围。《学生章程》规定，考试申诉委员会受理申诉的事项在 WHW 法案第 7.61 条中已有规定，但具体到格罗宁根大学，主要受理

---

〔1〕 WHW 第 7.12 条规定，考试委员会负责每一个学位项目以及组织、协调与考试相关的事务。格罗宁根大学下设的 9 个二级学院均根据 WHW 规定设立考试委员会，具体负责学院内部与考试相关的组织与协调工作，如任命主考人员负责考试题目、评价学生是否具备考试需要的条件、制定规则以维持考试秩序并作出相关决定、设立教育项目及相关课程并对申请者进行审批等。另外，如果学生考试作弊，考试委员会有权剥夺其参加考试的资格，时间最长 1 年。参见《学生章程》中关于"考试委员会"的规定。

〔2〕 格罗宁根大学 9 个二级学院还设立入学委员会，负责审查本科或硕士的入学申请。如果学生符合条件，则同意其参加本科或硕士学习项目，否则予以拒绝。

〔3〕 学生法律权利保护中心（CLRS）是格罗宁根大学设置的学生权利保护中心，学生有任何问题都可以向中心人员咨询或反映，非常便利。

〔4〕 考试申诉委员会（CBE）是高校的独立机构，负责受理学生提出的关于特定事项的申诉。

〔5〕 http://www.rug.nl/studenten/regelingen/studentenstatuut/2012-2013/rechtsbescherming/cbe.

学生对以下几方面决定提出的申诉，[1]基本上均与考试相关：考试分数和最终评估的分数；参加考试的资格；参加学位项目的资格；对参加学术讨论会资格的评审；对免除考试的审核。关于申诉制度受理的事项，二级学院予以更为详细、具体的规定，一般都结合本学院的特点，便于在各学院内部具体操作和有效实行。[2]

（6）申诉处理方式。《考试申诉委员会程序规则》对此予以详细规定，申诉处理方式通常有两种：一种是书面审理，适用于以下几种简单情况的处理，无须召开听证会，即申诉没有正当理由、申诉不予受理、当事人放弃听证权利；一种是会议审理，即召开听证会审理申诉事项。

（7）申诉处理的时间。《学生章程》规定，考试申诉委员会（CBE）应当在提出申诉期限届满后的 10 周内进行申诉程序。

（8）申诉处理结果。[3]《学生章程》规定申诉审查的结果有三种：①不受理申诉：CBE 不会就申诉问题进行裁决，例如已经超过申诉期限。②申诉没有事实根据：决定或拒绝作出的决定是不存在的。③申诉有效：决定将被取消。涉事机构可以在遵守 CBE 决定的基础上作出决定或作出一个新的决定。CBE 可以设定作出决定的时间。另外，在 CBE 规定的情况下，考试、最终评定、入学考试或者额外的调查必须重新进行。

---

〔1〕　http://www.rug.nl/bureau/expertisecentra/abjz/cbe/index? lang=en.

〔2〕　如格罗宁根大学法学院根据自身情况制定《格罗宁根大学法学院本科与硕士学习项目学习与信息导览2011~2012》，为每位学生提供必要且详细的信息。其中关于学生申诉程序方面的规定非常简单，但是关于引起学生申诉事项的规定却相对详细、具体得多，即主考人员或考试委员会或入学委员会在下述方面作出的决定：学生入学的决定，即入学委员会有权决定是否批准学生要求进入本科或硕士学习项目进行学习；学生参加课程学习的决定，即考试委员会有权决定是否批准学生参加某课程学习；课程成绩的决定，即主考人员对学生某课程成绩的评定结果；免考的决定，则考试委员会可以审查学生是否符合免考条件并作出决定；不允许学生参加考试的决定，即主考人员取消学生参加考试的资格；学生考试作弊的决定，即学生在考试期间被怀疑或被认定有作弊行为，考试委员会将给予休学一年的处分决定；一门课程额外考试次数的决定，即考试委员会有权决定是否给予学生同一课程额外考试的机会；特殊考试形式与成绩公布的决定，即考试委员会有权决定以特殊方式进行考试并公布成绩；学生进入下一学年进行学习的决定，即考试委员会审查学生是否通过第一学年或第二学年的考试并具有足够的学分，据此决定其是否能够进行第二学年或第三学年的学习；学生成绩的最终评价；学位的授予等。

〔3〕　http://www.rug.nl/studenten/regelingen/studentenstatuut/2012-2013/rechtsbescherming/cbe.

表 3-2　荷兰高校校内学生申诉制度的构成

	法律的规定	高校的规定
申诉主体	受到处理或处分的学生	受到处理或处分的学生
申诉时间	处理或处分决定作出之日起6周内	决定公布之日起6周内
申诉理由	学生对处理或处分决定有异议	学生不同意学校的决定，尤其是二级学院主考人员、考试委员会或入学委员会的书面决定
受理和处理申诉的机构及人员	学生法律权利保护中心；考试申诉委员会，委员由教师、学生、其他人员组成	学生法律权利保护中心；考试申诉委员会，委员由教师、学生和非校方人员（主席）组成
受理申诉的范围	与考试有关的各种决定	与考试有关的各种决定
申诉处理方式	书面审理或会议审理	书面审理或会议审理
申诉审查的对象	处理或处分的决定	处理或处分的决定
申诉决定的产生方式	无	申诉委员会投票作出决定
申诉处理时间	申诉提交之日起10周内	提出申诉期限届满后的10周内
申诉处理结果	维持原处分决定或宣布原处分决定全部或部分无效	不受理申诉；申诉无事实根据；支持申诉

（三）校内学生申诉制度的具体程序

通过校内学生申诉制度处理校生之间的纠纷，应当遵循相应的程序。国家法律、高校制定的规则都对程序问题予以明确规定，包括书面审理和会议审理的程序，各有区别。由于书面审理的程序相对简单，这里主要介绍会议审理的具体程序，即通过召开听证会的方式来处理纠纷双方的争议事项，具体在实践中的应用可通过典型案例加以呈现（详见附录四）。

1. 听证会前的和解。在召开听证会解决纠纷之前，申诉委员会要求纠纷双方当事人进行沟通。如果能够达成和解，则纠纷即被解决，因此和解在申诉制度中的设置非常重要，即在裁决性程序中再次给予双方交流与对话的空间，体现了协商理念及相应程序性设置的优势与突出作用。

关于听证会前的和解程序，法律以及高校的具体规定均予以明确、详细地说明。《高等教育与研究法案》（WHW）规定，申诉委员会在接到申诉事项后，将申诉转交至争议决定的作出机构或人员，要求其与利害关系人进行沟通，确定纠纷双方是否能够达成和解。如果引起申诉的争议决定是由主考人员作出的，则应将争议转至考试委员会处理。如果主考人员为考试委员会成员之一，则不得参与和解过程。相关机构应在3周内向申诉委员会提交关于商讨结果的材料。如果不能达成和解，则由申诉委员会对申诉进行处理。[1] 高校的《学生章程》也作了相应规定，考试申诉委员会（CBE）受理申诉后不会立刻进入处理程序，而是将申诉案件转交至作出决定或拒绝作出决定的机构，要求其必须首先努力与当事学生达成协议（和解）并在3周内将此程序的结果通知CBE。《考试申诉委员会程序规则》对和解进行更为详细的规定，即如果申诉针对的是学院作出的决定，申诉委员会向学院考试委员会主席发出通知，要求相关机构与当事人进行协商，确定是否能够就纠纷达成和解。如果申诉针对的是主考人员作出的决定，则要求考试委员会迅速处理，是否能促成双方和解。如果不存在和解的可能，考试委员会主席应当自收到和解要求通知之日起3周内要求相关机构或主考人员说明情况。如果进行和解的意图无效或者将严重损害申诉申请人利益，申诉委员会主席可以决定停止和解，并说明原因。

2. 召开听证会的程序规定（见图3-2）。高校的《学生章程》规定，只有纠纷双方无法达成和解协议时，CBE才会进行申诉程序，安排听证。[2] 听证程序依照WHW第7.61部分以及AWB第7.3部分的规定进行。但是关于听证会召开的具体程序问题，两部法律的规定相对都比较粗略，因此高校根据自身情况和特点，制定相对详细、具有更强操作性与指导性的程序规则，便于对争议事项进行处理和审查。

（1）听证会前的准备。《普通行政法案》第7.3部分粗略地规定了听证会前的一些准备事项，涉及听证会材料的提交、保存与查阅等。[3] 更为详细的内容体现在高校申诉主管部门制定《考试申诉委员会程序规则》中，具体包括听证小组的组成、对申诉事项的初步调查、决定听证会的具体召开时间和

---

〔1〕　WHW第7.61条第3款规定。

〔2〕　http://www.rug.nl/studenten/regelingen/studentenstatuut/2012-2013/rechtsbescherming/cbe.

〔3〕　当事人可以在听证会召开前10日提交其他材料。申诉受理机构应当保存申诉通知和其他所有与案件有关的材料，便于当事人在听证会召开前至少一个星期内查看，并可以免费获得材料的复印件。另外，只要当事人同意，可以禁止查阅材料。或者根据当事人的申请或其他原因，只要有充分的理由需要保密，则申诉受理机构也可以限制查阅材料。

地点以及听证会材料的提交、保存与查阅等。

第一，听证小组的组成。在纠纷双方无法达成和解的情况下，申诉委员会主席将与2名成员组成议事小组（听证小组），共同审查申诉案件。在复杂案件中，主席将与4名成员组成议事小组（听证小组），共同审查申诉案件。每个案件中，都必须有学生成员参与审查。

第二，初步调查申诉的争议事项。组建议事小组后，申诉委员会将立即对申诉案件进行初步调查，可以从事下列活动：要求一方或双方当事人进一步提供信息；也可以要求双方当事人在指定期限内提供书面信息；可以要求专家提供意见，也可以要求专家提供书面的专业意见或报告。

第三，听证会召开时间和地点的确定。申诉委员会认为通过初步调查掌握的事实已经足够解决问题，主席即可决定听证会的召开时间和地点。秘书应当在听证会召开前10日立即通知所有与会的当事人。

第四，听证会材料的提交、存放与查阅。听证会召开前10日，当事人可以提交更多的信息。所有与程序有关的资料均须存放在申诉委员会秘书处至少一个星期以供所有人查阅。经任何一方当事人请求，主席可以决定将非常个人化的信息仅提供给当事人查阅，否则将对这些信息予以保密。

（2）听证会的召开。《普通行政法案》第7.3部分的规定涉及听证会召开方式、当事人出席听证会、专家和证人出席听证会以及听证会记录等内容，而对于听证会的具体召开步骤则规定"可以参照议会法案的准则"进行。[1]而《考试申诉委员会程序规则》不仅涉及上述内容，还详细规定了听证会进行的具体步骤，大致如下：

第一，听证会召开方式。听证会应当公开进行，在特殊案件中，出于重要原因，可以全部或部分秘密进行。主席宣布听证会的召开、结束，并主持

---

〔1〕 听证会应当由申诉受理机构安排，但其具体活动可以参照议会法案的准则，由咨询委员会负责。咨询委员会由1名或多名成员组成，且不能在申诉受理机构任职或受雇于申诉受理机构。听证会应当公开进行，除非因当事人的申请或有其他充足的理由，申诉受理机构决定秘密进行。当事人应当轮流出席听证会。根据行政机构的要求，或者其他方面的要求，如果共同参加听证会将导致程序方面失之偏颇或者导致应当保密的事实或文件被泄露，那么当事人可以分别参加听证会。如果当事人分别参加听证会，则应告知其未参加部分的听证会内容。因当事人请求或其他确需保密的原因，申诉受理机构也可以限制告知其未参加部分的听证会内容。应当事人请求，证人和专家可以出席听证会，费用应由当事人自行负担。听证会应当有记录。

听证会的进行。秘书应当全程记录程序的进行。

第二，听证会召开期间，各方当事人在主席允许的情况下有机会陈述自己的观点，并可以通过主席向对方提问。当事人在听证会期间可以改变申诉的内容、观点、理由，除非听证小组认为这种改变对另一方当事人明显不利。当事人参加听证会时可以聘请律师或顾问，以代替当事人提问或回答。申诉委员会当然可以或应当事人请求，要求证人和专家出席听证会。

第三，如果一方当事人被通知参加听证会，但却未出席，或者双方均未出席，听证会仍可继续进行。如果听证小组成员无法全部出席听证会，则听证会无法召开，主席将决定推迟至其他时间召开，秘书应当尽快通知当事人另行召开的时间。

第四，在作出处理决定前，如果听证会结果显示调查不充分，则申诉委员会可以决定延长听证会期限，引导当事人提供相关证据。

第五，听证会期间，听证小组的正式书面文件要提交给申诉委员会和双方当事人，因此这些文件及文件中载明的各方观点和态度均可能被知晓。

（3）听证会决定的作出。决定应当自听证会结束后 2 周内通过投票方式作出，即在接到申诉之日起 10 周内作出。听证小组应秘密讨论并作出决定，且只能基于可供查阅并在听证会上出示的材料，或者双方当事人提供的对对方不利的材料以及听证小组在听证会期间形成的正式书面材料。听证小组成员在主席主持下各自发表意见，然后投票作出决定。秘书将听证小组成员的观点和态度转达给申诉委员会成员。如果申诉委员会认为申诉理由充分，则全部或部分撤销引起申诉的原决定。作出原决定的机构或主考人员有必要在限定期限内依据申诉委员会的决定重新作出决定。

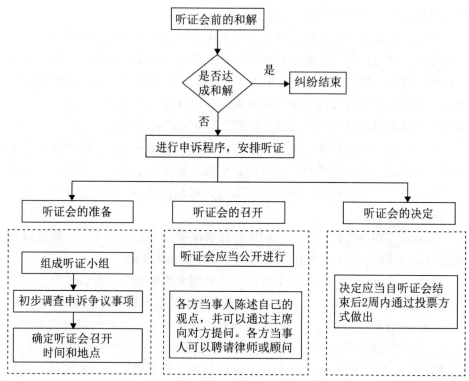

图 3-2　荷兰高校校内学生申诉听证会程序

（四）高校校内学生申诉制度的功能

校内学生申诉制度作为高校内部纠纷解决机制，具有重要的功能与优势，既能够为学生提供陈述观点的机会从而维护学生权利、促进学生发展，又能够监督校方行为使其更加规范化，还特别强调对话与协商的作用，促进纠纷解决，维持稳定的校园秩序。

1. 维护学生的权利

从国家法律规定到高校的《学生章程》再到高校主管学生申诉的部门规定，均赋予学生提出申诉的权利，即学生对校方作出的决定（包括主考人员、学院考试委员会或入学委员会的决定）有异议时，可以自收到决定之日起 6 周内向有关部门提出申诉。更具体的规定体现为，如果学生对主考人员的分数评定或考试委员会的决定有异议，有要求其对分数或决定作出解释的权利，如果经解释后仍有异议，可以向学生法律权利保护中心（CLRS）提出申诉。[1]可见，维护学生的申诉权，为学生提供平台与机会，使其能够与校方机构或人员就其作出的决定进行商讨或辩论，以表明自己的观点和态度，争取实现自身利益。在实践中，与笔者进行沟通的所有人员，无论是二级学院的教师、学生辅导员、考试委员会的秘书或主席，还是学校主管部门的工作人员——学生法律权利保护中心的负责人、学生服务中心的工作人员、考试申诉委员会的秘书以及法律部门的负责人等，均对学生申诉制度发挥的维护学生权利的作用予以明确肯定。

为确保学生知晓自己的权利，学校的《学生章程》以及二级学院的学生手册都会对此加以明确规定，并公布在网站上或通知学生获取纸版规定。即便如此，如果学生仍然不知道自己的申诉权，则校方作出决定时均会书面通知学生，如果对此决定有异议，可以向哪个机构进行申诉等信息。例如，主考人员在成绩通知单上明确告知学生享有查阅试卷和提出申诉的权利，即允许学生在指定地点查阅考卷和讨论成绩，如果学生对成绩有异议，可以向考试申诉委员会提出申诉。

如果学生在行使权利方面有任何疑问，可以向学院的学生辅导员咨询，他们会提供各种建议和帮助，也可以向学校的学生事务部门进行咨询，如学生法律权利保护中心（CLRS）或学生服务中心（SSC）。[2]在特殊情况下，这些部门及其人员认为必要时会帮助学生与作出决定的机构或人员进行沟通与协商。

2. 规范校方及其人员的行为

对学生权利进行保护，赋予其申诉权就意味着对校方行为进行审查和规范，尤其是非理性的行为（如滥用权力或任意作出决定等），使其符合程序，尽量避免出现错误，造成对学生权利的侵害。在实践中，考试申诉委员会

---

[1]　http://www.rug.nl/education/laws-regulations-complaints/2012-2013/tentamensexamens.

[2]　学生服务中心，是格罗宁根大学的学生顾问专家中心，这里的专家包括法律专家、心理学专家以及培训人员，为学生提供各方面的服务，包括提供咨询和建议、私人交流、短期治疗以及各种广泛的专题研讨会和培训课程。参见 http://www.rug.nl/education/find-out-more/other-student-facilities/student-service-centre.《学生章程》规定，在学生服务中心可以获得所有跟申诉有关的程序性规定。

（CBE）的秘书[1]认为，处理申诉案件在保护学生申诉权，从另一个角度来看，也是对校方员工行为进行审查，防止或纠正其错误行为，但这种审查多半是程序性审查，即侧重于行为是否符合程序，而不是实质审查。另外，二级学院的某些规定也体现了这一功能。如法学院根据自身情况，专门制定了学生提出异议的规则，指明此规则以处理学院员工不遵守学院安排、破坏约定的标准以及不礼貌对待学生的行为等。如果学生对学院考试委员会的决定有异议，可以向学校考试申诉委员会提出申诉。[2]

3. 有助于在校内解决纠纷

学生与学校因入学资格或考试问题产生的纠纷是一种重要类型，其处理效果涉及学生的权利与切身利益以及高校的管理秩序。格罗宁根大学关于此种特定类型的纠纷解决几乎都是在学校内部完成的，要么是在二级学院解决纠纷，要么是通过校内学生申诉制度解决纠纷。

（1）大多数纠纷在二级学院得以解决。学生与校方发生纠纷后，学校首先推荐学生通过非正式途径加以解决，即与作出决定的人员或机构直接进行对话与沟通，尝试着达成合意。如果无法通过对话与协商在双方当事人之间直接解决纠纷，学生可以寻求二级学院内部通过第三方调解协助解决纠纷。如此，大部分纠纷都能够在二级学院内部得以解决。如根据经济与商业学院考试委员会2010年的报告，共受理纠纷18件，但99%的案件均在学院内部得以解决。如果学生对通过以上途径解决纠纷的结果仍不满意，可以向学校考试申诉委员会（CBE）提出申诉。但是，CBE受理学生申诉后不是直接召开听证会，而是将案件转交回二级学院，再次尽力促成双方当事人和解。在这个过程中，有些案件也得以在二级学院内部解决，然后将结果上报CBE。从CBE公布的两份年度报告可以看出，2008年申诉至CBE的案件64件，50件（78%）发回二级学院通过和解处理2009年申诉至CBE的案件79件，64

---

[1] 《高等教育与研究法案》规定考试申诉委员会秘书在主席指导下工作。但实践情况与法律规定差距很大。实践中，秘书对申诉事项的受理、处理及其程序等全过程掌握得更全面和细致，因为主席不是校内人员，各成员又来自不同学院，平时忙于各自事务，而且主席和成员均有任期，一般为3年。因此委员会的日常事务均由秘书一人负责处理，只有遇到特殊情况时，秘书才会征求主席的意见。有时关于申诉处理的结果也是秘书拟定的，因为其了解、接触的申诉案件比较多，也积累了丰富的经验，现任秘书已经工作5年。

[2] 参见《格罗宁根大学法学院本科与硕士学习项目学习与信息导览2011~2012》，第127页。

件（81%）发回二级学院和解处理。

（2）部分纠纷申诉至学校考试申诉委员会（CBE）加以解决。有些学生与校方发生纠纷后未经二级学院处理程序，直接申诉至CBE，而有些学生对二级学院的处理意见仍有异议再向CBE提出申诉。CBE受理申诉后一般将案件发回二级学院，尽量促成和解。但如果无法达成和解的，CBE将召开听证会，按照听证程序对纠纷进行处理。根据CBE公布的两份年度报告可知，2008年申诉至CBE的案件64件，2件未予受理，50件发回二级学院通过和解处理，其余12件在CBE通过召开听证会处理，2009年申诉至CBE的案件79件，2件未予受理，64件发回二级学院和解，其余13件通过听证会处理。

通过上述两种途径，已经为学生在校内解决纠纷提供了不同层面、不同种类的方式，因此这种特定类型的纠纷基本都可以在高校内部加以解决，很少有纠纷通过学校外部机构加以解决，如申诉至海牙的高等教育申诉特别法庭（CBHO）或起诉至地方法院。如学校考试申诉委员会（CBE）2008年和2009年报告中指出，两年内申诉至CBE的案件共143件，没有一件经审理后申诉至高等教育申诉特别法庭，2008年有4件（6%）起诉至地方法院，2009年只有2件（2.5%）起诉至地方法院。

4. 注重和解的重要性

在校内学生申诉制度设置和运行的过程中，有一点非常值得注意，即在申诉委员会处理申诉事项的过程中，不是立刻召开正式的听证会对申诉事项进行裁决，而是首先要求纠纷双方当事人就争议事项进行和解，只有在无法达成和解协议的情况下，才召开听证会。这种纠纷解决方式首先是由《高等教育与研究法案》（WHW）明确规定，要求高校申诉委员会在接到申诉事项后处理申诉事项前，将申诉转交至争议决定的作出机构或人员，使其与利害关系人进行沟通，双方是否能够达成和解。如果不能达成和解，则由申诉委员会对申诉进行处理。[1]各高校根据法律的规定制定相关细则并在实践中予以运行。

可见，和解是校内申诉裁决的前置必经程序，如果能够达成和解，则无须召开听证会对争议事项进行裁决。在裁决性程序中强调和解的重要性，并强制要求纠纷双方当事人首先进行和解，凸显了协商理念在纠纷解决中的重

---

〔1〕 WHW第7.61条第3款规定。

要作用。通过协商、对话解决高校内部发生在学生与学校间的纠纷更具优势，能够减少对抗性、疏解情绪、修复关系，使得大部分纠纷得以在高校内部化解，防止纠纷的升级与激化，取得较好的纠纷解决效果。另外，也有利于维护和增强高校这类共同体的凝聚力。

（五）与其他制度的衔接

通过校内学生申诉制度获得的裁决结果具有校内终局性，如果学生对此仍有异议，则可以选择向校外的司法机构提出诉讼。但在诉讼前必须经过校内学生申诉制度的程序对争议事项进行处理，可见，校内学生申诉制度是司法诉讼的前置必经程序，在《高等教育与研究法案》（WHW）中有明确规定。

WHW 规定，如果学生对高等教育机构申诉委员会作出的决定仍有异议，可以在收到决定之日起 6 周内向设在海牙的高等教育申诉特别法庭（Higher Education Appeal Tribunal in Hague，荷兰文缩写为 CBHO）提出申诉，但是对特别法庭的决定仍有异议，则不能再申诉。[1]CBHO 对高校学生而言是高等教育领域的司法机构，其主要职能就是受理个人因对高等教育机构申诉委员会的决定不满而提出的申诉案件。CBHO 对申诉案件的处理结果体现在三个方面：[2]①不受理申诉，即申诉不符合程序要求，CBHO 不予受理。②申诉有效，即撤销或部分撤销高校申诉委员会的决定。如果学生提出赔偿，则要求高校对其造成的损失予以赔偿。CBHO 可以就撤销原决定的结果进行安排，既可以要求高校重新作出决定，也可以自己作出新决定。③申诉不成立，支持高校申诉委员会的决定，认为其有充足理由。关于 CBHO 的成员构成与任命、工作程序、费用等内容可见于 WHW 第 7.64 ~ 7.67 条的规则和其他官方文件。[3]

高校的《学生章程》对此也有明确规定，即如果学生对考试申诉委员会（CBE）作出的最终决定仍有异议，可以在收到决定之日起 6 周内向海牙高等

---

〔1〕 WHW 第 7.66 条第 1 款规定。

〔2〕 ABW 第 8.2.6 部分的规定。

〔3〕 关于 CBHO 工作的具体程序性规定，可参见 CBHO 公共信息交流部门于 2010 年发布的《高等教育申诉特别法庭手册》（Appeals to Higher Education Appeals Tribunal）。手册是根据公共信息交流部门在实践中遇到的问题和积累的经验而制定的，主要涉及申请人是否能够提出申诉、如何提起申诉（包括提出申诉的时间和所需材料等）以及提出申诉后的程序（包括听证程序以及作出裁决的程序等）与信息等内容，具有很强的指导性与操作性。

教育申诉特别法庭（CBHO）提出申诉，但要支付特别法庭的注册费用。[1]

第四节　美国与荷兰高校治理与内部纠纷解决机制的比较

不同国家在历史发展状况、政治体制、高等教育管理体制、文化观念、社会认同以及高校自治能力等方面存在差别，因此会形成不同的高校自治模式与内部纠纷解决机制。美国与荷兰两国高校自治模式、自治的程度与范围不同，形成的内部纠纷解决机制也呈现出不同的特点。对两国状况进行比较研究，意在揭示其共同性与差异性，并分析形成差异的原因，对于我国高校治理及其内部纠纷解决机制的建立与运行具有较高的参考意义。

一、共同性

美国与荷兰均属发达国家，经济、文化、教育、科技发展水平居于世界前列，都属于法治国家并拥有高校自治的传统，因此，两国高校自治及其内部纠纷解决机制的设立与运行存在着一些共同点：第一，从两国高校发展的历程来看，高校自治的原则始终得到国家的确认、支持与尊重，只是国家授权与认可的自治权限与程度不同。第二，国家对高校内部事务进行干预和介入的手段基本相同，均采用事先引导和事后监督的形式，即通过立法或政策对高校行为进行引导或规制以及通过司法途径对高校行为的合法性进行监督，只是侧重点和具体方式的选择上有所区别。第三，两国的文化观念以及社会对高校自治的认同度都比较高，如契约自由、法人自治等主导文化观念有助于确定、增强、促进人们对高校自治理念的认同。第四，高校内部纠纷解决机制的构成、形式等基本相同，如都包括校园协商、校园调解、校园仲裁等基本形式，校园仲裁又包括校内学生申诉制度等，只是具体程序设置和多样性程度不同。第五，高校内部纠纷解决机制在解决内部纠纷方面所具有的优势和发挥的作用大致相同，如能够快速、方便、经济地解决纠纷，有利于维护学生权利、规范校方行为，有利于维持纠纷双方间的关系，有利于在校内解决纠纷从而缓解诉讼压力、弥补国家纠纷解决机制的局限，还有助于培养校内成员的参与和民主意识等，而且都非常重视协商与对话机制的重要性。

---

〔1〕　http://www.rug.nl/studenten/regelingen/studentenstatuut/2012-2013/rechtsbescherming/cbho.

第六，内部纠纷解决机制与外部纠纷解决机制之间的关系基本相同，即在寻求外部纠纷解决机制之前必须穷尽内部纠纷解决机制的使用，如校内学生申诉制度是寻求法院或特别法庭解决纠纷的前置必经程序，凸显校内纠纷解决机制在共同体内部纠纷解决方面发挥的重要作用。

二、差异性

尽管两国在高校自治与内部纠纷解决机制方面存在共性，但两国在自治模式、自治的范围与程度以及内部纠纷解决机制等方面的差异性也比较明显，因为两国的历史、政治体制、高等教育管理体制以及高校自治能力等方面都存在差异。

（一）历史因素

两国的历史发展过程及形成的传统不同，一定程度上影响着高校自治的模式，美国高校呈现出对话式自治模式，而荷兰高校形成指导式自治模式。

美国的历史发展过程表明，从《五月花号公约》开始，自治传统就备受推崇。无论对于个人还是共同体，自治都是非常重要的理念与精神。美国有着悠久的共同体发展历史。"托克维尔在《论美国的民主》中指出，人们以联合社团和协会的形式来解决共同面临的问题或处理各自特定的需要，这是美国生活方式的组成部分。不同的社团和协会网络构成各种交叉纵横的社会共同体。罗伯特·帕特南对美国的共同体生活有过深入的调查研究，他也认为美国在这方面有着悠久的历史，尤其是19世纪后期美国社团组织出现繁荣时期。"[1]对于各种类型共同体都非常发达的美国社会而言，自治是共同体必须具备的基本品格，强调共同体独立于国家、政府的地位和权力。高校作为一类特殊的学术性共同体，自治更是其必须具备且推崇的理念与原则，高校能够对内部事务进行自主决策、自我管理和自我发展，国家很少对高校行为进行事先的引导。如果国家意欲介入高校事务，高校则作为独立的共同体能够与国家进行谈判协商，从而形成一种对话式自治模式。

荷兰作为欧洲大陆低地国家之一，自身的发展受到欧洲整个历史发展的影响。从欧洲中世纪城市的兴起与发展来看，自治的传统是在城市不断地与

---

〔1〕［英］保罗·霍普：《个人主义时代之共同体重建》，沈毅译，浙江大学出版社2010年版，第168~169页。

国王、教会和领主斗争的过程中形成并得以维护的，这就决定了城市的自治始终都受到王权、教会权或领主权力不同程度的控制与干涉。而大学自治的传统及其自治权限是在中世纪城市争取自治的环境中形成的。"大学自治传统的历史渊源更直接脱胎于中世纪欧洲的城市自治和行会自治。拥有特许状就是中世纪大学自治的一个标志。"[1]而特许状就是从国王或教会那里获得授权和认可，从而进行自治的书面契约。因此大学自治的权限与范围受到国家权力的控制和影响。荷兰高校享有较高的自治权限，能够对内部事务进行自我管理，但也受到国家法律和政策的干预和控制，从而形成一种指导式自治的模式。

（二）政治体制

政治体制的安排与架构体现着国家权力分配的模式，在一定程度上影响着国家与高校之间的关系，影响着高校自治的范围与程度。

美国是联邦制国家，政府权力并非集中在联邦层面，而主要是分散在各州，各州政府保留了主要的自治权限。在这种联邦分权制基础上，政府对社会各种共同体的控制是间接的，将更多的管理权限授予给各类共同体，为共同体自治提供政治空间，促进与发展共同体的自治，而仅对其进行有限且必要的管理与干预。高校作为学术性共同体，需要自治的空间，政府尊重高校自治的理念与原则，赋予高校更多的自治权限。联邦政府为高校的发展提供咨询服务与部分资助，而对高校内部事务不予干预和介入。州政府作为高等教育的主要领导和管理机构，能够对州立大学实施公共控制，但除了提供经费和必要的指导外，一般也不干涉高校的内部事务。

荷兰是君主立宪制国家，政府权力主要集中在中央层面，下属的 13 个行政省也有一定自治权限。在这种政治体制之下，政府将对主要事务进行规划与管理，将部分权限授予给共同体，因此共同体享有内部事务的自治权，但要接受政府的指导。荷兰中央政府的教育文化科学部从宏观层面通过法律和政策规制高等教育机构的行为，为其提供指导。其他中央层级的组织、机构也能够制定高等教育领域的政策或对政策的制定提供意见，从而形成一个复杂的法律、政策制定系统，影响高校行为。荷兰高校享有较高的自治权，能够对内部事务进行自主管理和决策，但要接受政府的指导，不能违反法律和

---

〔1〕　和震：《美国大学自治制度的形成与发展》，北京师范大学出版社 2008 年版，第 20 页。

相关政策。

（三）高等教育管理体制

高等教育管理体制体现着国家与高校在高等教育事务管理方面的权力分配关系，对高校自治的程度与范围有着直接的决定作用和影响。而高等教育管理体制又与国家的政治体制有着密不可分的联系。

美国的政治体制影响着高等教育管理体制，因此在联邦分权制的政治架构中将高等教育事务管理权限更多地分配给高校自身，赋予高校根据市场机制进行自我决策、自主管理和自我发展的模式，形成市场驱动的高等教育管理体制。在这种管理体制下，高校对其内部事务包括内部纠纷解决机制的设置等享有极高的自治权限和空间，联邦政府和州政府很少通过法律或政策对高校行为予以指导和介入，其作用多限于为高校发展提供资金和必要的指导，而将管理与控制的权限更多地交给高校，因此高校自治的范围与程度很高。

荷兰的君主立宪制政体将权力主要集中在中央政府，对高等教育管理体制也形成一定影响。中央政府部门尤其是教育文化科学部通过集中的法律和教育政策对高校行为进行直接指导和非集中式的管理，明确国家和高校的行为界限。另外，政府还通过特定的高等教育评估机制对高校的教学质量进行评估，实现对高校的间接控制。但在总体上，政府尊重高校自治权，不直接干预高校内部的各项事务，认可高校享有较高程度的自治空间。高校在政府限定的范围内对自身内部事务如教学与研究项目设置等方面享有充分的自由。

（四）高校自治能力

高校自治的程度与范围以及内部纠纷解决机制的设置与运行等不仅取决于历史因素、政治体制、高等教育管理体制，也取决于高校自治能力的强弱。

美国高校作为学术性共同体，具有独立的法人地位，实行外行董事会管理体制，拥有高度自治的能力，能够决定高校内部的重大事务，包括内部纠纷解决机制的设置与运行等多个方面。因此，美国高校根据不同纠纷的类型设置不同形式的纠纷解决机制，呈现出丰富的多样性特征。

荷兰高校尽管受到中央政府的统一管理，但对其内部事务仍然享有较高的自治权限，能够对重大事务进行自主管理，并决定自我发展的方向。如在高校内部纠纷解决机制的设置方面，尽管受到《高等教育与研究法案》（WHW）的统一规制，必须设置校内学生申诉制度，但高校能够根据自身情况设置其他纠纷解决机制，如校园协商与调解等，并鼓励学生加以使用，以便更好地解决各种类型的纠纷。而且关于校内学生申诉制度的设置与运行，也可以根据高校内部不同院系之间的特点在程序方面予以适当调整，体现出较强的自治能力。但荷兰高校在内部纠纷解决机制的设置方面创新性程度不够，如并未创设校内学生听证制度以防止纠纷的发生等。

第四章

中国高校治理与内部纠纷解决机制

在比较欧美国家高校治理模式及其内部纠纷解决机制之后，我们试图了解中国高校治理的模式及其内部纠纷解决机制的构成、特点、形成原因等。当代中国正在建设法治国家，但是在传统治理理念与思想影响下，强调国家在社会建构中的作用。在高等教育领域，高校治理的理念与原则并未得到国家的明确认可与提倡，但是随着高等教育体制改革的不断深入和发展，高校自主权的概念及内容得到国家的认可，高校治理能力也相应得到提升，形成国家主导的治理模式。高校在内部纠纷解决机制的建构中，自行创设一些种类与形式以解决不同类型的纷争，但也要按照国家法律法规的内容设置相应的形式以解决特定类型的纠纷，形成多样化的内部纠纷解决机制。

第一节　中国高校治理的模式

划分高校治理模式的依据主要是高校与国家间的关系。中国高校与国家间的关系是国家居于主导地位，对高校内部事务进行整体规制，赋予高校有限的治理权限，形成国家主导式治理模式。这与中国的历史传统、政治体制、高等教育管理体制以及高校治理能力等因素有着密切的联系。

一、国家主导型

国家在高等教育领域居于主导地位，对高校的目标、架构及发展等予以统一管理和规制，高校相对处于弱势地位，自我治理的权限与空间较为有限。

这种模式的形成受到多少因素的影响与制约。

（一）国家主导

国家对高校事务的主导地位主要体现为政府和执政党对高校事务的主导与规制。我国高校绝大多数为公立高校，《高等教育法》明确规定公办大学由政府举办，政府教育行政主管部门对大学进行宏观管理，党委会是学校的领导核心，实行党委领导下的校长负责制。可见，这种管理不仅来自政府，也来自党委。

1. 政府对高校的主导作用

政府是高校的出资者，又是高校的管理者和监督者。[1]中央政府部门教育部和地方政府部门教育委员会是高校的主管部门，对高校活动进行管理与规划。高校与政府的关系主要表现为行政隶属与行政管理关系，[2]这种关系呈现出一系列特点：集中管理，即将高校的设立、结构和布局纳入国家和地方政府的事业发展规划中，管理手段行政化，即高等教育的管理依靠行政权力的强制性，使得政府与高校处于上下级关系，教育资源由政府统一配置，院校内部采用以行政权力为中心的管理模式，[3]甚至在高校的教学管理、招生、学科专业建设方面也由政府统一安排。这一系列特点决定了高校的管理具有浓厚的行政化色彩，即高校在履行自己职能的基础上，也要执行政府的任务或政策。尽管近些年来，高校"去行政化"的呼声日益高涨，但政府仍然保持着对高校的主导地位。

2. 执政党对高校的领导与规制

在高等教育领域，中国共产党作为执政党对高校进行领导与管理，是中国高校的一大特点。国家长期将高校视为意识形态的重地，因而十分重视执政党对高校的领导。《高等教育法》第 39 条明确规定，国家举办的高等学校实行中国共产党高等学校基层委员会领导下的校长负责制。中国共产党高等学校基层委员会按照中国共产党章程和有关规定，统一领导学校工作，支持校长独立负责地行使职权。执政党对高校的领导与规制主要体现在高校的指

---

〔1〕　张驰、韩强：《学校法律治理研究》，上海交通大学出版社 2005 年版，第 13 页。

〔2〕　蒋后强：《高等学校自主权研究：法治的视角》，法律出版社 2010 年版，第 164 页。

〔3〕　徐小洲编著：《自主与制约——高校自主办学政策研究》，浙江教育出版社 2007 年版，第149 页。

导思想、教育方针和目标、管理体制和运行机制、学科建设、人才培养等诸方面活动必须以中国共产党的指导思想为核心，而且在高校建立了系统完备的党的基层组织，便于领导与管理。[1]《中国教育现代化2035》中再次明确指出，推进教育现代化的基本原则之一是坚持党的领导，全面贯彻党的教育方针，为中国共产党治国理政服务等。可见，执政党引领高校政治方向的正确性，体现了高等教育的政治属性。[2]

（二）高校有限的自主管理权

高校自主管理，实质上是高校依法拥有对内事务与对外交往的自主决策和自主管理的权利。[3]改革开放以后，高校在这方面逐步获得相对的发展空间，国家法律、教育部规章与政策等不断强调高校自主权及其落实的重要性，并明确政府与高校间的关系。例如，1995年《教育法》规定了学校"按照章程自主管理"的权利，1998年《高等教育法》对高校办学自主权有明确的规定，内容涵盖招生、学科专业建设、教学、科研、国际交流、财务及机构设置、对师生进行管理等方面，1999年《教育部关于实施〈中华人民共和国高等教育法〉若干问题的意见》中强调"依法治教，全面落实高等学校的办学自主权"，2003年《教育部关于加强依法治校工作的若干意见》要求"学校建立依法决策、民主参与、自我管理、自主办学的工作机制和现代学校制度"，2010年《国家中长期教育改革和发展规划纲要（2010—2020年）》要"推进政校分开、管办分离"，即构建政府、学校、社会之间的新型关系，明确政府管理的权限和职责等，政府改进管理方式，减少和规范对学校的行政审批事项，落实和扩大学校办学自主权，2016年教育部《依法治教实施纲要（2016—2020年）》明确，大力推进学校依章程自主办学，2020年《教育部关于进一步加强高等学校法治工作的意见》中强调"减少行政干预，为学校松绑减负、简除烦苛，尊重保障学校独立法人地位和办学自主权"。这些规范性法律文件对高校办学自主权的强调都为高校自主管理的发展提供了合法性与正当性。

尽管近些年来规范性法律文件始终突出强调高校自主权，党中央、国务

---

[1] 宜勇：《大学变革的逻辑》，人民出版社2009年版，第498~499页。

[2] 宜勇：《大学变革的逻辑》，人民出版社2009年版，第485页。

[3] 郭石明：《社会变革中的大学管理》，浙江大学出版社2004年版，第207页。

院也高度重视高等教育领域的简政放权工作，取得了良好效果，但是高校自主权落实的实践仍相对滞后，[1]效果还不能令人满意，[2]体现在招生、专业设置和教学管理、颁发学历学位证书以及财务等方面仍受到政府的控制，高校自主管理有些名不副实。[3]高校"去行政化"改革以及落实和扩大办学自主权依然任重道远，面临诸多困境。政府对高校仍然保持着某种程度的控制，高校的设立、运行依赖政府的推进，高校自主权的性质、大小也取决于政府单方面的意图，高校仍然没有完全摆脱政府附属物的地位与角色。政府对高校的集权式管理在高等教育发展领域一直是如影随形，主导了高校与政府之间的关系，高校办学自主权非常有限，缺少了灵活机动的空间，[4]实际上缺乏真正独立的自主权。另外，高校自身对自主权的认识以及自主管理能力的有限性，[5]也决定了高校自主权落实效果不尽如人意。

当然，由于高等教育在国家与社会发展中的特殊战略地位以及高校的举办与发展都离不开政府的财政资金支持，决定了高校绝对独立的自主管理权也是不现实、不合理的，高校不可能完全脱离政府，有限的自主管理也是具有现实合理性的一种模式，也能够克服绝对独立自主性的弊端。[6]

二、影响中国高校治理模式的因素

我国国家主导式高校治理模式的形成受到诸多因素的影响，主要包括历

---

〔1〕 张应强、程瑛：《高校内部管理体制改革：30年的回顾与展望》，载《高等工程教育研究》2008年第6期。

〔2〕 蒋后强：《高等学校自主权研究：法治的视角》，法律出版社2010年版，第193页。

〔3〕 张驰、韩强：《学校法律治理研究》，上海交通大学出版社2005年版，第16~17页。

〔4〕 别敦荣：《必须进一步扩大高校办学自主权——我国高等教育发展70年的经验》，载《教育发展研究》2019年第Z1期。

〔5〕 大学制度能力和自主能力太弱，办学自主权在实践中出现垄断和滥用，造成无序和混乱，出现所谓的"一放就乱"现象。政府本能的反应就是加强集权控制，把下放的权力重新收回，又出现了所谓的"一收就死"现象，形成办学自主权的扩大和落实之间的恶性循环。参见周光礼：《中国大学办学自主权（1952—2012）：政策变迁的制度解释》，载《中国地质大学学报（社会科学版）》2012年第3期。

〔6〕 "如果放任大学完全自主办学，大学就有可能只注重按自身的学术规律进行活动而漠视社会的种种变革，也就有可能出现脱离社会、封闭保守甚至抵制必要的社会变革的倾向。"参见湛中乐、高俊杰：《我国公立高校与政府法律关系的变迁》，载《陕西师范大学学报（哲学社会科学版）》2010年第6期。

史传统、政治体制、高等教育管理体制以及高校自治的能力等方面。

（一）历史传统

我国历史发展过程中，以国家集权的治理模式为主，权力主要集中于中央政府，对国家事务予以宏观管理与规制，[1]而对于社会自治等理念与原则并未予以足够的尊重和认识，因此对共同体内部事务干预介入程度较高。而共同体也不具备与国家抗衡的政治权力，共同体自身的发展受到国家的控制，对于国家权力也较为依赖，其自主治理的范围与空间较为有限。从我国高等教育产生与发展的历史过程来看，作为主体的公立高校始终隶属于国家，作为国家的附属物而满足国家的某种政治要求，完成某种类型的政治任务。如京师大学堂在兴建之初即是为满足国家对经济力量增长的需求以及对抗外来势力的影响。现代中国，以国家为主导力量的治理理念仍然盛行，对社会自治以及更为具体化的高校自主治理等理念或原则并未予以明确的认可，因此国家对高校事务的管理与控制色彩较为浓厚，高校自我治理的空间和范围十分有限。尽管我国政府在高校治理过程中行政色彩较为突出，但政府仍然在具体的教育体制设置和实施方面保留了对高校自主权的适度尊重。

（二）政治体制

"从国家在社会中的职能角度来看，一种倾向是让政府来管理社会并主导社会的发展方向，另一种倾向是让政府来维持社会的平衡，并且仅仅提供一个社会自我管理、个人自我定位的一般性规则框架。"[2]我国政府偏向于第一种。我国政治体制是人民代表大会制度和共产党领导下的多党合作制，对国家事务进行管理与规制的权力主要集中于中央政府。在高等教育领域，国务院教育部通过制定法律或政策对高校主要事项进行统一管理，"中央拥有高等教育管理和决策的最大权力。地方政府一方面依据中央精神，另一方面又根

---

〔1〕 从我国主要朝代政治发展史来看，从汉代、唐代、宋代再到清代，中央政府与地方政府的关系日趋集中，即管理国家事务的权力日益集中至中央政府，地方政府的权力受到越来越多的限制。与汉代相比，"唐代中央政府的组织较为进步，但地方政府组织则不如汉代，唐代已渐渐进到中央集权的地步，逐渐内重而外轻"。宋代中央集权倾向更明显，地方行政则不如唐代。至清代，"已经不许地方官有真正的权柄"。参见钱穆：《中国历代政治得失》，生活·读书·新知三联书店 2001 年版，第47、84、155 页。

〔2〕 ［美］米尔伊安·R. 达玛什卡：《司法和国家权力的多种面孔——比较视野中的法律程序》，郑戈译，中国政法大学出版社 2004 年版，第 16~17 页。

据自身需要，对所辖大学实行高度统一的管理。高校的设立、结构和布局纳入国家和地方政府的事业发展计划之中"。[1]可见，政府与高校间的关系通常是以政府为主导的。我国政府与高校间的关系，从计划经济体制下政府高度集权、高校隶属于政府转变为目前市场经济体制下政府适当放权、高校拥有适量自主权，形成政府主导与高校有限自主治理相结合的模式。

（三）高等教育管理体制

在政治体制框架内，我国高等教育领域确立了高度统一的管理体制，确立了党和政府对高校的领导权。高等教育管理权以国家为主导并集中于中央政府，由教育部制定统一的高等教育法规和相关政策，要求所有高校必须贯彻实施，地方教育委员会负责对本行政区内的高等教育进行统筹协调，贯彻执行中央政府的宏观管理措施，加强对高等教育的管理，形成"高等教育的两级办学管理体制"。[2]高校自主权较低，自我管理的空间有限，包括其管理内部纠纷事务的机制也相对有限。

但是，随着改革开放、市场经济的发展以及社会转型期不同问题的显现，政府过多控制高校的管理体制的弊端逐渐暴露。为此，我国进行高等教育体制改革，"主要是解决政府与高校、中央与地方、国家教委与中央各业务部门之间的关系，逐步建立政府宏观管理、学校自主办学的体制"。[3]改革的目标与趋势都是要减少政府对高校事务干预的范围与程度，扩大高校自主权，使得高校成为"具有独立法人资格的学术性组织，在不受其他组织或个人非法干扰和阻碍的前提下，依据国家有关方针和政策，结合自身的办学规律和特点，充分发挥自主决策、自主执行、自主监督的积极性和主动性，行使教育决策和教育活动的权力"。[4]

（四）高校的治理能力

我国高校实行党委领导下的校长负责制，对高校内部事务的管理均要按

---

〔1〕　徐小洲编著：《自主与制约——高校自主办学政策研究》，浙江教育出版社 2007 年版，第149 页。

〔2〕　徐小洲编著：《自主与制约——高校自主办学政策研究》，浙江教育出版社 2007 年版，第146 页。

〔3〕　参见 1993 年中共中央、国务院印发的《中国教育改革和发展纲要》。

〔4〕　徐小洲编著：《自主与制约——高校自主办学政策研究》，浙江教育出版社 2007 年版，第142 页。

照党的领导和国家法律规定的内容进行，如机构设置、人员安排与任命、招生、课程安排等。尽管教育部赋予高校一定程度的自主权，但高校仍是国家或政府的附属部分，依然要贯彻执行国家法律或政策的内容，要在国家主导下从事相应的管理与教学活动，对国家行政权力的依赖性较强，对自身事务进行自我决策和自主管理的能力与权限也较低。但随着高等教育体制改革的不断深化，高校治理能力与范围将在国家规制下不断扩大。

第二节　中国高校治理与内部纠纷解决机制

我国高校治理模式为国家主导型，注重国家对高校事务的管理与规制，包括高校内部纠纷解决机制的构建等。当然，国家也尊重高校适当的自主权，承认其内部纠纷解决机制在高校治理中发挥重要作用，具有不可规划的优势。但是，国家对高校内部纠纷解决机制也要进行适当、必要的干预，防止其为维护内部秩序而侵害成员权益。

一、高校治理与内部纠纷解决机制

国家主导型高校治理模式强调国家通过教育部以及各级教育委员会对高校事务进行管理和规制，既包括高校的机构设置、人员安排、专业与课程设置、招生等内容。高校内部纠纷解决机制作为高校治理的重要内容，不可避免地受到国家规制。如高校内部学生申诉制度的设置，并非高校治理的自发产物，而是教育部为适应新的社会发展与变化，2005 年通过《普通高等学校学生管理规定》（以下简称《第 21 号令》）加以确立、并自上而下在全国高校内广泛推行的，2017 年又通过《普通高等学校学生管理规定》（以下简称《第 41 号令》）。这种现实反映出，一方面，中国高校的自主管理本身是自上而下地通过国家规制和体制改革逐步建立的，其权限和边界由国家控制，但正在不断扩大，另一方面，这种自主管理自始就与校园治理的需要以及行政主管部门对高校的规制密不可分，自主管理与行政管理的关系和界限在很长一段时期内十分模糊。因此，校方及学生及其他校园主体对校内学生申诉制度的治理功能和意义缺少明确的认知。

学生申诉制度作为一种解决校内纠纷的机制，建立在承认和尊重高校的规则（规章制度）制定权、自主处理和裁量权（包括对学籍、违纪案件的处理）以及管理权的基础上，作为优先于行政申诉和司法救济的选择性机制得到提倡，显示出国家对高校及其内部纠纷的特殊性和办学规律的尊重。《〈普通高等学校学生管理规定〉解读》（以下简称《解读》）认为："对学生的自主管理是高校依法自主办学的重要内容。学校拥有依法自主办学和管理的权力，同时也应当履行相应的责任。学生提出申诉是学生依法享有的权利，学校应当为保护学生申诉权利履行相应责任。"由此明确了学生申诉制度是高校自主管理部分的重要内容，体现着高校自身处理内部事务尤其是纠纷的能力。

　　高校对内部纠纷解决机制的设置享有自主管理权，可根据自身情况在设立与运行校内学生申诉制度的过程中作出适当调整，以适应各高校不同的特点和发展需要。《第21号令》对校内学生申诉制度的规定都是原则性的，如学校应当设立学生申诉处理委员会、学生提起申诉的期限、申诉受理的事项、期限等，没有规定具体操作方面的内容，如申诉处理委员会应当设置在高校的哪个机构、人员构成情况、具体组成人员的人数和比例、申诉处理委员会议的方式、申诉处理结果的产生方式、送达方式等。可见，国家管理仅限于总体性的原则规制，行政主管部门通常会把该制度的落实与实施放权给各高校，由其根据本校实际情况进行操作。调研的16所高校均按照《第21号令》的要求建立了校内学生申诉制度，但具体的机构设置、人员构成、程序安排都是由本校具体负责人员根据自己的认知与理解，结合本校的具体情况进行操作的，因此具体运行情况会有差别，受理案件的数量、种类及处理结果也会有差别。而且教育行政机构不仅会通过对该制度实施的情况进行监督加以规制，更重要的是可以通过此后的行政复议程序（校外申诉程序）对高校行为的合法性进行程序和实体两方面的具体制约。正是通过对高校内部学生申诉制度运行的实践进行调研，反映出国家规制与高校自主治理间的微妙关系。

　　另外，除了校内学生申诉制度之外，高校还可根据自身条件与要求积极探索建立其他类型的纠纷解决机制，如校园协商、校园调解等，引导纠纷当事人合法合理表达诉求，以期更好地解决发生在不同主体、不同层级间、不同类型的纠纷，也能够进一步促进高校治理体系与治理能力的现代化。校园协商侧重于要求纠纷双方通过对话与交流，对争议事项进行协商，从而达成合意，解决纠纷。校园调解侧重于纠纷双方无法自行达成合意、解决纠纷时，请求校内第三方在适当的时间和场所内对双方争议事项进行调解,[1]促成双方找到合适的纠纷解决方案。这些多元化的机制各有特点和优势,共同解决高校内部纠纷,维持校园和谐。

二、高校内部纠纷解决机制的优势

尽管一般而言诉讼程序和司法救济是当代最权威的纠纷解决途径,但实际上,诉讼本身存在着一些固有的局限性,司法机制在解决校内纠纷方面作用更是有限。相比之下,高校内部纠纷解决机制作为解决校内纠纷的自治性机制,更具合理性和优势。

(1)内部纠纷解决机制是高校处理和解决内部纠纷的自治性机制,处理的是发生在高校内部成员(学生、教师、高校职能部门)间的纠纷,因而具有时间和空间上的优势,即及时、便利、经济、快速,且能够在一定程度上避免纠纷升级和激化等。

(2)注重对话的重要性。高校作为一类共同体,内部纠纷解决方式的最佳途径就是围绕纠纷内容展开"充分对话",如通过校内学生申诉这种程序性机制将裁决与对话结合在一起,促使纠纷在共同体内部加以解决。当然,这种"充分对话"机制不是一蹴而就的,往往是由一些备受关注的事件引发,由外部对抗转向内部对话的。[2]尽管"对话过程往往是不连贯的、情绪化的、重复的和曲折的",[3]但正是这些特征使得纠纷双方有机会更加了解高校内部的规则、机制及其价值,从而重新审查自己的行为,并有可能改变自己的观点,促使纠纷在高校内部加以解决。

(3)在程序上具有相对平和、不公开、灵活等优势。无论是校园协商、校园调解,还是校内学生申诉制度,都不强调双方当事人间的对抗,而是突

---

〔1〕 校内调解制度可以用来解决校生间关于学位授予、纪律处分等方面的纠纷。参见芮振华:《我国高校内部纠纷解决机制的构成、局限及其克服》,载《东方法学》2020年第5期。

〔2〕 如田某诉北京科技大学案或刘某文诉北京大学案等引起校方与学生在司法机构的对抗以及司法机构与高校就其内部纠纷解决事项进行权力争夺的对抗,由于解决纠纷的效果并不理想,引起教育部关注并制定规范性文件重新规范高校内部纠纷解决的程序,为校方与学生解决纠纷提供内部对话的机制,并且使这种内部的"充分对话"具有法律上的依据。

〔3〕 [美]阿米泰·伊兹欧尼:《创造好的共同体与好社会》,载李义天主编:《共同体与政治团结》,社会科学文献出版社2011年版,第360页。

出双方平和、灵活的解决纠纷，不似校外纠纷解决机制（行政复议、司法诉讼）那般正式、严格、烦琐、强硬，可以最大限度地保护当事学生的隐私权，减少对抗性程序造成的经济成本、道德成本和其他风险。

（4）发挥教育作用，促进校园民主。通过校内机制解决内部纠纷，能够向纠纷当事人以及其他成员展示内部机制的优势，正向激励和促进内部纠纷的化解。另外，通过对内部机制的参与，也有利于培养成员的规则意识、程序意识、民主意识，在校园内弘扬民主、道德和公正的文化氛围，树立正气，维护各方合法权益，通过平等对话、协商参与解决纠纷、维护校园秩序。如由校内各方人士组成的申诉委员会具有一定的民主性和权威性，有利于调动、培养学校各方力量的积极参与。随着该机制的发展，还应吸收更广泛的人员参与，既有利于彻底解决纠纷，[1]也有利于实现校园民主的长远发展。

（5）提升高校治理能力。内部纠纷解决机制的设置与实施本身就体现着高校自我管理的能力。如果内部机制解决纠纷效果明显，纠纷双方接受处理结果，内部纠纷不会被激化和外化，还有可能促进高校完善其他制度预防或减少纠纷的发生，如此便提升高校自身的治理能力，强化治理效果，进而实现高校治理体系与治理能力的现代化。例如，校内学生申诉制度不仅具有在校内解决纠纷、维护学生权利、监督校方权力行使的作用，而且能够将纠纷解决向前延伸，即通过规范校方管理行为（包括规则的合法合理、行使处分权的行为规范、处理程序的公平、公正、公开等）而预防或减少纠纷的发生。校方通过对处理或处分的整个过程及各个具体环节的规制，使各种制度形成整体联动效应和资源整合，将处理、处分与教育紧密结合起来，从而有助于彻底解决纠纷，减少引起争议的制度和操作方面的问题，消除学生与校方间的冲突，极大增强了校方的治理能力。

三、国家对高校内部纠纷解决机制的干预

针对高校内部学生因不满校方处理或处分决定而产生的纠纷，在 20 世纪

---

〔1〕　正如和田仁孝教授所说，在共同体内的纠纷解决结果中，由于重视将引起纠纷的各种问题总括性地综合考虑，并动用各种资源和力量分别化解，因此有可能彻底解决纠纷。转引自范愉：《纠纷解决的理论与实践》，清华大学出版社 2007 年版，第 72 页注释①。

90 年代之前，国家从未给予任何形式的指引或干预，而是放权由高校根据自身情况进行处理与解决。但是，由于校方的处理或处分行为涉及学生的权利，又由于 20 世纪 90 年代以后社会环境、教育政策、司法政策的变化以及新问题的出现等原因，教育部通过相关规范性法律文件对此类高校内部纠纷的解决机制进行指引，要求高校建立校内学生申诉制度，并通过行政权力在全国高校内予以推行，而且司法机构也开始对高校处理或处分行为的合法性进行程序与实体方面的审查与监督。另外，还对产生纠纷的行为进行规制，预防或减少纠纷的发生。

（一）国家干预的方式

1. 立法干预

对于特定类型且多发的高校内部纠纷，即学生因不满高校作出的处分或处理决定而产生的纠纷，教育部在修订规章时增加了相应内容，引导高校在内部建立相应机制以解决纠纷。2005 年教育部《第 21 号令》，要求高校建立校内学生申诉制度，在强调学生申诉权的基础上，规定了受理学生申诉的机构、受理事项，并对受理申诉的程序作了较详细的规定，包括受理申诉的范围、时限、机构及其人员构成等，意欲在高校内部解决此类纠纷。在《第 21 号令》实施多年后，教育部 2017 年对其进行修订，形成《第 41 号令》，设专章规定学生申诉制度（第六章第 59~64 条），进一步细化和完善《第 21 号令》中关于学生申诉制度的内容，如扩大申诉事项范围、延长提出申诉的时间以及申诉处理的时间、丰富申诉委员会成员、细化申诉处理结果等（详见表 4-1），解决该制度实施多年来出现的一些问题，不仅涉及学生申诉程序的内容，而且涉及申诉程序的前端即处分程序的内容，如明确了处分决定书的具体内容以及学校的告知送达义务，进一步规范学校行为，预防或减少纠纷。"新修订的《普通高等学校学生管理规定》总结了十余年间在教育法治理论和实践上积累的经验，其内容在专业性科学性上都有明显的进步，特别是对于保障学生权利和规范高校管理行为有重要意义。"[1]

---

〔1〕 湛中乐：《保障学生正当权利 规范高校管理行为》，载《中国高等教育》2017 年第 9 期。

表 4-1 《第 21 号令》与《第 41 号令》申诉制度的规定

	《第 21 号令》	《第 41 号令》
申诉主体及事项	对取消入学资格、退学处理或者违规、违纪处分有异议的学生	受到处理或处分的学生
申诉形式及时间	接到学校处分决定书之日起 5 个工作日内，提出书面申诉	接到学校处理或者处分决定书之日起 10 日内，提出书面申请
受理申诉的机构及其人员构成	申诉处理委员会	申诉处理委员会
	学校负责人、职能部门负责人、教师代表、学生代表	学校负责人、职能部门负责人、教师代表、学生代表、负责法律事务的相关机构负责人等，有条件的学校可以聘请校外法律、教育等方面的专家
申诉处理时间	在接到书面申诉之日起 15 个工作日内，作出复查结论并告知申诉人	在接到书面申诉之日起 15 日内作出复查结论并告知申诉人。情况复杂不能在规定限期内作出结论的，经学校负责人批准，可延长 15 日
申诉处理结果	需要改变原处分决定的，由学生申诉处理委员会提交学校重新研究决定	作出建议撤销或变更的复查意见，要求相关职能部门予以研究，重新提交校长办公会或者专门会议作出决定

2. 行政推进

我国高等教育管理体制的特点之一是管理手段行政化，即政府与高校处于上下级关系，政府对高校下达指令性计划，并以行政命令的方式加以推行。在校内学生申诉制度的建立过程中，这一特点得以体现。

自 2005 年教育部出台《第 21 号令》后，要求各高校必须设立校内学生申诉制度。教育部要求"各地教育行政部门、高校要高度重视，认真组织学习实施；所有高校都要正确理解把握规定的精神和要求。系统清理以往规定，全面修订、完善新的学校学生管理规章制度；要逐级举办培训班，高校学生管理队伍要参加系统培训，提高科学管理、依法管理、服务管理的意识和水平；各级教育行政管理部门要准确履行职责，切实加强对本地区高校学生管理工作的指导和督促"。[1]随后教育部举办全国高校培训班，督促高校建立学生申诉制度。本书调研的 16 所本科院校全部依照《第 21 号令》设立校内学生申诉制度，体现在各校的学生手册[2]中。而且受访者们都毫不犹豫且理所当然地承认校内学生申诉制度的设立与运行是贯彻落实《第 21 号令》要求和结果。

3. 司法审查

校内学生申诉制度具有解决学生与高校间内部纠纷的功能，但它是可选择的、自治性纠纷解决机制，并不意味着剥夺纠纷双方的诉权，不能排除纠纷双方通过司法程序解决纠纷。如果纠纷一方选择司法途径解决纠纷，就涉及司法机构对校方行为的审查。在我国司法实践中，随着社会环境的变化以及司法政策的转变，司法机构对高校内部事务的干预经历了从不予干涉适当介入的转变。司法机构对高校行为可以进行审查，既涉及高校行为的程序合法性审查，也涉及高校行为的实体合法性审查。这在最高人民法院发布的第 38 号指导案例——田某诉北京科技大学拒绝颁发毕业证、学位证案中有明确说明："高等学校对受教育者因违反校规、校纪而拒绝颁发学历证书、学位证书，受教育者不服的，可以依法提起行政诉讼；高等学校依据违背国家法律、行政法规或规章的校规、校纪对受教育者作出退学处理等决定的，人民法院不予支持；高等学校对因违反校规、校纪的受教育者作出影响其基本权利的决定时，应当允许该受教育者申辩，并在决定作出后及时向其送达，否则视为违反法定程序。"

（二）国家介入高校内部纠纷解决机制的背景

国家通过设置校内学生申诉制度而介入高校内部纠纷解决事务，绝不仅仅出于维护学生权利的需要，而是与整个社会的政治、司法等环境紧密联系在一起的，是由多种社会因素共同作用而形成的。

1. 新社会问题的出现：大学生起诉高校的纠纷不断增加

从 20 世纪 90 年代末出现首例大学生起诉高校的案件即田某诉北京科技

---

〔1〕 教育部 2005 年第 4 次新闻发布会《育人为本，新〈普通高等学校学生管理规定〉颁布》。

〔2〕 每个高等院校都要制作学生手册，在新生入学时发给新生，告知相应的校方政策、制度以及学生的权利和义务等内容，大致涉及学生管理、学费缴纳及贷款、纪律处分、申诉制度、奖励评优等方面，具体内容各校均有不同。

大学拒绝颁发毕业证与学位证案，以及时隔一年发生的刘某文诉北京大学拒绝颁发学位证案以后，21世纪初期全国很多地方如天津、长春、武汉、广州、重庆等陆续发生多起学生起诉高校的案件，引起社会的广泛关注。学生起诉高校的理由通常是高校拒绝颁发毕业证和/或学位证、高校作出开除学籍或勒令退学等处分决定以及不予录取等方面的决定，目的是保护自己受到侵犯的权利（如受教育权、获得毕业证和学位证的权利等），而这些权利涉及学生重大切身利益，关系学生是否能够入学、继续在学校读书或将来就业等重要利益，因此学生求助于司法机构。

"权利要求被理解为暴露无序或障碍的机遇。"[1]学生起诉高校维护权利的案件在社会转型期的多发，说明高校内部纠纷的解决存在问题，可能涉及校方行为的合法性与合理性等。此前学生与高校间的纠纷很少对簿公堂，但却在短短几年时间里数量逐渐增多，引起了教育主管部门和专家学者的思考与关切。[2]此类校内纠纷究竟采取哪种方式解决，既有利于维护学生权利又有利于高校的自主管理与自我发展，是值得思考的重要问题。由此，这个特殊社会问题的突显客观地起到了"促进团体利益和变更法律规则包括行政政策的特殊意图"。[3]

2. 法治理念的指导以及依法治校方针的贯彻

我国正在进行法治国家的建设，在依法治国理念的指引下，高等教育领域提出具体的"依法治校"方针。高校内部学生申诉制度得以强制推行的直接动力来自教育部"依法治校"方针的确立及要求。

2003年教育部发布《教育部关于加强依法治校工作的若干意见》，突出强调"依法治校"的方针，"有利于保障各方的合法权益；有利于运用法律手段调整、规范和解决教育改革与发展中出现的新情况和新问题，化解矛盾，维护稳定。……随着社会主义民主法治建设进程的加快，教育法律法规体系逐步得到完善，学校的法律地位发生了变化，学校与教育行政部门、举办者、

---

〔1〕［美］诺内特、塞尔兹尼克：《转变中的法律与社会：迈向回应型法》，张志铭译，中国政法大学出版社2004年，第120页。

〔2〕梅志清、陈燕云、赖红英：《专家解读〈普通高等学校学生管理规定〉——粤高校将设机构处理学生申诉》，载《南方日报》2005年4月16日。

〔3〕［美］诺内特、塞尔兹尼克：《转变中的法律与社会：迈向回应型法》，张志铭译，中国政法大学出版社2004年版，第108页。

教师、受教育者之间的法律关系出现了新的特点。理顺各主体之间的法律关系出现了新的特点。理顺各主体之间的关系，解决教育活动出现的新问题，实现教育为人民服务的宗旨，需要依法推进教育改革与发展，依法保障公民受教育权利"。"依法治校"的目标之一是"建立完善的权益救济渠道，教师和受教育者的合法权益依法得到保障，形成良好的学校育人环境"；措施之一是"要依法健全和规范申诉渠道，及时办理教师和学生申诉案件"，建立面向社会的举报制度，及时发现和纠正学校的违法行为，特别是学校、教师侵犯学生合法权益的违法行为。

在依法治校方针要求下，2005 年教育部应时代发展的客观要求修订《第21 号令》，是依法治校的必然选择，[1] 体现了教育部在依法治国的大方针下如何进行依法治教取得的新进展，学校要贯彻落实这个规定，纳入依法治校的大的环节。[2]《第21 号令》与以往规定相比，主要修改和创新之一即是确立一系列依法治校、维护学生权利的新规则，其中很重要的一项即为建立高校学生申诉制度。从这个意义来讲，高校内部学生申诉制度得以重新激活的最直接动力来自教育部"依法治校"方针的具体要求，"设置学生申诉制度是学校和教育行政机关依法治校和依法治教的主要手段"。[3] 在教育部新闻发布会上，教育部法制办副主任表示，学生申诉问题越来越受到学校的重视。教育部开展依法办校，强调必须保护学生的权利，而学生申诉制度是校内学生权利救济制度，因此现在在高等学校重建起来。[4] 各高校在教育部的推动下，纷纷建立校内学生申诉制度，处理学生申诉事项。

《第21 号令》实施多年，我国教育法治事业取得了长足进步，但也出现了许多问题和漏洞。2017 年教育部对其进行修订，总结多年以来在理论上和实践上所积累的经验、成果，形成《第41 号令》，核心在于保障学生正当权利，规范高校管理行为，反映了我国在教育法治理念上的发展，尤其是在学生申诉制度的实施与完善方面。[5]2020 年《教育部关于进一步加强高等学校

---

〔1〕《第21 号令》第3 条规定，高等学校要依法治校，从严管理，健全和完善管理制度，规范管理行为。

〔2〕 教育部 2005 年第 4 次新闻发布会《育人为本，新〈普通高等学校学生管理规定〉颁布》。

〔3〕 范履冰：《学生申诉权：自由和权利的保障》，载《中国教育报》2006 年 7 月 31 日。

〔4〕 教育部 2005 年第 4 次新闻发布会《育人为本，新〈普通高等学校学生管理规定〉颁布》。

〔5〕 湛中乐：《保障学生正当权利 规范高校管理行为》，载《中国高等教育》2017 年第 9 期。

法治工作的意见》也指出，在"全面推进依法治教、依法办学、依法治校"的政策之下，要健全师生权益保护救济机制，包括建立健全校内权益救济制度，完善教师、学生申诉的规则与程序。探索建立听证制度，对涉及师生重大利益的处理、处分或申诉，必要时采取听证方式，确保作出处分或申诉决定程序的公平公正。

　　3. 和谐社会的构建与和谐校园的建设

　　"构建社会主义和谐社会"概念的首次完整提出，是在 2004 年 9 月十六届四中全会《中共中央关于加强党的执政能力建设的决定》中，将其正式列为中国共产党全面提高执政能力的五大能力之一。在高等教育领域，将坚持教育优先发展、促进教育公平作为构建和谐社会的一项重要内容。大学校园是和谐社会的一个组成部分，是直接向社会培养输送高素质人才的基地，是促进和谐社会建设的一支重要力量。因此，社会主义和谐社会对大学的发展提出了新的要求，也提供了新的发展机遇和广阔舞台，[1]和谐校园的建设由此得以确立和发展。"和谐社会及和谐校园建设的理念尽管是一种政治意识形态，但也是一种全新的社会治理理念，符合人类社会发展规律和中国社会的需要。这也代表着一种理念的转变，开始促使教育主管部门和社会各界对校园内纠纷解决机制的问题进行更为理性的思考，对一味强调国家法律规制、司法介入、诉讼迷信进行反思，开始寻求更为合理、有效、经济的途径，尤其是自治性、协商性机制。对和谐的推崇也表明社会力求通过平和的方式和手段——既包括必要的妥协、宽容和谦让，也包括理性的是非判断和利益平衡——争取使纠纷各方达到和谐、互利、共赢的理念。"[2]

　　20 世纪末 21 世纪初，大学生因不满校方作出的处理或处分决定而起诉高校的纠纷不断发生，但又缺少校内有效的自治性、专门性纠纷解决机制，使得纠纷动辄升级为社会事件。这种情况不仅破坏了校园秩序，不利于校园稳定，也不利于社会的稳定与和谐。随着对社会和谐和自主治理的认识不断提高，高校校内学生申诉制度的功能也不断提高，它有利于实现高校内部人际

---

　　〔1〕　魏捷：《大学和谐校园建设探析》，载 https://www.gmw.cn/01gmrb/2006-11/12/content_506451.htm，2006 年 11 月 12 日访问。

　　〔2〕　范愉：《纠纷解决的理论与实践》，清华大学出版社 2007 年版，第 102 页。

关系的和谐。[1] 作为一种自治性、专门性纠纷解决机制，校内学生申诉制度为学生与校方在校内解决纠纷建立平台，使双方可以沟通、对话，在内部合理解决纠纷，减少或避免纠纷升级或通过诉讼加以解决，有利于恢复校园秩序、保证高校稳定发展，实现和谐校园的建设。

这种理念的转变以及校内学生申诉制度纠纷解决功能的提高在教育部相关规范性法律文件中也有所体现。1995 年原国家教委发布的《关于开展加强教育执法及监督试点工作的意见》尚未重视高校内部纠纷解决机制的重要性，而是强调仲裁、行政、诉讼途径的重要性，"配合公安、司法机关积极对教育案件进行依法查处和审判，通过仲裁、司法途径裁处教育纠纷，充分发挥综合执法的效用""充分发挥司法机关查处教育违法案件和解决教育纠纷的作用"。可能的原因之一是在当时的社会环境对自治机制的权威、依据、效力的一种天生的不信任，过于信任权力机构（行政或司法）的裁决及其效力。但是时隔几年，2003 年《教育部关于加强依法治校工作的若干意见》和 2005 年的《第 21 号令》开始强调"建立完善的权益救济渠道，教师和受教育者的合法权益依法得到保障，形成良好的学校育人环境""要依法健全和规范申诉渠道，及时办理教师和学生申诉案件，建立面向社会的举报制度，及时发现和纠正学校的违法行为，特别是学校、教师侵犯学生合法权益的违法行为。"对于学生与校方之间纠纷解决的机制，不再提及司法机制的突出地位和司法裁决的重要性，而是凸显申诉制度的功能。

4. 司法机关解决校生间纠纷的局限

高校与学生间因高校的处理或处分决定而产生的纠纷当然可以通过法院加以解决，维护双方的权益。但是，通过法院解决此类校内纠纷存在局限性，司法的作用只是有限的。具体表现为：

（1）受理与审理案件方面的局限性。法院在受理与审理学生起诉高校的案件过程中存在一些局限。如有些法院受理并作为行政诉讼类案件予以处理，有些法院不予受理，理由是不属于行政诉讼案件受理范围，缺乏法律依据，

----

〔1〕 人际关系的和谐是和谐校园的重要体现。魏捷在《大学和谐校园建设探析》一文中指出，和谐校园包括以下几个方面：大学理念、发展战略、管理机制、人际关系、收入分配、校园文化、资源配置、校园内外的和谐。参见魏捷：《大学和谐校园建设探析》，载 https://www.gmw.cn/01gmrb/2006-11/12/content_ 506451. htm，2006 年 11 月 12 日访问。

对案件进行实质性审查还是程序性审查也没有统一标准，有的法院既进行程序性审查又进行实质性审查，但大部分法院只进行程序性审查，由于受理与审理案件的标准不同，导致类似案件的审理结果具有不确定性，如有些判决高校胜诉，有些判决学生胜诉等。

（2）庭审方式的局限性。庭审过程中的对抗式氛围容易激化双方的矛盾或冲突，也不利于判决后双方关系的维系。法庭上纠纷双方的对抗关系表明彼此缺乏信任与和平沟通的基础，既容易激化彼此的情绪、加剧冲突，也破坏了彼此的感情，即便将来纠纷通过判决得以解决，也不利于双方关系的维系。

（3）成本较高。通过法院解决校生纠纷一般比较耗费时间、精力与物力，因为法院审理案件都是按照诉讼程序的要求按部就班地进行，必然会涉及程序进行所需要的时间，而且在这个过程中，当事人要按照法院的要求提供审理案件所需要的一切资料，通常也要花费金钱与精力。

（4）效果方面的局限性。通过法院解决校生间纠纷不一定会获得双方满意的结果，不一定会取得较好的纠纷解决效果，双方间的矛盾与冲突可能依然存在。法院判决校方胜诉，学生可能会感觉到救济无力而无奈地接受校方的处理或处分决定，法院判决学生胜诉，但判决结果需要校方执行才会真正发挥作用，而高校可能因各种缘由延缓或拒绝执行判决，由此便无法有效维护学生的权利，也无法有效解决双方间的纠纷。[1]无论哪种判决结果，实际上都没有真正解决彼此间的矛盾，冲突依然存在，只是表现形式不同而已。从这个角度来看，双方没有最终的赢家。

（5）司法审查权与高校自主权的冲突。法院在解决校生间特殊类型的纠纷方面，更加难以处理的是深层权力冲突问题，即司法审查权与高校自主管理权之间的斗争。学生起诉高校，意味着学生对高校作出的决定有异议，要求法院裁决。而高校对学生作出的决定属于高校自我管理的范畴，即高校作

---

[1]　如南京航空航天大学一位学生因考试作弊在毕业时未能获得学位证，他三次将学校告上法庭，三次胜诉，但校方三次重新作出学术评议决定，认为该生考试作弊不予授予学位是合理的。因此2007年至2009年间，学生与学校的矛盾依然没有解决。最后法院向校方主管部门、江苏省教育厅发出司法建议，建议省教育厅予以重视并进行协调，敦促原、被告双方合法合理解决矛盾纠纷。参见智敏：《作弊受处分大学生三次诉讼讨要学位证书：法院三判最终胜诉》，载《工人日报》2009年7月13日。

为一类特殊的社会组织在管理学生、维持秩序方面有权对其认为不符合资格或从事违规违纪行为的学生予以处理，或作出入学、退学方面的决定或给予其他处分包括开除学籍等。法院处理此类纠纷，意味着对高校作出的决定进行审查，无论是实质性审查还是程序性审查，都意味着司法机构对高校自主管理权行使的正当性与合法性进行审核并予以判断和裁决。这种司法审查有其必要性，防止高校行为的恣意与专断，维护学生的权利，但法院又不能无节制地审查高校内部的管理行为，否则有可能危及高校存在的根基及其治理原则，[1]因此又有必要加以限制。但到目前为止，关于司法审查的权限问题，最高人民法院始终未给予有力的解释与说明。

由于这些局限的存在，使得司法审查权承受新的负担，而这种负担很难通过诉讼制度本身加以化解，因此需要寻求新的纠纷解决手段或途径，也许通过校内机制解决纠纷是一种缓解的方式和分流诉讼最好的办法，可以在高校内部解决争端，进而将这种纠纷解决的外部途径转化为内部途径（外部冲突转化为内部交涉），缓解更为激烈的法院与高校间的矛盾。正是在这个意义上，有学者认为，司法审查学校重大管理行为是促成《第21号令》规定高校校内学生申诉制度的一个重要原因。[2]

第三节　中国高校校内学生申诉制度的构成与实践

学生与校方之间因管理行为而发生的特定纠纷，尽管只是校园纠纷中的一小部分，但仍符合校园纠纷的一般特征。同样，校内学生申诉处理机制也不是解决一般校园纠纷的综合机制，其管辖权和处理范围十分有限，但符合校园纠纷解决机制的基本特点。一方面，我们可以借这一制度讨论高校治理

---

〔1〕　在刘某文诉北京大学拒绝为其颁发博士学位证书案的审理过程中，有学者质疑司法介入高校内部事务的合理性与正当性，认为有可能存在司法权力干涉大学独立，有可能影响大学的学术自由与独立地位。学术评应该是高校自主决定的，法院判决更改学术委员会得出的学术判断，不仅妨碍了高校自主权，也是对学术自由的不尊重。参见湛中乐：《高等教育与行政诉讼》，北京大学出版社2003年版，第461页；郑琳：《刘燕文诉北大一案判决引起专家学者展开激烈讨论》，载《中国青年报》2000年第5期。

〔2〕　梅志清、陈燕云、赖红英：《专家解读〈普通高等学校学生管理规定〉——粤高校将设机构处理学生申诉》，载《南方日报》2005年4月16日。

和纠纷解决机制的一般原理，另一方面，则需要对其特殊性加以细致地规范分析。

在探究高校校内学生申诉制度的过程中，会出现类似的概念，如高校学生申诉制度等，在理解内涵方面会形成轻微的误解，因此下文对此进行简要的区分，以明确高校校内学生申诉制度的内涵。本书研究高校校内学生申诉制度所使用的概念，是在教育部《第41号令》相关规定[1]的基础上得出的、与上述概念有所区别的工作定义。高校校内学生申诉制度，主要是指高校学生因对学校所作的退学、取消入学资格和违规、违纪处分不服，申请学校内部的专门机构（学生申诉处理委员会）依照规定程序进行审查处理的制度。高校学生申诉制度既包括校内学生申诉制度，也包括校外学生申诉制度，如学生对校内申诉处理委员会的决定不服，可以向学校所在地省级教育行政部门提出书面申诉。因此，校内学生申诉制度强调的是学生在校内权利救济的问题。

一、校内学生申诉制度处理的纠纷

高校校内学生申诉制度处理的纠纷定性为共同体内部的纠纷，其特殊性具体表现在：第一，纠纷的当事人是共同体内部成员，即在校的学生与作出处理或处分决定的校方职能部门，双方当事人之间的关系并非一般共同体内部的平等、独立关系，而是具有不对等性、契约性、管理性等特点，即行政或准行政性特点。第二，纠纷发生的地点是在该共同体范围之内，即在高校管理的领域内，纠纷或争议对象属于其内部可处分权限或事务。第三，纠纷发生的原因是被管理方对管理方行使职权的行为不满，即学生对校方职能部门依据管理规定作出的处理或处分决定不服，类似于行政相对人与行政主体的关系。第四，纠纷处理涉及的依据为共同体内部的规定，这种规定具有授权性立法的特性，但不能排除国家主管机关和司法机关对其合法性的审查。第五，国家主管行政机关允许将高校的内设机构（学生申诉处理委员会）作为处理该纠纷的最初机构以及行政申诉的前置程序，一方面体现了对大学自

---

[1]　教育部《第41号令》并没有对高校校内学生申诉制度的概念予以明确规定，但是第六章专门规定的"学生申诉"的内容，涉及申诉的提出、申诉机构的设置及人员构成、受理事项的范围以及处理事项的时限、程序等内容。

主权的尊重，另一方面也体现了高效的行政职能。但由于缺少法律的授权，该程序不能排除当事人直接诉诸司法的权利。

二、校内学生申诉制度的建立

从教育主管部门的规范性法律文件中可以看出，高校校内学生申诉制度的形成到确立历经了十几年的历程，并非突然产生且一蹴而就的，经历了从无到有再不断细化的过程，大致可以划分为四个阶段（见表4-2）。

第一阶段，制度的初步表述。1990年，原国家教委颁布《普通高等学校学生管理规定》（以下简称《第7号令》），首次提及学生申诉的内容，但规定得相对简单、粗浅："对犯错误的学生，要热情帮助，严格要求。处理时要持慎重态度，坚持调查研究，实事求是，善于将思想认识问题同政治立场问题相区别，处分要适当。处理结论要同本人见面，允许本人申辩、申诉和保留不同意见。对本人的申诉，学校有责任进行复查。"对于申诉受理机构、受理事项、处理时限及程序等均未作规定，未将之提高到制度建设层面。

第二阶段，制度的正式确立。1995年颁布的《教育法》第42条规定了学生的申诉权，受教育者"……对学校给予的处分不服向有关部门提出申诉，对学校、教师侵犯其人身权、财产权等合法权益，提出申诉或者依法提起诉讼"。原国家教委出台了《国家教委关于实施〈中华人民共和国教育法〉若干问题的意见》和《关于开展加强教育执法及监督试点工作的意见》，将申诉提升为师生的一种权利，并明确提出建立校内申诉制度（包括学生和教师申诉制度），受理范围是对学校给予的处分不服或对学校和教师侵犯其人身权、财产权等合法权益的事项，并规定了校内申诉制度的概念、主管部门、程序等内容，初衷是维护教师、学生的合法权益，但规定得仍过于原则，不具有可操作性。"各级各类学校还应建立和健全校内的申诉制度，维护教师、学生的合法权益""校内申诉制度，是教师、学生、职员因对学校或者其他教育机构的有关职能机构或人员作出的有关处理决定不服，或认为其有关具体行为侵犯了自身的合法权益，申请学校或者其他教育机构依照规定程序进行审查处理的制度""建立校内申诉制度，可依托校内有关部门，如学生管理部门、教师管理部门。学校申诉工作程序包括申请审查、受理，直接听取争议双方的意见和理由，进行必要的调查工作，在此基础上依多数意见形成处理意见书，经学校管理机构批准后，正式作出申诉处理决定"。

1999 年《普通高等学校学生管理规定》（以下简称《第 14 号令》）第 5 条规定了学生申诉权，较详细地规定了学生违纪处理制度，包括成立院（系）级和校级违纪处理委员会及其人员构成、处理程序（允许当事学生听证、申辩）等，且学生对违纪处理不服可向校级违纪处理委员会申诉。这些规定比以往笼统、原则性的规定更加详细，已具有一定的可操作性。

第三阶段，制度的落实。2005 年 3 月教育部颁布了《第 21 号令》，该文件是在教育的外部环境和内部状况发生了重大历史性变化的前提下出台的，对原有《第 7 号令》和《第 14 号令》的内容进行了全面修订和制度创新，其中一项重要的制度创新即强化与实施高校校内学生申诉制度。[1]在重申学生申诉权的基础上，规定了受理学生申诉的机构、受理事项，并对受理申诉的程序作了较详细的规定，包括受理申诉的范围、时限、机构及其人员构成等（第 59~64 条）。

《第 21 号令》确立了一系列依法治校、维护学生权益的新规则，其中一个重要内容即为建立学生权益救济制度。学校为维护教学秩序和教育环境，有权对于违反校规的受教育者予以处分，但在实施处分失实或失当的情况下，受教育者的合法权益就会受到侵害。对此，《第 21 号令》增设了学生对处分享有陈述权、申辩权和申诉权，体现了高校学生管理无救济就无处分的法治思想[2]。由此，教育部加强了对校内学生申诉制度的重视，突出强调其功能在于维护学生合法权益和规范校方行为，实现依法治校，同时开始在全国范围内加以落实。

第四阶段，制度的进一步完善。随着校内学生申诉制度在各高校的实施，在取得一定效果、实现其部分功能的基础上，也产生了一些较为突出的新问题，如没有制订专门的学生申诉处理具体办法、没有真正履行职责、提出申诉的时限和处理申诉事项的时间过短、申诉受理事项范围较小、申诉处理委员会人员组成范围较窄、申诉处理委员会处理意见不明等。2017 年教育部

---

〔1〕 参见 2005 年 3 月 29 日教育部高校学生司司长林蕙青《在〈普通高等学校学生管理规定〉、〈高等学校学生行为准则〉颁布实施新闻发布会上的讲话》，载 http://www.moe.gov.cn/jyb_ xwfb/xw_ fbh/moe_ 2069/moe_ 2097/moe_ 2237/tnull_ 6511.html，2005 年 3 月 29 日访问。

〔2〕 参见 2005 年 3 月 29 日教育部高校学生司司长林蕙青《在〈普通高等学校学生管理规定〉〈高等学校学生行为准则〉颁布实施新闻发布会上的讲话》，载 http://www.moe.gov.cn/jyb_ xwfb/xw_ fbh/moe_ 2069/moe_ 2097/moe_ 2237/tnull_ 6511.html，2005 年 3 月 29 日访问。

《第41号令》对校内学生申诉制度进一步加以完善，单独设置一章（第六章）专门规定了"学生申诉"制度，内容更加详细。

表4-2　高校校内学生申诉发展历程

阶段	时间	主要内容
第一阶段	1990年《第7号令》	提及"学生的申诉"
第二阶段	1995年《教育法》	明确学生申诉权
	《关于实施教育法若干问题的意见》和《开展加强教育执法及监督试点工作的意见》	建立校内申诉制度
	1999年《第14号令》	申诉受理机构
第三阶段	2005年《第21号令》第五章"奖励与处分"中的第59~64条	提出申诉时限、申诉处理委员会及其人员构成、受理事项、处理申诉事项的时限、申诉处理结果、与校外申诉制度的衔接
第四阶段	2017年《第41号令》单独设章加以规定第六章"学生申诉"	要求高校专门制订学生申诉处理的具体办法，强调学校必须很客观、公正地履行相关职责；延长申诉提出和处理的时间、拓宽申诉事项范围、优化申诉委员会成员结构、细化申诉处理结果和校外申诉制度

三、校内学生申诉制度的构成

校内学生申诉制度自2005年正式确立后，教育部于2005年4月底在南京召开了培训会，要求各地教育行政部门、各高校认真组织学习实施，并派出专门人员对高校实施、运行该制度的情况予以检查。教育部每年还组织各地高校学习、研讨关于《第21号令》实施的具体情况和效果，当然包括校内学生申诉制度的实施、运行及其效果的内容。[1]通过规章和行政命令以及具体的实施措施，使得全国各地高校在极短时间内统一进入申诉制度落实阶段。

---

〔1〕　笔者参加了教育部学生司与中国高教协会在内蒙古呼和浩特市举办的第7次培训班，教育部学生司副司长、教育部政法司法制处处长都对高校校内学生申诉制度的意义及功能予以强调和深化。上海某高校学生处负责人在访谈中表示也参加过此类培训班，对校内学生申诉制度有更深入的了解和认识。

根据教育部《第21号令》，各高校必须确立和实施校内学生申诉制度，[1]因此许多高校都修订学生手册中关于学生管理规定的内容，增设校内学生申诉制度的相关条款或者专门增订学生申诉处理办法，相继建立校内学生申诉制度。本书根据16所高校的调研样本，并辅之以其他未调研高校的情况，对高校校内学生申诉制度的运行情况作出概括性的描述（见表4-3以及附录五）。

（1）提出申诉的主体及时间。各高校基本都是按照教育部规章规定的，即对学校的处理或者处分决定有异议的学生，可以在接到学校处理或者处分决定书之日起10日内，向学校学生申诉处理委员会提出书面申诉。

（2）申诉受理机构。申诉处理委员会作为受理和处理申诉事项的机构，虽然不是单独的校内职能机构，但却是独立、专业地处理学生对学校处分有异议的事项。在校内学生申诉制度设立之前，这类事项一般都是通过学生工作部予以调查和处理的，申诉制度设立之后，将由申诉处理委员会独立承担这项职能。

（3）申诉受理机构的人员构成。《第21号令》第60条第2款规定："学生申诉处理委员会应当由学校负责人、职能部门负责人、教师代表、学生代表组成。"《第41号令》将其扩展至"负责法律事务的相关机构负责人等组成，有条件的学校，可以聘请校外法律、教育等方面专家参加"。但是，实践中申诉委员会成员到底应由哪些人员构成、人员构成的比例如何等则没有具体规定。本书调研的各高校根据校方日常工作的大体情况及需要，确定申诉委员会的组成人员，人数基本为5~15人，主任均由分管学生工作的副校长或副书记担任，委员大致由学校相关职能部门（如教务处、学工部、保卫处、纪委监察处等）的负责人、法律顾问、教师和学生代表等构成，但委员的具体构成、委员是否固定以及委员构成比例等情况则不尽相同。

（4）受理事项的范围。各高校受理学生申诉事项的范围基本与教育部规章一致，即取消入学资格、退学处理或者违规、违纪处分。

（5）申诉处理方式。对此教育部规章没有规定，但一般来说主要采取两

---

[1]　教育部法制办副主任张文，在《第21号令》颁布实施的新闻发布会上强调，这个制度是强制性的，应该是法律当中的术语；同时，新闻发布会上参加阐释政策、解答疑难的张永华教授（广东外语外贸大学）强调，申诉在这里实际上是学校对原来的一些规定的复查。不是学校想这样做还是不想这样做，这里没有选择性。学校必须设立这样一个机构，来处理学生提出的申诉。

种方式处理申诉事项：一是书面审理，即将校方作出处分的材料与依据以及学生提出申诉的理由与依据等书面材料交给委员会成员，由成员对书面材料进行审核，无需作出处分的校方机构与提出申诉的学生参加并陈述观点；二是会议审理，即申诉处理委员会召开听证会，要求双方当事人参加并陈述观点，由委员会成员基于双方观点作出最终决定。听证会的召开一般为秘密进行，很少公开。[1]实践中，高校根据各自情况要么采取书面审理方式，要么采取会议审理方式，要么两种兼采。多数高校主要采取会议审理方式，少数高校主要采取书面审理方式，还有少数高校采取书面审理与听证会审理结合的方式。

（6）申诉处理的期限。各高校基本按照教育部规章进行，申诉处理委员会"在接到书面申诉之日起 15 日内作出复查结论并告知申诉人。情况复杂不能在规定限期内作出结论的，经学校负责人批准，可延长 15 日"。

（7）申诉决定的形成。教育部规章并未对此作出明确规定。实践中，各高校通常是由申诉处理委员会成员采取投票方式作出的，但也有少数高校无需采用投票方式，而是要求委员会成员达成一致意见即可。

（8）申诉处理结果。教育部规章主要规定了需要撤销或变更原处理、处分决定的申诉处理结果，即"可以作出建议撤销或变更的复查意见，要求相关职能部门予以研究，重新提交校长办公会或者专门会议作出决定"。但实际上，申诉委员会议处理申诉事项的结果有三种表现形式：一是维持原处理、处分决定，即认为原处理、处分决定达到第 54 条"证据充分、依据明确、定性准确、程序正当、处分适当"的要求，予以维持，二是建议撤销或变更原决定，提交学校重新研究决定，即"认为作出处理或者处分的事实、依据、程序等存在不当"，需要提交学校重新研究决定，三是直接撤销或变更原决定。一般来讲，绝大多数高校的申诉处理结果均以维持原处分决定为主，并明确规定申诉结果的送达。

---

〔1〕 但也有高校公开召开听证会，如北京师范大学珠海分校规定，设立学生申诉处理委员会受理和核查申诉学生违规、违纪事件的事实、理由及证据，除涉及国家机密、个人隐私的案件外，对所受理的申诉案件举行公开的申诉听证，允许其他师生和律师旁听。

表4-3 高校校内学生申诉制度的构成

	《第41号令》规定	高校实践
申诉主体及事项	受到处理或处分的学生	被取消入学资格、取消学籍、退学处理的学生；受到纪律处分的学生；受到其他处理决定的学生
申诉形式及时间	接到学校处理或者处分决定书之日起10日内，提出书面申请	接到处分决定书之日起10日内提出书面申请，载明申诉申请书的内容，包括主体信息、申诉请求的事项、理由及依据、签名及日期
受理申诉的机构及其人员构成	申诉处理委员会	申诉处理委员会
	学校负责人、职能部门负责人、教师代表、学生代表、负责法律事务的相关机构负责人等，有条件的学校可以聘请校外法律、教育等方面的专家	主任由分管学生工作的副校长或副书记担任，委员大致由学校相关职能部门（如纪委、教务处、学工部、保卫处等）的负责人、法律事务室负责人、教师和学生代表构成；委员的回避情况等
申诉处理方式	无	书面审理；会议审理
申诉决定的产生方式	无	申诉委员会投票；委员会达成一致意见，无须投票
申诉处理时间	在接到书面申诉之日起15日内作出复查结论并告知申诉人。情况复杂不能在规定限期内作出结论的，经学校负责人批准，可延长15日	在接到书面申诉之日起15日内作出复查结论并告知申诉人。情况复杂不能在规定限期内作出结论的，经学校主管领导批准，可延长15日
申诉处理结果	建议撤销或变更原决定	维持原处理或处分决定、建议撤销或变更原决定、直接撤销或变更原决定；申诉处理结果的送达

四、校内学生申诉制度的性质

高校校内学生申诉制度的性质是由行政主管机构授权、在高校内设立的、专门解决因校方处理或处分决定不当而引发的争议的自治性机制及行政申诉的前置程序。其基本属性和特点体现在以下几个方面：

（一）相对正式的机制和程序

高校校内学生申诉制度的主要依据是教育部《第41号令》，即是由教育部部长签发的部门规章，也是由教育部自上而下在全国各高校内推行的。在这个意义上，可以说该制度是一项正式的法定纠纷解决机制，具有准行政机制的属性和特点，其适用范围限于特定的校内纠纷。然而，另一方面，是否正式制度或程序并不完全取决于是否有法律依据，而是需要根据其功能、性质、特点及其与正式制度的关系来判断，如人民调解制度有宪法和法律依据，可视为一种正式制度，但其功能和特点又是以非正式性为定位的。在这个意义上，高校校内学生申诉制度作为一种非诉讼机制，具有自治性、社会性和非正式性。主要体现在：第一，其并非一种法定前置性程序，尽管教育部将其设定为行政救济的必经前置程序，但并不能排除当事学生径行提起诉讼，因此属于一种选择性的非正式程序（ADR）；第二，其制度、人员构成和程序均具有较大的灵活性，可由各校自行设置，符合非正式制度的特点，而目前未建立或未运行该制度的学校亦不会受到任何制裁；第三，其处理结果不具有终局性和排除司法救济的效力，学生如果对申诉处理委员会的复查决定不满意，还可以向学校所在地省级教育行政部门申诉，也可以向法院提起诉讼。总之，高校校内学生申诉制度基本上符合非正式制度及ADR的一般特征，即通过选择性、替代性方式解决纠纷。由于尚未完全定型，在今后的运行中，如果能够更多地吸收多方人员（如学生代表等）参与，有可能更加凸显自治性和协商性价值，保留其自愿选择性特征，相反，如果更多地强调其行政性和正式性，则可能通过法律授权，将其设定为法定前置程序，进一步替代诉讼。

（二）准行政性

行政性纠纷解决机制，即行政主体（包括地方政府或准行政机关）所设或附设的纠纷解决程序，包括行政申诉、行政调解、行政裁决等基本形式，根据其性质或制度定位，可以分为司法行政型或准司法型、行政前置型、行政附带型，也可包括一些准行政性或社会化纠纷解决机制，如政府购买服务，公益性组织，社区、行业协会、消费者协会等的调解或仲裁等。

一般而言，纠纷解决机制的性质主要取决于该机构自身的属性，因此，高校校内学生申诉制度的准行政性。首先，由于我国高校自身的性质所决定。我国高校的性质界定问题一直以来都是学界争论的焦点。在计划经济时代，高校正式被纳入国家计划体系之中，成为国家全民所有制事业单位，隶属于各级政权组织，成为政府的附属机构，具有不同的行政等级。[1]改革开放以后，公立高校的地位开始发生变化，《教育法》《高等教育法》明确了高校的法人地位。尽管高校名义上不是行政机关，但实际上在一定范围内是法律、法规授权行使行政权的主体，具有行政主体资格。尤其是在学校对学生进行学籍管理、奖励、处分方面，学校行使的是行政权力。[2]也有些学者认为，高校应该完全独立于政府和国家，具有全面独立的法人资格，高校与政府不具有行政隶属关系，不是行政主体。[3]大学在法律范围内的自主权利，是大学这个特别法人的法定权利，不在于仅仅是因政府授权而获得的权利。[4]本书不准备讨论高校的性质，但至少在目前，高校显然没有完全独立于政府，而是具有鲜明的行政色彩，因此，高校对其学生的处理或处分也带有行政行为的特点，而司法机关在处理此类纠纷时，事实上也是将其作为具体行政行为、通过行政诉讼程序加以处理的。为了将其与完全的自治性机制和行政性机制加以区分，本书姑且根据现阶段高校的实际特性，将其界定为准行政机构，同时也承认其具有自治性团体的某些特点，并进而将高校校内学生申诉制度的性质界定为准行政性的自治性纠纷解决机制。

其次，高校校内学生申诉制度的准行政性还体现在其产生方式上，它并不是各高校基于自身管理和解决内部纠纷的需要而自行建立的，[5]从确立到实施都是由教育部通过规范性法律文件大力推进的，可以说是国家行政主管部门出于高校治理的需要，通过行政措施推行的一种制度，既有解决学生与校方间特定纠纷的实际功能，也是一种教育行政管理的手段。但是这种形态并不会妨碍其随着高校治理的发展，进一步向自治性、民间性机制转化的可能。

最后，高校校内学生申诉制度的程序、手段也带有一定的行政色彩。教育部将其设定为行政救济的必经程序，按照行政处理——行政复议的原理进行程序设计，该程序显示出一种介于行政听证和裁决之间的、模仿司法和法

---

[1]　周光礼：《教育与法律——中国教育关系的变革》，社会科学文献出版社2005年版，第24页。

[2]　陈鹏：《公立高等学校法律关系研究》，高等教育出版社2006年版，第35~40页。

[3]　申素平：《中国公立高等学校法律地位研究》，北京师范大学2011年博士学位论文。

[4]　劳凯声主编：《变革社会中的教育权与受教育权：教育法学基本问题研究》，教育科学出版社2003年版，第267页。

[5]　当然，具有百年历史和丰富办学经验与管理经验的高校基于自身情况提前、主动设置相关纠纷解决制度的情况也是存在的。

庭的取向，这显然是制度设计者为了迎合主流法律意识的结果。在协商式纠纷解决方式调解已成为世界趋势，法院亦在提倡调解优先的今天，该制度及程序仍显示出对裁决方式的偏好，而对协商性、参与性、民主性及平和、快速、保密等程序价值几乎并不关注，好在实践中执行者多会根据实际尽量减少其对抗性，追求更合理的解决结果。

五、校内学生申诉制度的功能

校内学生申诉制度的运行对维护学生权利、规范校方行为、解决学生与高校间的纠纷以及维护校方利益等均发挥着重要作用。

（一）维护学生权利

当学生认为校方行为侵犯其合法权益时，可以通过校内学生申诉制度寻求救济，维护自己的权利。这项功能在很多法律、部门规章、教育部的实施意见等规范性文件中都有表述和强调。如《教育法》规定"受教育者享有下列权利：……（四）对学校给予的处分不服向有关部门提出申诉，对学校、教师侵犯其人身权、财产权等合法权益，提出申诉或者依法提起诉讼；……"，《国家教委关于实施〈中华人民共和国教育法〉若干问题的意见》规定"各级各类学校还应建立和健全校内的申诉制度，维护教师、学生的合法权益"，《教育部关于加强依法治校工作的若干意见》中强调"要依法健全和规范申诉渠道，及时办理教师和学生申诉案件，特别是学校、教师侵犯学生合法权益的违法行为……"等等，《第41号令》明确规定"学生对学校的处理或者处分决定有异议的，可以在接到学校处理或者处分决定书之日起10日内，向学校学生申诉处理委员会提出书面申诉"。

《第21号令》颁布后，教育部召开新闻发布会，明确《第21号令》增设了学生对处分享有陈述权、申辩权和申诉权，体现了高校学生管理无救济就无处分的法治思想。同时申诉是作为一项权利救济的制度，是保护学生权利的制度规定。如果学生对校方作出的退学、处分方面的决定不满，可以通过校园申诉这个渠道来保护自己的合法权益。[1]媒体纷纷发表关于校内学生申诉制度的观点，认为其有利于维护学生权利。《光明日报》刊载文章，"建立学生申诉制度，保障学生受处分后的申辩权利，这是我国高校学生管理理念

---

〔1〕 教育部 2005 年第 4 次新闻发布会《育人为本，新〈普通高等学校学生管理规定〉颁布》。

的一次飞跃，其中最重要的就是确立学生权利的主体地位，体现对学生权利的尊重"。[1]《中国教育报》刊载文章："学生申诉权作为申诉权的具体的一种特定形式和类型，是保障学生合法权益的民主权利，同时也是基本人权的组成部分。学生申诉权及其相应的申诉制度就是给予每一个当事学生以制度上的表达自己意志、进行申辩、陈述理由的正当途径，以充分保障学生正当权利的享有和实现。学生申诉权作为一项制度化的权利是保护学生合法权益不受侵害，或恢复、补救其合法权益的权利，是一项制度化的人权。学生申诉权及学生申诉制度的目的和宗旨，同样也是保护和救济相对弱者——学生的合法权益。"[2]《湖北日报》刊载文章："新《规定》则确立了学生权益救济制度，增加较多关于学生申诉的条款，要求学校对学生的处分应当做到程序正当、证据充分、依据明确、定性准确、处分适当，并具体说明了学校作出处分应遵循的程序。同时要求学校应当成立学生申诉处理委员会，受理学生的申诉。这些新增内容以制度形式保障了学生的合法权益，把学生的申诉权落到了实处。"[3]

在校内学生申诉制度运行过程中，"维护学生权利"这项功能也得到校方管理者的充分肯定和强调，并体现在高校关于校内学生申诉制度的相关规定中。另外，学生也认为该制度能够维护他们的权利。"'学生的行为是否违纪和应该受到怎样的处分，不应只由校方说了算。学生也应有申诉的权利，也需有个公开争辩的地方。'两名对处分有异议的同学向记者表示：'尽管作出处分决定的是学校职能部门和老师，但在法律法规面前，我们是平等的！凭什么受到处分的学生一方就该逆来顺受？这样的申诉听证会制度，不管最后校方是否能改变对我们的处分，它都让我们感受到了高校大学生管理中的民主与公正。'"[4]

校内学生申诉制度的实施为学生维护权利提供了合理化、正当化的途径，但这并不意味着一定要满足学生的要求，或者推翻原来作出的处理或处分决定。无论申诉结果满足学生的要求还是驳回学生的要求，都为学生提供了在

---

〔1〕　李陈续：《大学生受处分有异议可申诉》，载 https://www.gmw.cn/01gmrb/2005-10/07/content_312855.htm，2005 年 10 月 7 日访问。

〔2〕　范履冰：《学生申诉权：自由和权利的保障》，载《中国教育报》2006 年 7 月 31 日。

〔3〕　《行政权威 VS 学生权益，对高校学生申诉制度的观察》，载《湖北日报》2005 年 8 月 31 日。

〔4〕　杨连成：《学生有了申诉权，怎样行使才得当》，载《光明日报》2006 年 3 月 30 日。

校内维护权利的机会。如 2006 年 3 月北师大珠海分校 9 名学生因对校方处分决定不满意而向校方提起申诉，申诉的结果是维持对 6 名学生的处分决定，建议重新考虑对其他 3 名学生的处分。校方重新审查其他 3 名学生的处分决定，并最终给予答复：1 名学生维持原处分决定，1 名学生减轻原处分决定，而另外 1 名学生则免予处分。可见，通过申诉制度的实施，为学生提供维护自身权利的途径，尽管有些学生的请求得到满足，而有些没有。2005 年 12 月 9 日，华中科技大学举行首例学生申诉听证会，受理 2003 级 415 班一位学生的成绩异议申诉，学生申诉听证委员会最终决定维持原处理意见。2006 年 3 月 10 日，中央民族大学曾举行了不公开的学生申诉听证会，对上学期期末考试中被发现作弊的 10 名学生中的部分学生作出最终开除学籍的处分决定。

（二）监督高校权力的行使和规范校方行为

1. 监督校方权力的行使

学生申诉行为是因对校方处理或处分决定不满而请求第三方对校方行为予以审查，这就是对校方行为的一种监督。因为处理或处分决定的背后是以校长为核心的教育管理权的运作，审查就必然要对以校长为核心的教育管理权的运作进行重新审视和监督。[1]这种监督功能在教育部规范性文件中得到强调。如在《教育部关于加强依法治校工作的若干意见》中指出，要依法健全、规范申诉制度，及时办理教师和学生申诉案件，及时发现和纠正学校的违法行为，特别是学校、教师侵犯学生合法权益的违法行为。《〈普通高等学校学生管理规定〉解读》认为，通过学生的申诉，可以监督学校的处分或处理行为，是否事实清楚、程序正当、依据明确、定性准确、处理适当。高校校内学生申诉制度的目的，"一方面是为了保护学生的合法权益，另一方面是为了监督学校在处分或处理学生过程中是否依法办事"，[2]将高校"管理的

---

〔1〕 周大智：《我国高校学生申诉处理机构设置存在的问题及改进路径——基于 103 所"双一流"大学学生申诉制度文本的比较研究》，载《上海法学研究》集刊 2021 年第 16 卷。

〔2〕《〈普通高等学校学生管理规定〉解读》，教育部高校学生司组织编写，该书是为了帮助、指导有关人员学习领会《第 21 号令》的精神，准确理解、把握《第 21 号令》的内容和要求，而由教育部高校学生司组织编写的，且该书作者都是直接参加《第 21 号令》起草和修订工作的人员。在高校的实践中，《〈普通高等学校学生管理规定〉解读》（以下简称《解读》）也确实为校内学生申诉制度的建立、运行起到了重要的指导意义。

自由裁量权限定在一定的范围之内"。[1]有些媒体也认为："学生申诉权作为学生的一种救济权，本身是一种抵抗权、监督权，它在权利结构体系中起着安全通道和反馈调节的作用。同时是对学校管理权的一种抑制和监督，有利于防止权力的滥用，抵制权力对权利的侵害。"[2]

在实践中，很多高校受访者或明或暗地承认校内学生申诉制度所具有的监督校方权力行使的功能。如北京师范大学珠海分校因为学生提起申诉而重新审查校方处分行为的合理性，最终结果改变了对2名学生的处分，说明在校方行使处分权时确实存在一些不合理的现象，引起学生的不满，而申诉制度能够适当监督、纠正校方行为，使其更加正当化、规范化。中南财经政法大学党委副书记直言，过去在行政处分上，学生一直处于弱势。高校职能部门的行政处分，不排除误判、错判的可能性。成立学生申诉委员会，就是出于保障学生的权益，通过严谨程序的调查，使每一个行政处分做到准确、公正。申诉委员会主任、中南财经政法大学副校长也表示，该委员会的成立，既是保障学生的权益，也是对高校职能部门的一种监督。

2. 规范校方行为

校内学生申诉制度在监督校方权力行使的同时，也限制了学校处理或处分权的滥用，[3]促使校方规范自身行为，尤其是行使处分权的行为，使其日益规范化、科学化，尽量避免纠纷的发生。在多数高校中，学生提起申诉的主要原因是对学校的违纪处分不满。[4]如果高校在作出处分决定时做到程序正当、依据准确、证据充分、处分适当，"有助于减少学校处分行为的随意性、不确定性和不可预见性"，[5]从而在很大程度上可以减少学生对处分的不满，便可以在一定程度上避免纠纷的发生。相反，如果高校对学生作出的处分存在不当，则比较容易引发学生与高校的纠纷，在校内解决不好也容易将纠纷引向校外。

---

〔1〕 教育部2005年第4次新闻发布会《育人为本，新〈普通高等学校学生管理规定〉颁布》。

〔2〕 范履冰：《学生申诉权：自由和权利的保障》，载《中国教育报》2006年7月31日。

〔3〕 晏扬：《教育应"以学生为本"》，载 https://www.gmw.cn/01gmrb/2005-04/06/content_210622.htm，2005年4月6日访问。

〔4〕 许多高校学生申诉的主要原因是不服学校所作的违纪处分，且多数是因为考试作弊作出的处分。

〔5〕 唐景莉等：《高校新管理规定新在哪里》，载《中国教育报》2005年3月30日。

在实践中，许多高校受访者都表示，校内学生申诉制度实施以后，校方在规范处分行为方面作了很多改进，一改往日处分有些随意、不讲证据和依据的状态，增加学生对处分的满意率，从而降低学生与校方发生纠纷的可能性，也一定程度上减少了申诉案件，[1]或者即便不能减少申诉案件，也促使校方的处理或处分行为日益规范化、科学化，主要体现在两个方面：一是处理或处分时做到证据充分、依据明确、程序正当，减少随意性、不确定性和不可预见性；二是处理或处分决定书制作、送达的规范化。如宁波大学学生处处长表示，学校通过学生申诉这一工作还促进了其他工作，对学生的处分流程更加规范、更加科学，强调了对拟处分学生的告知制度，在拟处分前，既要通知学生本人，又要告知所在学院，请他们提出意见并提出是否申辩的理由，处分文件下发后，将处分文件送交学生本人并告知申诉须知，要求所在学院必须指定教师与违纪学生谈话并做记录等。[2]

（三）促使纠纷在校内加以解决

学生因对学校作出的处理或处分决定有异议而与学校之间产生的纠纷本质上属于学校内部成员之间的纠纷，如果能够通过内部机制加以化解，就可以避免国家权力的介入和司法程序的启动，不仅可以减少风险、成本和对抗性，也有利于协调学生与学校间的关系，[3]达到更加和谐圆满的纠纷解决效果。20 世纪 90 年代，我国高校体制开始转型，原有的行政化管理体制在市场化和法制化背景下面临严峻挑战，而新型的大学自治尚未形成。此时，对通过司法解决高校内部争议寄予过高期待，而对诉讼的局限和弊端则认识不足。尽管《第 21 号令》对校内学生申诉制度的强调以法治化为口号，并明显基于部门利益的考虑将其设计为行政性机制，但客观上为纠纷双方提供了一种校内解决纠纷的渠道，有利于减少或避免直接启动行政申诉（校外申诉）和诉

---

〔1〕 如北京 B 校受访者描述，尽可能地不让申诉案件发生，就是说尽可能把它扼杀在摇篮当中，就是处分学生的时候让他"心服口服"并签字，表明学生接受学校的处分。

〔2〕《坚持学生为本，维护学生权利——宁波大学贯彻〈学生管理规定〉的实践与思考》，载《中国教育报》2005 年 8 月 29 日。

〔3〕 学生与高校间的纠纷如果能够通过校内途径加以妥善解决，通过申诉进行充分的沟通，消除双方的隔阂与摩擦，有利于将来关系的发展。如山东 B 校有位学生因未完成学分而被学校开除，学生不服学校的处分决定而提起申诉。在申诉过程中，校方人员详细说明学校的规定，分析学生的行为，最终获得学生和家长的理解并服从了申诉处理结果。学生于退学后的第二年又以优异的成绩考进该校。

讼程序，从而达到维护校内自治和秩序、实现校园内的有效治理的目标。

校内学生申诉制度产生的现实背景之一是当时大学生状告母校的事件层出不穷，大多是因为不服学校对其作出的学籍处理或违纪处分而引发的，表面上以"维权"和程序公正为诉求，深层原因则是教育体制转型和利益驱动。校园纠纷动辄进入诉讼，一方面是因为当事人和社会对司法救济寄予过高期待，另一方面，也是由于缺少有效的校内或协商性解决途径。频发的诉讼严重地挑战和影响了高校的教育体制和内部秩序，而当事人实际上也很难获得期待的结果。校内学生申诉制度的实际功能正是要促使这类纠纷首先在校内得到解决，以减少或避免纠纷升级，启动校外行政或司法的正式处理程序。在这种意义上，它"是一种通过和平的、规范的手段，公平地解决利益冲突，化解政府、学校与学生矛盾"。[1]同时，也能够缓解政府及司法机关的工作压力。[2]实际上，校内学生申诉制度的直接功能就是解决纠纷，进而达到维护学生的合法权益和学校的管理秩序、规范校方行为的作用，具有从根源上消除或减少纠纷的预防性功能。这同很多实行高校自治的国家的"校园司法（仲裁）"具有相同或类似的功能和理念。然而，制度的设计者和许多实践者未必清楚地意识到了这一点。

对于这一作用，有的高校有着比较清楚的认识。如南开大学教务处处长认为，校内学生申诉制度可以减少很多因为制度缺失造成的无谓诉讼，对于营造高校和谐的校园环境是非常有益的。[3]遵义医学院珠海分校管理人员认为，学生申诉处理委员会没有明辨是非的"法官"，而是开通了一条通过协商调解、妥善解决师生纷争的"消防"渠道。高校可以有个申诉听证和化解矛盾的调解机构。[4]在本书实地调研的高校中，曾经经历过诉讼的高校对校内学生申诉制度的这一作用体会更深，认为校内学生申诉制度的设立、运行与减少或避免学生起诉学校的现象是有关系的，校内学生申诉制度实施以后，学生通过校外途径解决纠纷的情况相对减少。

---

〔1〕 范履冰：《学生申诉权：自由和权利的保障》，载《中国教育报》2006年7月31日。

〔2〕 参见《〈普通高等学校学生管理规定〉解读》，认为"学校成立专门的申诉处理机构，是保护学生合法权利的具体体现，是缓解政府及司法机关工作压力的具体体现。"

〔3〕 董洪亮：《大学生管理新规定，破解高校管理三大难题》，载 http://www.npc.gov.cn/npc/c12434/c1793/c1864/201905/t20190524_ 13112.html，2005年3月30日访问。

〔4〕 杨连成：《学生有了申诉权，怎样行使才得当》，载《光明日报》2006年3月30日。

（四）维护校方行为的正当性及其利益

虽然校内学生申诉制度能够促使学生与校方间纠纷首先在校内加以解决，但不可能完全避免学生到校外寻求进一步的解决途径。[1]如果学生选择通过校外途径解决纠纷，到上级教育行政部门申诉或者到法院起诉，那么校内学生申诉制度由于为学生提供了一种相对公正的救济程序，也对校方处理或处分行为进行了审查，再一次论证或增强了校方处理或处分行为的正当性，保护了校方利益、维护了校园的治理和秩序，也增加了校方在行政复议、司法诉讼中的胜算率。如果没有校内学生申诉制度对校方处理或处分行为的审查与规范，可能会出现学校处理或处分行为未履行必要、正当程序的情形，那么"一旦发生纠纷，学校会陷入被动并承担败诉风险"。[2]因此，"学生申诉制度建立健全后，促使学校内部形成一种监督和纠错机制，将减少学生向法院提起诉讼的几率，大大降低今后'学生告母校'的案件。高校自身建设也将在此过程中日趋规范。从这种意义上来说，高校也是学生申诉制度的受益者"。[3]

综上，校内学生申诉制度是维护学生权利的有效途径，同时，也能够监督校方权力行使的合法性，促使校方规范自己的处理或处分行为，避免由于行为不当引发的纠纷与矛盾。即便是学生与校方之间发生纠纷，校内学生申诉制度也有利于纠纷在校内加以解决，维护校园稳定和谐的秩序。如果学生不满校内纠纷解决的结果，继而选择校外途径解决纠纷，那么校内学生申诉制度的运行能够增强校方行为的正当性，使得校方有充足的证据、资料等方面的准备，得以从容应对上级教育部门的核查或法院的诉讼，有利于保护校方的利益。其实，这几方面的功能都是相辅相成的。只不过由于决策者的认识，有些功能在规范层面得到强调，有些功能未得到充分表述，但在实际运行中仍得到充分的发挥，并给当事各方带来了明显的效益。

另外，有学者认为该制度的功能并没有在现实生活中加以实现，出现功

---

〔1〕当学生受到的处分涉及自身重大利益时，如被开除学籍而丧失受教育权时，他会为了维护自己的权利而可能穷尽一切救济途径，包括法律途径，去抓住任何一棵所谓的"救命稻草"。即便这样不能成功，学生也会为此一搏。在本书调研的高校中就出现过这样的现象。

〔2〕何雪峰：《关注学生申诉权》，载《南方周末》2003年12月18日。

〔3〕《行政权威 VS 学生权益，对高校学生申诉制度的观察》，载《湖北日报》2005年8月31日。

能的"失落"。[1]其实不然，真正在各高校进行调研后，发现表面上可能该项制度并没有发挥多大功能，如申诉案件数量较少，学生不知道申诉权以及申诉制度等，但实际上该制度的功能在隐性地发挥着作用，不仅在维护学生权利、监督和规范校方行为方面起着非常重要的作用，而且也有利于在校内解决纠纷。即便仍然无法避免学生通过诉讼途径解决纠纷，在参与诉讼的过程中也有利于维护校方的利益。

六、校内学生申诉制度与其他制度之间的关系

校内学生申诉制度作为校内纠纷解决机制，属于选择性机制，即学生与高校产生内部纠纷后可以选择通过校内机制解决，也可以选择校外机制解决，如行政申诉程序甚至司法诉讼程序。该制度并非要求学生必须先通过校内机制解决与校方间的内部纠纷，因此它并非法定前置性程序。但是，如果学生选择先通过校内学生申诉制度解决特定类型纠纷，那么其与校外纠纷解决机制之间的关系就成为必然要探讨的问题。本书通过实证调研了解到，在实践中校内学生申诉制度成为行政申诉程序的前置性程序，但并非司法诉讼程序的前置性程序。

(一) 行政申诉程序的前置性程序

《第41号令》第60条规定："学生对学校的处理或者处分决定有异议的，可以在接到学校处理或者处分决定书之日起10日内，向学校学生申诉处理委员会提出书面申诉。"这说明，校内申诉制度只是一种选择性程序，学生可以根据自己的需要和偏好进行选择，可以选择校内制度，也可以不选择校内制度解决纠纷。但第62条第1款规定："学生对复查决定有异议的，在接到学校复查决定书之日起15日内，可以向学校所在地省级教育行政部门提出书面申诉。"《解读》明确解释校内申诉与校外行政申诉之间的关系："关于学生的申诉，有两类组织负责受理，一是提出申诉的学生所在学校，二是学校所在地的省级教育行政部门。学生申诉，应当先向所在学校提出，对学校的复查决定有异议，再向学校所在地的省级教育行政部门申诉。"也就是说，校内

---

〔1〕　尹晓敏、陈新民：《学生申诉制度在构建和谐高校中的价值探析》，载《现代教育科学（高教研究）》2006年第5期；申素平、陈瑶：《论非诉讼纠纷解决机制及其在我国教育领域的适用》，载《中国高教研究》2017年第1期。

申诉制度是行政申诉的前置程序。对此，既可以解释为自治性机制与行政性程序之间的衔接，也可视为准行政程序与行政程序之间的衔接。根据这一制度设计，学生对学校的处理或处分决定有异议时，不能直接向学校上级教育行政部门提出校外申诉，而必须先向校方提出校内申诉，经过校内复查程序后，对复查结果仍有异议，才可以向学校所在地省级教育行政部门提出申诉。实践中，很多申诉案件都经历了这样的程序。如果未经校内申诉程序，直接向教育行政部门提出行政申诉，教育行政部门通常不予受理。本书调研的高校受访人员都认为校内学生申诉程序是校外行政申诉程序的前置程序。

（二）司法诉讼程序的非前置性程序

作为教育部设立的一种非诉讼纠纷解决程序，校内学生申诉制度不可能排除当事人直接诉诸司法的权利。如果学生对校方作出的处理或处分决定有异议，可以选择直接进入司法诉讼程序，这也与我国行政争议或议（裁）或诉的基本制度设计一致。在司法实践中，这类案件也时有发生。[1]当然，也有学生向学校申诉后再向法院提起诉讼，或者向教育行政部门申请复议后向法院起诉，或者先向学校申诉后再向教育行政主管部门申诉最后向法院提起诉讼。

实际上，是否将校内学生申诉制度作为司法救济及诉讼程序的必经阶段，始终存在不同意见。教育部建立该制度的初衷，显然希望尽可能以此替代和减少此类纠纷直接诉诸司法，将其设置为诉讼程序的前置性程序。《第41号令》第6条学生享有的权利中第6项规定，"对学校给予的处理或者处分有异议，向学校、教育行政部门提出申诉，对学校、教职员工侵犯其人身权、财产权等合法权益的行为，提出申诉或者依法提起诉讼"。从这一规定的表述来看，明确将学校对学生进行处分或处理的行为（准行政行为）与学校侵犯学生人身权和财产权等合法权益的行为（一般民事侵权行为）加以区分，予以

---

〔1〕 如"大学生考试作弊未被授予学位，状告母校讨学位案"中，原告王某2006年考试作弊被学校给予记过处分，2007年7月原告毕业时学校以其作弊为由不授予学位。王某对校方行为不满，未经过校内、校外申诉途径，而直接向石家庄市裕华区法院提起行政诉讼，将母校告上法庭。又如"大学生考试作弊被开除，状告学校侵犯其受教育权案"中，原告汪某2006年因在大学英语四六级考试中使用通信工具作弊被学校予以开除学籍处分，原告不服，于2007年直接向镇江市京口区法院提起行政诉讼，之前未选择任何申诉程序。最高人民法院指导案例39号"何某强诉华中科技大学拒绝授予学位案"，何某强在起诉前没有经过申诉程序。

不同对待。[1] 针对一般民事侵权行为，学生有权"提出申诉或者依法提起诉讼"，既可以通过申诉途径解决，也可以直接通过诉讼途径解决。但是，针对学校的处理或处分行为，并未规定可以直接提起诉讼，而是规定学生有权"向学校、教育行政部门提出申诉"，这里隐含着的逻辑是，学生对学校作出的处理或处分决定有异议，应当先向学校申诉处理委员会提出申诉，即所谓校内救济；对申诉处理结果有异议的，可向学校所在地省级教育行政部门提出申诉，即行政救济。如果对行政申诉的处理结果不满，学生可以提起行政诉讼。这样，形成内部申诉（校内救济）——行政申诉（行政救济）——行政诉讼（司法救济）的多元化处理机制，学生在选择司法程序之前应首先穷尽校内和校外两种申诉机制。应该说，这种安排显示出对诉讼的规避，但本身是相当合理的。然而，目前无论是《教育法》《高等教育法》还是《第41号令》，都没有（也无权作出）此类明确规定，诉讼法及其他法律中更无此种制度设计。

　　实践中，学生对校方作出的处分或处理决定有异议，绕过申诉程序而直接向法院提起诉讼的，法院不能拒绝立案。事实上，目前将校内学生申诉制度设置为法定前置性程序，尚不具备现实条件，不仅法律界对于任何限制诉权的制度都持否定态度，而且这种安排也没有获得法律授权和社会认同。有的高校并未建立或实施该制度，学生若对学校作出的处分或处理决定有异议时，自然无法依靠其获得救济，只能直接提起行政申诉或向法院提起行政诉讼。

　　尽管如此，校内学生申诉制度虽然属于选择性程序，但也正如目前我国绝大多数非诉讼机制一样，可能最大限度地替代或分流诉讼。在已建立该项制度的学校，作为纠纷当事人的学生绝大多数都通过理性思考首先选择了申诉制度，在穷尽申诉制度仍未获得满意的结果时才选择诉讼。实践中发生的多数案件都经历了类似的程序过程。[2] 在调研的16所高校中，有些高校在实

　　〔1〕　这种明显的区分在司法实践中也得以印证。如田某诉北京科技大学案中，法院认为"被告北京科技大学拒绝颁发证书的行为，只是使原告失去了与同学同期就业的机会，并未对田某的人身权和财产权造成实际损害。故田某以北京科技大学未按时颁发毕业证书致使其既得利益受到损害为由提出赔偿经济损失主张，不能成立。"参见北京市海淀区人民法院1998年海行初字第142号行政判决书。

　　〔2〕　如"女大学生两次作弊被开除起诉学校案"中，女大学生于丽（化名）在2007年、2008年两次考试中夹带纸条均被发现，学院依据《第21号令》和学院的学生管理规定给予其开除学籍处分。于丽向学院申诉委员会提起校内申诉，结果是维持原处分决定；于丽又向市教委提起申诉，市教委也维持学院原处分决定。于是，于丽向法院提起行政诉讼，法院以学院作出处分过程中程序不合法判决校方败诉。

施校内学生申诉制度后仍有被学生起诉的事件，但学生在进入司法程序之前都穷尽了校内申诉和校外行政申诉两种机制，[1]说明该制度设立的部分初衷已经初步实现。

总之，目前高校校内学生申诉制度已经初步发挥了替代性纠纷解决机制的作用。然而，在实践中能否被学生及其他当事人作为第一选择，不仅取决于国家和行政主管部门的期望，更重要的是取决于高校自身的治理能力、程度及其被社会的接受程度。

---

〔1〕 北京 B 校 2009 年某生因论文抄袭被学校给予严重警告处分，该生先在校内申诉又到北京市教委申诉，仍不服处理结果后才寻求司法途径向法院提起行政诉讼的；青岛 A 校 2007 年某生因替考被学校给予开除学籍处分，该生在校内提起申诉，不服申诉审查结果，又向山东省教育厅提起行政申诉，结果依然是维持原处分决定，于是他向法院起诉学校，最终法院判决校方胜诉。

第五章

高校治理及其内部纠纷解决机制的建构

在阐述法治社会的共同体治理和高校治理的理论基础之上，对当代世界大学治理及其内部纠纷解决机制的模式和实践进行了比较，同时对我国目前高校体制及以校内学生申诉为代表的内部纠纷解决机制进行了实证考察。基于我国目前体制改革、社会条件和高校自身发展的需要，对我国高校治理及其内部纠纷解决机制的建构进行分析，尝试对其发展趋势作出评价预测，并提出建设性意见。

第一节　高校治理的实践

法治社会中的善治理念对高校治理予以充分的尊重与支持，世界各国高校治理的实践也体现出这一特点，只是由于诸多不同因素的影响使得高校治理呈现出不同的模式及特点。我国高校治理模式是国家主导型，突显国家对高校的管理与规制。但这种模式并非一成不变，随着改革开放以来各种影响因素的发展和变化，高校治理模式有可能发生新的变化，形成国家主导下的增量自主模式。

一、法治社会的高校治理

法治社会中的高校治理不仅表明法治、善治理念对共同体自治的支持，也体现着对高校治理及其发展规律的尊重。

（一）法治社会中的善治

法治社会的建构突显法律在规制、调整社会生活方面所发挥的重要作用，强调法律在协调各种利益关系、解决利益纠纷过程中的权威性地位。但是法律的作用也是有限的，不可能解决社会治理中出现的所有问题，因此法律需要与其他社会控制规范进行合作并保持协调。法治社会在强调法治的重要性与权威性的前提下，应当尊重社会自治的合法性与合理性，承认社会自治在国家治理与社会管理中的重要作用和不可替代性，实现法治与社会自治相结合的善治。善治、法治与社会自治之间有着必然的密切联系，注重法治与社会自治之间的协调与共同发展。善治理念强调在以法治为权威和基础的条件下，实现国家与社会对公共生活的共同管理，强调国家权力与社会自治的合作与互动，而非单向度的控制与制约，其实质是国家权力向社会的让渡与回归。当代法治社会的治理越来越突显善治理念，法治思维和法治方式并不排斥和否定社会自治及其内部纠纷解决机制的运行。

（二）共同体治理

共同体治理作为社会自治最基本的要求与体现，主要是指共同体成员自主决定本共同体的公共事务，具体包括共同体自主制定内部适用的规则以及关涉共同体利益的制度、决策，自行决定具体的治理方式，自主处理内部事务和纠纷等。共同体治理对于法治社会中和谐社会的建构具有重要意义，如提供对话协商机制，为内部成员平和交流与沟通提供平台，自治精神有利于培养成员形成一致的认同感和凝聚力，有利于培养成员的参与意识、提高成员的参与能力，有利于在内部解决纠纷等。但是，法治社会的共同体治理强调以法治为基础，是在法律规制下的治理，即国家权力能够通过一定的制度和程序介入共同体内部事务，影响和控制共同体治理的程度与范围，防止共同体权力的滥用。同时，国家也应当合理把握介入共同体内部事务的边界与尺度，尊重和信任共同体治理的能力。

（三）高校治理

高校作为一类共同体，从产生之初就有自我治理的传统，这是高校运行和发展的内在规律与要求。高校治理主要指高校根据自身的目标、性质、结构、要求及所处环境制定规则或政策，自主管理内部事务，免受或少受外界的干预和控制。但是高校治理与国家规制之间的权力之争从高校产生之时起就一直在持续，只不过在不同时期和地域程度与方式上有所不同。高校在现代社会发展中具有越来越重要的地位及作用，甚至成为国家发展的重心，因此越来越受国家的关注。为了防止高校治理权力的滥用、保护高校内部成员的利益，也为了促进高校内部规则与措施的完善以及自主管理的发展，需要国家对高校治理的权限与范围进行管理与制约。在法治社会中，国家主要通过法律与权力对高校内部事务进行干预，如国家通过立法权规制、指引高校行为，通过行政权落实、推进高校行为，通过司法权监督、制约高校行为等。但是，国家规制应当谨慎且有限，不能过度干预和介入，否则会阻碍高校发展。

二、当代世界高校治理的模式与实践

通过对美国、荷兰高校治理的历史、模式、特点、运行机制的描述与分析，可知高校治理具有合理性与必要性，但由于诸多不同因素的影响而呈现出不同的模式及特点。

（一）高校治理的合理性与必要性

高校因其特殊的目标、组织架构、运行方式及面临的特殊问题而不同于其他共同体，自主管理、自我治理对于高校的发展而言具有合理性与必要性。高校作为学术性共同体，是以学术研究、传播知识、服务社会为其宗旨和目标的，自主管理是实现其目标不可或缺的条件和制度性保障。例如，对于实现"学术自由"这一目标而言，高校自治具有独特的价值和功能，意味着高校具有独立的精神和理念，能够独立从事研究、教学与管理活动，抵御外在力量的干预和影响，为实现学术自由提供有效的制度性保障。因此，高校治理具有合理性与必要性，关涉高校自身利益的制度、决策等应当由其自行制定，产生于高校内部的问题、冲突或矛盾应当由其先行受理和处理，不受或尽量少受外部力量的干预，从而有利于保障学术自由和实现管理自主并保持创新与发展的活力。从当代世界不同国家高校运行的实践来看，均在不同程度上尊重自治的理念，践行自治的原则，只是模式和程度各有不同。

（二）治理模式的多样性

"划分现代大学自治模式的基本依据是大学与国家的关系。大学与国家的关系是影响大学自治的最重要因素。因此，如何处理大学与国家、政府的关系问题就成为大学自治的核心问题。"[1]大学与国家的关系又取决于多种因素，如政治体制、教育体制、历史因素、文化理念、大学治理能力等。当代

---

　〔1〕　和震：《美国大学自治制度的形成与发展》，北京师范大学出版社 2008 年版，第 35~36 页。

世界各国在上述因素方面存在差异，因此高校治理的特点、方式、范围等各有不同，形成多样性的治理模式，如美国高校的对话式治理模式和荷兰高校的指导式治理模式以及我国高校的国家主导型治理模式等。

（三）治理模式的影响因素

不同国家高校治理模式的多样性与差异性取决于多种因素和条件，如国家授权和认可的范围、历史传统、政治体制、高等教育体制、文化理念、社会认同以及高校自治能力等。

（1）国家授权和认可的范围。高校作为独立的学术性共同体，其自治的权限与范围首先取决于国家授权和认可的程度。国家规制与高校治理之间呈权力分配与权力斗争关系，双方力量此消彼长，即国家授权范围越大，高校治理的空间就越大，反之，则越小。不同国家在权力分配关系方面所采取的原则不同，国家对高校进行规制的方式与程度不同，影响并决定着高校治理的模式。

（2）历史传统。不同国家的历史发展过程及其形成的传统对于国家与高校间的权力分配关系以及高校治理模式产生深刻的影响。有些国家在历史发展过程中形成高校自治的传统，高校治理的权限与空间较大，具有与国家合作或抗衡的能力。但这一传统又因不同国家大学发展状况的差异性而对大学治理模式产生不同影响，形成多样性的大学治理模式。而有些国家的历史发展中，始终缺乏高校自主治理的传统，在国家与高校间的关系中国家居于绝对的主导和优势地位，指导、控制、制约着高校治理的权限与规模。

（3）政治体制。国家政治体制的设置与运行为高校治理提供相应的政治基础。同时，国家通过法律手段明确国家和高校的权利与义务，为高校治理提供相应的法律基础。不同国家政治体制以及相应的法律规定不同，国家关于高等教育立法内容及高等教育管理体制不同，因此国家对高校治理的宽容度以及对高校内部事务的干预程度也存在差异，形成的高校治理模式、治理权限与程度也有差别。

（4）高等教育管理体制。高等教育管理体制直接体现着国家对高校治理认可的程度、范围，表明国家通过一系列法律、制度、机构对高校进行管理与干预的模式，体现着国家权力与高校自主权之间的分配关系。国家规制的范围与空间越广，高校自主管理的空间和权限越小。另外，国家规制的方式也有区别，有些国家主要依靠行政手段对高校进行规制，而有些国家仅通过法律对高校进行宏观调控，赋予高校较大的自主权对其内部事务进行自主管理。

（5）文化理念与社会认同。高校治理的模式与程度也受到社会主导的文化理念以及公众对高校治理的认同程度等因素的影响。如在欧美国家，法人自治、契约自由等理念根深蒂固。在这些理念影响下，大学作为独特的法人组织具有独立的地位与功能，拥有较大的自治权限。"大学自治的核心要素是大学的法人地位及其所享有的对办学职能的独立控制权。"[1]高校自治的原则不仅受到国家的尊重，而且也受到社会公众的广泛认可与推崇，从而为高校的发展提供理念支撑与社会认同。"社会认同是一股非常强大甚至神奇的力量，它不仅在很大程度上影响个人的各种行为和基本偏好，更关涉社会组织如何实现自身团结以提高自治能力，从而更好地适应社会发展的需要。"[2]

（6）高校自身的治理能力。从高校产生的历史来看，高校是在与世俗、教会权力的斗争与对抗中不断争取自治的权力，其治理能力在斗争中决定着高校自身的目标、结构、决策与措施等。高校内部主体（教师和学生）的积极参与也起着非常重要的作用，由此形成大学自治的两种原始模式，即教师行会自治和学生行会自治，并在日后的发展中分别被继承下来，成为英国、德国、美国、意大利、西班牙等国效仿的对象，[3]影响至今。在高校发展的过程中，面临社会环境的不断变化与发展，高校进行自主决策以及自我管理的能力通常发挥重要作用，有时甚至是关键作用，决定着高校发展的方向及其在竞争中所处的地位。

（四）美国与荷兰高校治理模式的比较

美国与荷兰作为欧美高等教育发达的国家，高校自治的原则与实践在许多方面存在相同之处，但也存在许多差异性。对两国高校治理模式的比较分析，有助于进一步了解高校治理及其所需条件，为我国高校治理可能选择的模式提供借鉴。

1. 美国与荷兰高校治理模式中的共同性

（1）国家的授权和认可。美国与荷兰高校自治都获得了国家的高度尊重

〔1〕 徐小洲编著：《自主与制约——高校自主办学政策研究》，浙江教育出版社2007年版，前言第2页。

〔2〕 李友梅、肖瑛、黄晓春：《社会认同：一种结构视野的分析：以美、德、日三国为例》，上海人民出版社2007年版，第2、9~10页。

〔3〕 吴慧平：《西方大学的共同治理》，北京师范大学出版社2012年版，第41~45页。

与认可，高校拥有相当大的自治权，能够对其内部事务进行自主决策与自我管理。尽管在大学发展的历程中，由于诸多因素的作用使得国家规制与大学自治的关系出现了一些变化，但国家普遍尊重大学自治的权力。

（2）大学自治的历史传统。从大学在欧洲产生和发展的历史过程来看，大学在与教会、世俗政权的斗争中获得独立自主的地位与权力，形成大学自治的传统，并在欧美国家大学发展中传承至今。因此，在美国与荷兰高校建立和发展的过程中，大学自治的传统均得以继承和发展，成为大学治理中最主要的理念与原则。

（3）政治体制。美国与荷兰分权政治体制之下，强调政府作用的有限性以及社会自治的重要性，因此政府对高校自治的认可程度较高，赋予高校相当大的自治权限与空间，对高校内部事务的介入程度相对较低。

（4）文化理念与社会认同。欧美国家的主导理念包括契约自由、法人自治等内容，在这些理念指引下，美国与荷兰均将高校视为法人，具有独立的地位和较高的自治权限，而且社会公众对大学自治具有较高的认同度，为大学的自我发展提供必要的认同基础。

（5）高校治理的能力。美国与荷兰高校自主决策与自我管理的能力都很强，只是程度略有差异。美国高校治理能力极强，自治范围涉及高校内外部事务发展的重大方面，[1]而且教师和学生都参与高校的治理活动中。[2]荷兰高校尽管受到中央政府的统一管理，但仍然拥有较强的自治能力，能够对教学、科研、财务、行政管理、教师聘任等主要内部事务进行自我决策和自主管理，国家仅在必要时干预高校内部事务。教师与学生作为主体，积极参与到高校的管理与决策活动，高校重要决策机构都有教师与学生代表作为成员参与重大事项的决策，教师与学生也组成自治性组织参与学校的管理活动等。

---

〔1〕 如"制定大学发展的长远规划；抵制不适当的外部干预以及对外部环境变化作出相应的调整；解决大学内部争端，裁决学生、教师和管理者之间的矛盾；推进大学变革，决定大学改革的日程；保障经费的使用等"。吴慧平：《西方大学的共同治理》，北京师范大学出版社2012年版，第55～56页。

〔2〕 高等教育机构中的教师、其他员工以及学生参与决策活动。教学人员在高等教育机构治理中扮演着重要的角色，是教育过程的重要参与者，在教育事务中常常占绝对优势，对包括入学标准、课程设置、毕业要求、教师聘任及晋升等方面均有决策权。而董事会在实践中也极少推翻他们提出的管理建议。参见［美］罗纳德·G. 埃伦伯格主编：《美国的大学治理》，沈文钦、张婷姝、杨晓芳译，北京大学出版社2010年版，第3页。

2. 美国与荷兰高校治理模式的差异性

（1）国家授权的范围不同。美国政府高度尊重高校自主权，对高校内部事务几乎不予干预和介入，只是从宏观层面确定高校的资质、行为以及学生的基本权利，目的在于监督高等教育机构、确保教学与科研活动的质量以及维护学生权利。高校自主权力极大，在内外部事务包括资金分配、行政管理、教职员聘任、招生、专业课程设置等方面能够进行自主决策和自我管理。董事会负责制定重大决策，而将大多数职权委托给校长，校长、核心管理者以及各学院院长协办管理高校，共享决策权。[1]而荷兰政府在尊重高校自治的基础上对高校主要的内部事务予以法律上的明确规定和指导，内容涉及高校主要的科研与教学管理等具体方面，并且监督高等教育的质量。[2]高校享有较高的自主权，能够结合高校自身的特点在教学、科研、行政管理等方面进行自主管理，但是只能在国家限定的范围内进行自主决策和自我发展并接受国家监督。这种模式的特点是"国家享有强大的权威，国家干预是为了规范招生、课程、学位授予、考试体制、学术人员的任命与薪酬。但是大学仍然保留相当大的自治权力，尤其是关于教学与研究内容"。[3]

（2）大学自治传统的继承与发展程度不同。美国虽然继承了欧洲大学自治的传统，但在大学发展过程中对其进行了较大程度的创新，形成美国大学特有的治理模式。具体说来，美国在殖民地时期就已经建立学院并继承了英国大学的自治传统，[4]但在其发展过程中受到殖民地自治、乡镇自治、教会自治等因素的影响形成外行董事会管理的独特治理模式，即由外部公民组成最高权力机构——董事会来控制学术机构的模式，并影响至后来美国大学的发展，[5]突

〔1〕　参见［美］罗纳德·G. 埃伦伯格主编：《美国的大学治理》，沈文钦、张婷姝、杨晓芳译，北京大学出版社 2010 年版，第 3 页。

〔2〕　20 世纪 80 年代以来，质量管理就成为荷兰高等教育的一个问题。政策的中央化使得荷兰的高等教育质量管理由国家负责，因为国家小、大学少，所以组织一支评估小组就能够对不同大学的质量情况进行管理和监督。参见［英］路易丝·莫利：《高等教育的质量与权力》，罗慧芳译，北京师范大学出版社 2008 年版，第 21 页。

〔3〕　吴慧平：《西方大学的共同治理》，北京师范大学出版社 2012 年版，第 72 页。

〔4〕　在北美殖民地最早创办学院的人中，很多是从英国牛津、剑桥毕业的，因此他们模仿牛津、剑桥的管理模式和结构，建构着美国的学院。因此英国的学术法人管理结构、信托制度等被继承下来。参见和震：《美国大学自治制度的形成与发展》，北京师范大学 2008 年版，第 39 页。

〔5〕　参见和震：《美国大学自治制度的形成与发展》，北京师范大学 2008 年版，第 40~62 页。

显大学本身独立的法人地位，强调其与国家的平等对话关系。荷兰高校继承欧洲大陆国家大学自治的传统，即世俗政治权力随着欧洲宗教改革、民族国家的形成、教会的衰落而介入大学人事自主权，影响教师的任命和罢免等内部事务，国家在整体上维护对大学的正式权威，但系或学院自治等形式仍然被维持甚至被强化，[1]形成荷兰高校的治理模式，强调国家指导下的大学自治。

（3）具体政治体制不同。美国与荷兰虽以分权体制为基础，但两国具体的政治体制、分权程度不同，国家对高校内部事务的干预程度也有所不同。美国的政治体制是联邦制，联邦与州各自行使相应的立法权、行政权和司法权。这种分权制、多权力中心的政治体制为高校治理提供了政治基础与保障，即政府将更多的管理权和自主权授予高校自身，便于其对内部事务进行自我决策、自主管理，而政府仅对其进行有限且必要的管理与干预，是"高度的地方分权制下的大学自治"。[2]联邦政府对高等教育只是提供咨询服务与部分资助，而州政府正式承担和履行高等教育功能，对州立大学实施公共控制，但除了提供经费和必要的指导外，一般不干涉高等学校的内部事务。荷兰的政治体制是君主立宪制，国家权力主要集中在中央部门。这种在分权基础上一定程度集权的政体影响着高校治理的权限与空间。高等教育管理权主要集中在中央部门，教育文化科学部负责制定高等教育法律和相关政策，其他中央层级的组织、机构也能够影响高等教育法律与政策的制定，对高校内部事务进行宏观管理与规制。但高校仍然享有较大的自治权限与空间，能够自主决定发展目标与方向并自主管理内部事务。

（4）高等教育管理体制不同。美国政府部门管理高校的政策与权限较为有限，而且体现为二级管理，即联邦教育部除了把教育经费拨给各州外，并不直接管理各州高等教育事务，高等教育管理权限主要分散在各州，由州议会制定有关法律和政策，推行其认为合适的教育制度。州政府对大学采取较为宽松的调控政策，在为大学提供财政资助与法律保障的同时，赋予大学以充分的自治权。在高等教育改革方面，联邦政府的作用也不大，不会进行大规模的改革，而主要是州政府制定许多小规模的措施将高校推向市场，直接

---

〔1〕 参见和震：《美国大学自治制度的形成与发展》，北京师范大学 2008 年版，第 34~35 页。

〔2〕 吴慧平：《西方大学的共同治理》，北京师范大学出版社 2012 年版，第 54 页。

参与生源、科技、劳动力市场的竞争。[1]荷兰实行统一而非集权式的管理体制，即通过集中的法律和政策对高校事务进行具体规制，并通过政府部门对高校进行管理，涉及高校内部事务的许多方面。但是政府仍尊重高校自治，不直接干预高校内部各项事务尤其是学术性事务，认可高校享有较高程度的自治空间。在高等教育改革方面，中央政府采取较大规模的措施在全国进行渐进的调适策略，更多运用技术手段，在高校与政府、市场、社会间达成共识。[2]

通过对美国与荷兰两国高校治理模式中的共性与差异性进行比较可知，实现高校治理需要具备相应的条件或因素，如国家对高校的授权与认可、大学自治的历史传统、分权的政治体制、主导文化理念的支撑及社会公众的认同以及较强的治理能力等。当然，由于这些条件或因素在不同国家的表现形式或程度各有不同，因此形成各具特色的多样性的治理模式。

三、我国高校治理模式及发展的可能性

我国高校治理在特殊的政治体制、历史传统、高等教育管理体制、文化理念及社会认同等条件下形成了国家主导的治理模式，行政化色彩较为浓厚。随着改革开放后法治建设和高等教育体制改革的进程，高校自主权亦得到国家和社会的认同并得以扩大，发展成为国家主导——增量自主的治理模式。

（一）我国高校治理模式与美国、荷兰模式的比较

从高校治理模式来看，我国是国家主导型，荷兰是国家指导型，而美国是对话式，这三种模式在传统、内容、范围和程度等方面有着明显差异，鲜明地体现着政府与高校的关系以及政府对高校的管理与规制程度。

（1）政府与高校的关系。政府与高校的关系是影响高校治理模式的关键因素。美国政府对于大学几乎没有集中、统一的管理，尽管政府为大学提供发展经费，但却很少干涉大学内部事务及其自主发展，形成了政府与大学平等对话的治理模式。荷兰高校主要是公立高校，中央政府对于高校内部事务进行统一但非集中式的管理，这也与欧洲大学发展的过程中发展主义政府与社会主义思想有关，[3]因此，政府管理或干预成为影响欧洲大学自主发展的

---

〔1〕　参见吴慧平：《西方大学的共同治理》，北京师范大学出版社 2012 年版，第 151、127 页。

〔2〕　参见吴慧平：《西方大学的共同治理》，北京师范大学出版社 2012 年版，第 127 页。

〔3〕　参见钱颖一：《大学治理：美国、欧洲、中国》，载《清华大学教育研究》2015 年第 5 期。

重要因素。我国高校治理模式体现了国家主导的鲜明特色，国家对高校的诸多事务进行统一管理与规制。

（2）高校自主的程度。美国大学有高度的自主权，不受政府某一个部门的管理，甚至某些州的宪法规定州立大学独立于州政府行政权，是政府立法、行政、司法之外的"第四分支"。[1]荷兰高校经费主要依靠政府财政拨款，不能自主收学费，高校自主权与美国相比相对有限，但近些年来的高校改革也正在更多地向美国模式靠近。我国高校自主程度相比于美国、荷兰而言更为有限，但也随着社会发展以及国家政策的变迁，有可能形成新的治理模式。

（二）我国高校治理模式的影响因素

我国高校发展过程中受到国家授权与认可、社会自治传统、政治因素、文化理念、社会认同等因素的影响，形成了特殊的国家主导型高校治理模式。

1. 国家授权与认可的范围有限

在国家与高校的关系中，国家居于主导地位，对高校事务进行统一管理和规制，主要体现为执政党和政府对高校事务的主导与控制。《高等教育法》明确了中国共产党对高校事务的领导和管理，党委会是高校的领导核心，实行党委领导下的校长负责制。高校的指导思想、教育方针和目标、管理体制和运行机制、学科建设、人才培养等诸方面活动必须以中国共产党的指导思想为核心，不能偏离正确的政治方向。政府教育主管机构运用行政手段对高校进行集中管理与规制，行政化色彩浓厚，[2]不仅将高校的设立、结构与布局纳入政府规划，统一配置教育资源，而且对高校内部事务如教学管理、招生、学科专业建设、财务等方面也进行统一安排，要求高校执行政府的任务或政策。在执政党与政府的双重领导和规制之下，高校自主管理的权限与空间十分有限，高校对执政党和政府的依赖程度仍然较高。

2. 社会自治传统的薄弱

从秦朝至清朝的专制主义时期，中央集权、国家中心主义的倾向极为显著，国家权力对社会组织及其行为进行控制，社会自治组织不够发达，自治

---

〔1〕 参见钱颖一：《大学治理：美国、欧洲、中国》，载《清华大学教育研究》2015年第5期。

〔2〕 国务院统一领导和管理全国高等教育事业。国务院教育行政部门主管全国高等教育工作，管理由国务院确定的主要为全国培养人才的高等学校。国务院其他有关部门在国务院规定的职责范围内，负责有关的高等教育工作。省、自治区、直辖市人民政府统筹协调本行政区域内的高等教育事业，管理主要为地方培养人才和国务院授权管理的高等学校。参见《高等教育法》第13、14条。

的权限与空间也极为有限。"中国传统社会是国家本位的社会，所有资源必须高度集中地控制在专制国家手里，就要打破一切共同体自治的纽带。作为大一统的专制国家，核心思想是使专制王权能够穿透一切共同体的自治躯壳，贯穿到每个小农家庭，对每户的小家严格编制，巩固中央集权。因此，共同体的自治组织并不发达，也在很大程度上压缩了共同体的自治空间，如村社组织、家庭组织等一切民间组织的活动空间在前近代条件下都较小。"[1]尽管在中央集权体制下也有社会自治的空间，但仅局限于特定领域。"三代以下，清末以前，历代政体，多为君主专政，在地方政治制度之中，省与县固为行政体，城与乡亦非自治体，惟县以下的行政组织，以及行政措施，亦间有类似地方自治的制度，有则基于教育制度，有则基于赈济措施，有则基于行政便利。"[2]

辛亥革命以后，在民国时期和国民党统治时期，虽然出现地方自治的实践，但时间较短。在1919年—1949年的30年间，许多地方出台自治法，实行自治。如"北京政府1919年公布《县自治法》，1921年公布《市自治法》和《乡自治法》，规定县、城镇、乡均为自治团体，具有法人地位。湖南省公布《湖南自治法》，推行全省自治。1941年和1943年，国民政府分别颁布《县参议会组织条例》《乡镇组织暂行条例》《市组织法》《市参议会组织条例》等，推行自治制度"。[3]

新中国成立后，国家中心和中央集权的倾向依然十分明显，国家与社会高度一体化，社会丧失独立性。[4]在这种总体性社会体制下，国家全面控制和支配社会资源并且直接控制和影响个人生活，形成了国家与民众构成的两层社会结构，[5]处于国家与民众之间的共同体及其自主治理基本没有存在的

---

　　〔1〕　秦晖：《从大共同体本位到公民社会——传统中国及其现代化再认识》，载邓正来主编：《国家与市民社会：中国视角》，格致出版社、上海人民出版社2011年版，第273~274页。

　　〔2〕　转引自王圣诵：《中国自治法研究》，中国法制出版社2003版，第25页。

　　〔3〕　参见王圣诵：《中国自治法研究》，中国法制出版社2003版，第26页。

　　〔4〕　国家与社会高度一体化的特征主要表现在三个层面：经济层面，国家把所有经济成分统合于计划经济框架，使经济成为政治的附庸；政治层面，国家控制舆论和人的思想意识，实行高度的政治动员，导致社会生活高度政治化；组织形式层面，通过单位制度把个人纳入行政框架，泯灭个人的独立人格。参见邓正来：《建构中国的市民社会》，载邓正来：《国家与社会：中国市民社会研究》，北京大学出版社2008年版，第10页。

　　〔5〕　孙立平：《改革开放前后中国国家、民间统治精英及民众间互动关系的演变》，载邓正来主编：《国家与市民社会：中国视角》，格致出版社、上海人民出版社2011年版，第84~86页。

空间。在这种社会自治传统较为薄弱的环境下，高校治理也必然以国家为主导。

3. 高校自治理念的形成与断裂

近代意义上的高等教育在我国发展之初尚未形成自治的理念，至民国时期，大学自治的理念形成并实施，国民党统治时期虽加强了大学治理的政治性，但大学自治的理念得以延续。新中国成立后对旧中国大学的接管和整顿活动没有延续大学自治的治理模式，而是在借鉴苏联经验的基础上形成了新的治理模式，一直适用至改革开放之前。

清朝末年随着西方高等教育的传播，近代高等教育开始在我国发展起来，但在兴起之初便带有明显的政治目标，缺乏自治的理念。如洋务学堂为我国近代高等教育的主要表现形式，由国家创办并提供资金，其目的在于通过学习西方的科学技术以抵御外国侵略、改变中国的落后状况，促使中国独立富强。[1]学堂并没有自主权，只是学习和借鉴西方高等教育的形式，而其实质精神如学术自由以及大学自治等理念并未受到关注，而且其兴办、目标、结构、人员及课程均由政府部门设定和规制。

民国时期，高等教育进一步发展，学术自由与大学自治等理念被真正引入并在当时的大学运行中得以实施。如中华民国临时政府教育部颁布的《大学令》明确大学的性质为研究高深学问的机构，明确教授治校的治理结构，即设立由教授组成的评议会、教授会，分别对学科设置与废止、大学内部规则、审查学生成绩、授予学位等事项进行管理，[2]实行校长领导下的分权制，即大学校长总辖全部事务，评议会、教授会决策学校的重要事情，[3]实现大学自治。作为大学主体的教师与学生，自治权利通过制度设计得以实现。如"东南大学教授会是教授权利行使的重要组织，评议会解决不了的问题要提交教授会解决；学生自治组织也开始组建并不断壮大，主张学生自治的权利，发

---

〔1〕 参见曲士培：《中国大学教育发展史》，北京大学出版社 2006 年版，第 164~165 页。

〔2〕 参见姜继为、韩强：《高校治理结构研究》，四川教育出版社 2009 年版，第 21~22 页。

〔3〕 评议会审议事项如下：学科设置及废止、讲座种类、大学内部规则、审查学生成绩及学位授予、教育总长及大学校长咨询事件等；教授会审议事项如下：学科课程、学生试验事项、学生成绩及学位授予、教育总长及大学校长咨询事件等。参见崔恒秀：《民国教育部与大学关系之研究：1912~1937》，福建教育出版社 2011 年版，第 68 页。

挥学生组织的作用，甚至有些学生组织能够左右校政"。[1]

国民党统治时期，颁布《大学院组织法》《大学行政组织补充要点》等一系列法律及文件，对公立大学治理结构做出适当调整，对大学、独立学院及专科学校的行政组织机构的设置、名称、人员配备、职权范围与工作方式等作出统一规定，增加了治理中的政治性，加强国民政府对大学的控制，但政府仍然相当尊重大学的独立，大学自治权仍然较大，教授治校及民主自治的理念仍然得到实施，[2]大学自治艰难地生存下来，只是自治程度不如西方。[3]蔡元培在当时北京大学的改革中将教授治校、大学自治的理念加以贯彻，设立评议会、行政会议、教务处、总务处、系教授会等机构，对大学的章程制定、学科废立、教师学衔、学生成绩、学校预算与决算、教学、人事、财务等进行自我管理和决策。[4]大学在教师任职与聘任方面具有相当大的自主权，设立聘任委员会，根据大学实际情况与需要，聘任或解聘教师，充分发挥教授治校的优势。政府只对任职资格作原则性规定，具体到各个学校以及教师的职务与聘任则由各高校自主决定。[5]

新中国成立之初，高等教育体系的重构成为重要内容。教育部通过一系列文件（如《高等学校暂行规程》《关于高等学校领导关系的决定》《全国高等学校院系调整计划（草案）》等）并通过强有力的行政措施，确立了中央政府教育部集中统一领导高校事务的原则并对旧中国大学进行整顿和改造，形成高度集权的高等教育管理体制，高校必须执行教育部在高校设立、专业

---

〔1〕　参见周谷平等：《中国近代大学的现代转型：移植、调适与发展》，浙江大学出版社 2012 年版，第 202~203 页。

〔2〕　参见姜继为、韩强：《高校治理结构研究》，四川教育出版社 2009 年版，第 22~23 页；崔恒秀：《民国教育部与大学关系之研究：1912~1937》，福建教育出版社 2011 年版，第 70 页。

〔3〕　周光礼：《中国大学办学自主权（1952—2012）：政策变迁的制度解释》，载《中国地质大学学报（社会科学版）》2012 年第 3 期。

〔4〕　评议会是全校的最高立法机构和权力机构，评议员由各科学长和教授中选举产生。行政会议是全校最高的行政机构和执行机构，掌握全校行政大权，成员以教授为限。教务处统一领导全校的教学工作，教务长由各系教授会主任推选。各系成立教授会，负责规划本系的教学工作，如课程设置、学生成绩考核等。参见曲士培：《中国大学教育发展史》，北京大学出版社 2006 年版，第 263~264 页。

〔5〕　参见崔恒秀：《民国教育部与大学关系之研究：1912~1937》，福建教育出版社 2011 年版，第 107 页。

设置、招生、财务、人事、教学等重要方面作出的决策。[1]这种管理体制对于恢复大学秩序、推动新中国的经济建设、建立适应计划经济需要的高等教育体系具有十分重要的意义，只是也暴露出很多弊端，如抑制大学办学的主动性，挫伤地方政府办学的积极性等。[2]虽然经历过一段时间的调整，但是高校实际上仍然是政府部门的附属，在人、财、物的分配和使用上，甚至在教学和科研学术事务中，几乎没有自主权。[3]

4. 政治体制和高等教育管理体制的独特性

我国政治体制是人民代表大会制度和共产党领导的多党合作政治协商制度，国家中心和中央集权的特点较为突出。在高等教育领域，国家通过法律与政策将高校的设立、运行限定在国家规制的范围之内，对高校内部事务如校长的任免、组织结构、专业和课程设置、财务、招生等方面均予以管理。国家将高等教育管理和规制的权力集中在中央，对高校实行二级管理的体制，即由中央政府教育部对高校运行进行统一管理，由地方各级教育委员会贯彻落实中央的法律及政策并根据各地不同情况与条件予以适当调整。[4]高校不

---

〔1〕 参见宣勇：《大学变革的逻辑》，人民出版社 2009 年版，第 394~400 页。如在《关于高等学校领导关系的决定》中，明确规定"中国高等学校以由中央人民政府教育部统一领导为原则"，"凡中央教育部所颁布的关于全国高等教育方针、政策与制度，高等学位法规，关于教育原则方面的指示，以及对于高等学校的设置变更或停办，大学校长、专门学院院长及专科学校校长的任免，教师学生的待遇，经费开支的标准等决定，全国高等学校均应执行"。

〔2〕 周光礼：《中国大学办学自主权（1952—2012）：政策变迁的制度解释》，载《中国地质大学学报（社会科学版）》2012 年第 3 期。

〔3〕 教育部人事司组编《高等教育学》，高等教育出版社 1999 年版，第 125 页。

〔4〕 参见《高等教育法》的相关规定。如第 6 条第 1 款规定："国家根据经济建设和社会发展的需要，制定高等教育发展规划，举办高等学校，并采取多种形式积极发展高等教育事业。"第 13 条："国务院统一领导和管理全国高等教育事业。省、自治区、直辖市人民政府统筹协调本行政区域内的高等教育事业，管理主要为地方培养人才和国务院授权管理的高等学校。"第 29 条规定："设立实施本科及以上教育的高等学校，由国务院教育行政部门审批；设立实施专科教育的高等学校，由省、自治区、直辖市人民政府审批，报国务院教育行政部门备案；设立其他高等教育机构，由省、自治区、直辖市人民政府教育行政部门审批。审批设立高等学校和其他高等教育机构应当遵守国家有关规定。审批设立高等学校，应当委托由专家组成的评议机构评议。高等学校和其他高等教育机构分立、合并、终止，变更名称、类别和其他重要事项，由本条第一款规定的审批机关审批；修改章程，应当根据管理权限，报国务院教育行政部门或者省、自治区、直辖市人民政府教育行政部门核准。"第 40 条规定："高等学校的校长，由符合教育法规定的任职条件的公民担任。高等学校的校长、副校长按照国家有关规定任免。"

仅必须服从中央制定的法律和规章，而且要服从教育部和各级教委对高校事务的管理和规制，因此形成国家主导下的高校治理模式，高校自主管理的空间有限，对国家较为集中的行政管理方式也较为依赖。

5. 高校自主治理能力相对不足

从外部视角来看，高校与政府的关系导致高校自主治理能力相对较弱。我国由于历史传统、政治体制、高等教育体制等因素的影响，高校与政府之间形成隶属、依附关系，"政府与高校之间基本上是一种上下级的控制与被控制的行政关系，政府不仅是高校的主要投资者，而且还是事实上的办学者和直接管理者"。[1]政府对高校的直接控制模式成为兼具合法、合理的唯一且必然的选择。[2]由此决定了高校自主治理能力有限，在很多内部事务的管理方面都要受到政府的干预和影响。

从内部视角来看，高校较为缺乏自主治理的意识与经验。高校内部的治理结构不够科学、合理，体现在以下几个方面：一是决策权集中在高层行政人员手中，没有在内部各群体之间合理分配。学术组织行政化，致使其在学术事项的决策自主权及其作用发挥方面都受到影响，[3]教师与学生对学校治理的参与不足，如缺乏有效途径真正参与高校重大事项的决策，甚至有时对高校重大事项的决策与变更都无从知晓，因而在内部事务运行方面所发挥的作用也十分有限。二是章程在高校治理中的作用有限，无法有效突破体制障碍。尽管大多数高校均制定了章程，但是在治理实践中却没有充分发挥章程的功能，出现"有名无实"的现象。[4]有的高校教师与学生不关心章程的内容，甚至根本不知道章程的存在，遑论根据章程参与治理或维护权利。三是监督与制约机制不完善，缺乏自我约束的制度能力。教师代表大会、学生代表大会在监督、制约高校重要事项决策的制定与实施中的作用非常有限，可

---

〔1〕 徐小洲编著：《自主与制约——高校自主办学政策研究》，浙江教育出版社 2007 年版，第149~150 页。

〔2〕 许杰：《政府分权与大学自主》，广东高等教育出版社 2008 年版，第 51 页。

〔3〕 学术委员会的组成和规则设计掌握在学校决策层手中，因而学校决策层可能会影响学术事项的最终决定权以及学术委员会的负责人人选，行政权力的渗透使学术权力的运行空间受到相当程度的挤压。参见陈兵：《论中国高校办学自主权》，中南财经政法大学 2018 年博士学位论文，第 117~118 页。

〔4〕 程天君、吕梦含：《"去行政化"：落实和扩大高校办学自主权的政策支持》，载《全球教育展望》2017 年第 12 期。

以审议学校领导、各职能部门的工作报告并提出建议，但最终决定权仍然在学校的决策层。

（三）改革开放后影响我国高校治理条件的变化

我国高校治理模式是国家主导型，凸显国家对高校的管理与规制。但这种模式并非一成不变，随着改革开放以来社会自治的演化、共同体的成长、高等教育体制的改革以及高校自主权的扩大等条件的变化，高校治理模式有可能发生新的变化。

1. 改革开放以后社会自治的演化

改革开放以来，随着经济体制改革的不断深化以及由此引发的社会结构的变化，使得国家与社会的关系发生改变，相对独立的社会开始形成，社会自治得到一定程度的发展，各种共同体组织也不断发展壮大。改革开放前，中国社会是一个总体性社会，改革开放以来社会结构经历了从总体性社会向分化性社会的转变。〔1〕这种结构性转变使得国家对资源和社会活动空间的控制日趋弱化，社会逐渐发展成为相对独立的力量，以市场为主体提供资源和机会。〔2〕分化性社会结构促进各类共同体的生长和发育，为社会力量以及社会自治的发展提供结构性基础，具有重要意义。〔3〕随着国家权力的相对弱化以及社会力量的相对增长，各类共同体逐渐兴起并发展，开始争取自治的权力和空间，试图摆脱国家的束缚。改革开放以来，越是商品经济

---

〔1〕 改革开放前中国社会是一个"总体性社会"，分化程度较低、分化速度缓慢、具较强同质性，其主要表现是：第一，社会的政治中心、意识形态中心、经济中心重合为一，国家与社会合为一体以及资源和权力的高度集中，使国家具有很强的动员与组织能力，但结构较为僵硬、凝滞。第二，社会的组织类型和组织方式简单划一，都是按相同的模式建构、按统一的方式运行，所有的社会组织，不管是行政的、事业的或经济的、政治的，均由政府控制和管理，均有一定的行政隶属关系和行政级别，并依此从政府那里获得按计划分配的资源。参见孙立平等：《改革以来中国社会结构的变迁》，载《中国社会科学》1994 年第 2 期。

〔2〕 国家控制资源的范围的缩小和力度的减弱使得一部分资源从国家的控制中游离出来，成为自由流动资源，进入社会或市场。参见孙立平：《改革开放前后中国国家、民间统治精英及民众间互动关系的演变》，载邓正来主编：《国家与市民社会：中国视角》，格致出版社、上海人民出版社 2011 年版，第 98 页。

〔3〕 民间社会组织需求的实质在于，用民间社会自己的力量来协调自己的行为，是实现民间社会活动有序化的重要保障之一，也是在基层社会生活中具备自我形成秩序的能力的不可缺少的形式。在市场化改革推进速度较快的地区，商会等中间组织已开始在经济活动中发挥越来越重要的作用。参见孙立平等：《改革以来中国社会结构的变迁》，载《中国社会科学》1994 年第 2 期。

发达的地区，各类民间组织等共同体越发达，逐渐形成了多元化的利益主体和权利主体。

目前，我国仍处在社会转型期，一方面，法治已经成为国家的基本发展方略，另一方面，法治社会对于社会的自治和善治提出了更高的要求。社会组织的自我发展及其在法治社会中的重要作用，是创新社会管理的重要途径，在宏观层面有利于形成治理主体的多元化以及政府与社会组织的互动与合作，"还可以大大减轻政府的社会管理负担，降低政府的行政成本，减轻政府维护社会稳定的巨大压力"。[1]在微观层面有利于"凸显社会主体的地位、社会的自我协调和自我管理，也能够增进人们的公共意识和参与社会事务的民主管理、监督的积极性"。[2]

2. 改革开放后共同体的成长与发展

随着改革开放的不断深化，我国民间组织数量迅速增加，影响力也日益增强，成为社会发展中的重要力量，表明社会自治的空间不断得到拓展。尽管改革开放以来民间组织发展并非一帆风顺，其间经历不同阶段也面临些困境，[3]但总体呈上升趋势，数量在不断增长，组织能力也日渐增强，活动领域也在不断扩展。民间组织的种类主要包括行业协会、商会、文化体育协会、学术性的学会或协会、基金会、联谊会、促进会以及各种名目的俱乐部等。民间组织的数量，根据《社会组织蓝皮书：社会组织报告（2023 年）》统计，截至 2022 年底全国共有 89.13 万个社会组织，其中社会团体有 37.01 万个，民办非企业单位有 51.19 万个，基金会共 9319 个。民间组织的活动范围非常广泛，涉及社会生活的各个领域，包括工商服务、科技研究、教育、卫生、文化、体育、法律、宗教、社会服务、生态环境、农业及农村发展、职业及从业组织、国际及其他涉外组织等。民间组织在社会发展中的作用日益

---

〔1〕　俞可平：《更加重视社会自治》，载《人民论坛》2011 年第 4 期。

〔2〕　吴玉敏：《创新社会管理中的社会自治能力增强问题》，载《社会主义研究》2011 年第 4 期。

〔3〕　改革开放至今，民间组织的发展经历了不同阶段，具体分为：兴起阶段，改革开放至 1992 年，民间组织在数量上呈爆炸性增长；规范管理阶段，1993 年至 2000 年，政府部门加强对民间组织的规范管理，使得民间组织的发展经历低潮期，形成较大的消极影响；新的发展期，2001 年至今，随着改革开放的逐步深入、市场经济发育的渐趋成熟和社会转型的全面展开，民间组织在数量上有较大的增长，组织能力逐步增强，活动范围也逐步扩大。参见刘求实、王名：《改革开放以来我国民间组织的发展及其社会基础》，载《公共行政评论》2009 年第 3 期。

增强，具体体现在以下几个方面：重要的组织功能，加强公民之间的团结互助，增强公民的社会组织化程度，从而提高公民的社会行为能力；公民进行政治参与的重要渠道，参与政府有关社会经济发展的决策过程，并对政府行为进行监督和评估；在社会治理中发挥重要作用，担负着越来越多的非政府公共行政的重要职能，在服务社会、维护社会公正、规范市场行为、反映社情民意、协调和解决社会矛盾、整合社会关系等方面都有不可替代的作用；有利于培育积极健康的政治文化，培养公民的民主意识和政治参与意识，促进公民政治参与的主动性和积极性。[1]

民间组织作为社会自治发展的载体，能够发挥社会自治的功能，促进社会生活的有序进行。但是，民间组织的特点体现了它们在组织制度建设、资金来源状况、组织能力建设等方面存在的问题，如"地区分布不均衡、活动范围有限、规模一般不大、收入来源依赖政府且财务制度不够健全"[2]等，其自我管理的能力与条件有限，难以有效发挥社会管理的功能，加之政府对民间组织的天然不信任，也阻碍了民间组织的健康发展。随着政府职能转变的加快推进以及政府机构的进一步精简，民间组织将获得更大的发展空间和更多的资源支持，成为社会管理创新的重要主体和社会建设的生力军。

3. 高校体制改革以来自主权的逐步扩大

20 世纪 80 年代以来，在国家主导下开始进行高等教育体制改革，国家适当放权而扩大高校自主权，高校对国家的从属和依附地位正在发生变化。国家通过一系列文件和法律明确高校具有独立的法人地位以及高校自主权的范围，高校自主权的落实与扩大也成为高等教育体制改革的重要内容。

1985 年《中共中央关于教育体制改革的决定》表明，改革高等学校的招生计划和毕业生分配制度，扩大高等学校办学自主权，内容涉及招生、专业

〔1〕 参见熊光清：《中国民间组织的主要功能、制度环境及其改进路径》，载《哈尔滨工业大学学报（社会科学版）》2013 年第 4 期。

〔2〕 地区分布不均衡，东部发达地区多，西部贫困地区少，从业人数也有很大差距；活动范围有限，大多数组织只在特定区域（市、区、县）内开展活动，很少跨省或在海外活动；规模一般不大，71.5%组织的专职人员在 1~9 人，相当多的组织雇用兼职人员，但较少使用志愿人员；主要的收入来源依赖政府，由各级政府提供的财政拨款和补贴占到 50%，政府以项目为引导的经费支持占3.6%。参见王名、贾西津：《中国 NGO 的发展分析》，载《管理世界》2002 年第 8 期。

调整、人事安排、财务等方面[1]。1992 年《关于国家教委直属高校深化改革，扩大办学自主权的若干意见》进一步明确："改革的重要方面是理顺政府与学校之间的关系，转变政府职能，扩大学校办学自主权，逐步确立高等学校的法人地位，进一步明确学校的权利和义务、利益和责任，以利于增强学校办学活力……" 1995 年《教育法》规定学校有权"按照章程自主管理"，包括教育教学权、招生权、学生管理权、教育管理权、校产管理权、财权等内容。1998 年《高等教育法》对高校办学自主权进行了明确的规定，内容涵盖招生、学科专业建设、教学、科研、国际交流、财务及机构设置等方面。除此之外，高校还享有对受教育者进行学籍管理，实施奖励和处分的权力以及对教职员工实施奖励或处分的权力等。1999 年《教育部关于实施〈中华人民共和国高等教育法〉若干问题的意见》强调："依法治教，全面落实高等学校的办学自主权……教育主管部门要尽快制定有关规定，加强分类指导，采取有力措施，依法落实高等学校的办学自主权，促进各类高等学校和其他高等教育机构建立自我发展、自我约束、面向社会依法自主办学的运行机制，保障高等教育事业的健康发展"。《教育部关于当前深化高等学校人事分配制度改革的若干意见》规定，严格依法落实高等学校的内部管理自主权，学校依法自主、有效地管理学校内部事务，并承担相应的义务和责任。政府部门不对学校办学自主权范围内的事务进行干预，使高等学校真正拥有办学、用人和分配等方面的内部管理权。2001 年《教育部关于印发〈全国教育事业第十个五年计划〉的通知》表明要进一步理顺学校与政府的关系，依法落实和规范学校的办学自主权。2003 年《教育部关于加强依法治校工作的若干意见》明确推进依法治校工作的目标之一是"学校建立依法决策、民主参与、自我管理、自主办学的工作机制和现代学校制度"。2010 年《国家中长期教育改革和发展规划纲要（2010—2020 年）》也作出了明确规定，要"推进政校分开管办分离"，即构建政府、学校、社会之间的新型关系，明确政府管理的权限和职责等，以及"落实和扩大学校办学自主权"，即政府改进管理方

---

[1]　在执行国家的政策、法令、计划的前提下，高等学校有权在计划外接受委托培养学生和招收自费生；有权调整专业的服务方向，制订教学计划和教学大纲，编写和选用教材；有权接受委托或与外单位合作，进行科学研究和技术开发，建立教学、科研、生产联合体；有权提名任免副校长和任免其他各级干部；有权具体安排国家拨发的基建投资和经费；有权利用自筹资金，开展国际教育和学术交流，等等。

式，减少和规范对学校的行政审批事项，保障学校充分行使办学自主权等。2016 年教育部《依法治教实施纲要（2016—2020 年）》明确，大力推进学校依章程自主办学，到 2020 年，全面实现学校依据章程自主办学。2017 年《教育部等五部门关于深化高等教育领域简政放权放管结合优化服务改革的若干意见》指出，高校要坚持正确办学方向和教育法律规定的基本制度，依法依章程行使自主权，要加强自我约束和管理。2020 年《教育部关于进一步加强高等学校法治工作的意见》强调"切实转变职能，减少行政干预，为学校松绑减负、简除烦苛，尊重保障学校独立法人地位和办学自主权"。

这些规范性法律文件多年间持续强调扩大高校办学自主权，并在实践中推进高校办学自主权。尤其是《教育部等五部门关于深化高等教育领域简政放权放管结合优化服务改革的若干意见》特别强调"让学校拥有更大办学自主权"，同时明确规定改革的方向和具体措施，包括完善高校学科专业设置机制（学位授权审核机制、本专科专业设置）改革高校编制及岗位管理制度（高校人员总量管理、依法自主管理岗位设置、自主设置内设机构）改善高校进人用人环境、改进高校教师职称评审机制、健全符合中国特色现代大学特点的薪酬分配制度、完善和加强高校经费使用管理、完善高校内部治理、强化监管优化服务等八个方面，涉及高校治理中最重要的制度。

4. 高校去行政化改革

高校行政化[1]现象一直以来都是高校发展中的障碍和顽疾，强调通过行政手段和方式管理大学，严重阻碍高校的健康发展。高校行政化现象主要表现在两个层面：一是政府对学校管理的行政化倾向，二是学校内部管理的行政化倾向。[2]具体说来："从大学和政府之间的关系来看，'行政化'主要体现在政府将大学作为行政机构或行政机构的延伸部门来管理，严格控制，管

---

〔1〕　高校行政化，是指以官僚科层制为基本特征的行政管理在大学管理中被泛化或滥用，即把大学当作行政机构来管理，把学术事务当作行政事务来管理。参见钟秉林：《关于大学"去行政化"几个重要问题的探析》，载《中国高等教育》2010 年第 9 期。高校行政化过度强调行政权力，依靠行政手段、按照行政方式来管理大学，主要涉及上级行政机构对高校的管理以及高校行政机构对所属教学、科研、社会服务活动的管理。参见杨颉：《关于高校去行政化问题的思考与对策》，载《高校教育管理》2010 年第 6 期。

〔2〕　参见黄志强、陈良飞：《专家：高校学术委员会沦为摆设 学者没有决定权》，载 https://news.rednet.cn/c/2013/11/05/3188657.htm，2013 年 11 月 5 日访问。

办不分；从大学内部治理的角度来看，'行政化'集中体现为行政权力与学术权力的关系失衡、学术权力与行政权力的分割和对立、行政权力对学术权力的替代与压制。"〔1〕高校行政化现象给高校的发展带来些弊端，如以行政权力干预甚至取代学术权力、缺乏对办学规律的深入研究、教师或学生缺乏参与学校重大决策的有效途径、影响高校主体的积极性等。另外，政府部门通过招生计划、教学科研项目、学位点及重点学科等项目立项审批等手段加大对高校的控制，也加重高校对政府的依赖。这些弊端使得高校自主权在人事、财务、学科规划、学术科研等方面难以得到全面落实。

改革开放四十年来，落实、扩大高校办学自主权的政策再三强调高校"去行政化"改革的重要性。如 2010 年《国家中长期教育改革和发展规划纲要（2010—2020 年）》提出，要"推进政校分开、管办分离""克服行政化倾向，取消实际存在的行政级别和行政化管理模式""落实和扩大学校办学自主权。政府及其部门要树立服务意识，改进管理方式，完善监管机制，减少和规范对学校的行政审批事项，依法保障学校充分行使办学自主权和承担相应责任"。《国家中长期人才发展规划纲要（2010—2020 年）》也指出，要"取消科研院所、学校、医院等事业单位实际存在的行政级别和行政化管理模式"。2013 年《中共中央关于全面深化改革若干重大问题的决定》和 2015 年《教育部关于深入推进教育管办评分离促进政府职能转变的若干意见》均指出，要积极创造条件，逐步取消学校行政级别。

高校去行政化的改革有利于落实和扩大高校自主权，实现高校内部治理的善治，并且激发主体的积极性与创造性。"去行政化"的目标就是恢复高校自主性，在涉及内部事务（尤其是学术研究和师生管理等方面）时不受行政力量的干预，实现学术自由和独立办学，真正落实高校自主权、努力重建现代大学的精神内核。2017 年 3 月，《教育部等五部门关于深化高等教育领域简政放权放管结合优化服务改革的若干意见》标志着"放管服"改革在高等教育领域的全面展开，高校"去行政化"改革有了新要求、新趋向。〔2〕当然，也必须指出，"去行政化不是不需要行政管理，不是要否定管理在现代大学制

---

〔1〕钟秉林：《关于大学"去行政化"几个重要问题的探析》，载《中国高等教育》2010 年第 9 期。

〔2〕骆聘三：《"放管服"背景下大学"去行政化"改革：内容框架和建构路径》，载《湖北社会科学》2021 年第 4 期。

度建设中的地位和作用",[1]高水平的行政管理能够以高校的教学和科研为中心，从而促进高校的发展，提高效率。

(四) 我国高校治理发展的前景及可能性

我国高校治理模式为国家主导型，强调国家对高校事务的管理与控制，行政化色彩浓厚。但随着改革开放后共同体的成长与发展，高校作为一类共同体，其治理权限与能力也在不断扩大和提高，其治理模式有可能发生转变，形成国家主导下的增量自主模式，特点是国家通过集中统一的法律、政策等手段对高校事务进行宏观指导而非控制，仍然十分尊重高校自主权，并非通过行政手段和方式直接干预高校内部事务。

国家主导下的增量自主模式强调在存量之上实行渐进的增量改革，"增量改革的实质是在不损害或不剥夺人们已有合法利益的前提下，最大限度地增加新的利益总量。这种方式既强调创新与变革，又不简单地割裂传统；既强调改革的渐进性，又主张条件成熟时的突破性发展"。[2]这种模式比较适合当前我国高校领域改革的状况，即在既定传统和现实条件下，在已有的政治体制、高等教育管理体制和文化理念等条件下，通过制度设计等途径逐渐进行高校治理的改革，但如果条件成熟，也可以采取突破性的措施，加大改革力度，从而更好地调整政府与高校的关系，建构合理的高校治理结构，扩大高校自主权。具体体现在以下三个方面：

1. "国家主导"侧重于宏观指导而非微观控制

在高校治理过程中，仍然强调国家主导性即国家对高校事务管理和规制的必要性，但是国家主导的方式和内容应当有所变化，要转变政府职能，创新行政管理方式，体现在高等教育领域即为通过法律、政策、财政等规范化手段对高校事务进行宏观管理，为高校的发展提供基本的条件，而不是通过行政手段和行政命令直接干预高校内部事务，政府职能从直接的行政干预转变为间接地提供公共服务。"政府是高等教育和大学的宏观管理者和调控者，其目标在于促进大学更好地开展教学、科研活动，更好地提供社会服务，推

---

〔1〕 康健：《大学"去行政化"难在哪里》，载《北京大学教育评论》2010 年第 3 期。

〔2〕 俞可平：《走向善治：30 年来中国的治理变迁及其未来趋势》，载俞可平主编：《中国治理变迁 30 年（1978~2008）》，社会科学文献出版社 2008 年版，第 20 页。

进高等教育健康、协调、可持续发展，不应直接干预大学内部事务。"〔1〕理顺政府和高校间的关系，将更多的管理权下移至高校，制约政府对高校的过度干预，凸显高校自主权的重要性，发挥高校的积极性和主动性。当然，这种改革"应当在政治体制改革、事业单位及其他行政体制改革的基础上，逐步建立符合高校特点的管理制度和配套政策"，〔2〕涉及整个治理机制的全方位改革。

2. 强调高校的法人地位，推动高校去行政化

首先，强调高校的法人地位，完善高校的治理结构。《教育部关于进一步加强高等学校法治工作的意见》强调尊重保障学校独立法人地位和办学自主权，完善法人治理结构。"明确大学法人地位、建立大学法人治理结构是取消高校行政级别的前提条件。去行政化能使高校摆脱僵硬化的行政羁绊，按教育规律和社会需求办学，从被动性发展向主动性发展转变。"〔3〕这就要求逐步取消高校的行政级别设置，改变以行政科层制为基本组织形式的行政管理在高校治理中的泛化，建立学校权责清单，重大决策全面落实师生参与、专家论证、风险评估、合法性审查和集体讨论决定的程序要求等。其次，在坚持高校独立法人地位的基础上，强调章程在治理结构中的重要作用，即高校为自己制定章程，决定自身重大事项，而不受政府的干预。《教育部等五部门关于深化高等教育领域简政放权放管结合优化服务改革的若干意见》阐明，要"强化章程在学校依法自主办学、实施管理和履行公共职能方面的基础作用"，表明中央进一步向地方和高校放权，给高校松绑减负的态度和措施。我国大部分高校已经制定大学章程并获得教育部的批准，这也是高校去行政化政策实施的重要体现。大学章程作为高校运行的总体法则，对高校内部管理机制、各主体权利义务作出明确规定，被视为"大学宪法"，对高校主体具有约束力。最后，去行政化并非意味着排除行政管理，消除行政权力的影响，而是在行政权力与学术权力之间寻找平衡点，减少行政权力对学术权力的干预，将学术权力回归学术委员会。因为学术组织天然的松散性决定了学术权力必

---

〔1〕　钟秉林：《关于大学"去行政化"几个重要问题的探析》，载《中国高等教育》2010年第9期。

〔2〕　参见梅志清：《在各行各业行政化的大环境下大学去行政化＝弱化》，载《南方日报》2010年3月9日。

〔3〕　杨颉：《关于高校去行政化问题的思考与对策》，载《高校教育管理》2010年第6期。

须通过一定的行政组织形式才能得以实现，因此完善合理的组织规则促使学术权力和行政权力有机结合，在行政组织的框架内独立有效地行使学术权力，成为平衡两者的关键点。

3. 强化高校自主权

高校自主权的落实与强化至少从以下三个方面着手，实现高校内部的"善治"：其一，在坚持和完善党委领导下的校长负责制的前提下，完善内部各群体参与决策的机制，实现内部治理主体多元化，推进民主治理。充分发挥学术委员会在学科建设、学术评价、学术发展中的重要作用，积极探索教授在教学、学术研究和学校管理中的作用，加强教职工代表、学生代表在学校管理和发展中的作用等。[1]如《教育部关于进一步加强高等学校法治工作的意见》要求高校的重大决策要全面落实师生参与等制度，探索建立师生代表参与学校决策的机制，保障师生依法、依学校章程有序参与学校管理。《第41号令》也增加了学生参与学校管理的相关权利。随着广大师生对民主、法治、公平、正义的诉求日益增长，参与学校治理和保障自身权益的愿望更加强烈。各高校也积极探索相关规范与制度，如人民大学章程中规定学生享有的权利，其中包括学生"知悉学校改革、建设和发展及其他涉及个人切身利益的事项"并且"参与学校民主管理，对学校发展和教育、教学改革提出意见、建议和批评"的权利。其二，制定章程、依照章程自主管理内部事务是高校自主权落实的重要方面，以章程明确界定高校与主管教育行政部门的关系，实现政校分开、管办分离，以保障高校的办学自主权，也是高校去行政化的重要体现。[2]高校在章程中强调自主办学权，包括办学规模、学科与专业设置、招生方案、人才培养、教材建设与课程建设、科学研究、国际合作、机构设置与人员配备、财产自主管理等。其三，完善高校内部监督与制约机制，切实提升治理能力。在强调高校自主权的同时，当然不是忽视对自主权行使的监督与制约，否则就会出现滥用自主权的现象。因此，监督与制约高校权力的行使必然成为高校治理结构中重要的一环。如设立校内学生申诉制度，对高校处理与处分学生的行为进行复查，在维护学生权利的同时，也能

---

〔1〕 周光礼：《中国大学办学自主权（1952—2012）：政策变迁的制度解释》，载《中国地质大学学报（社会科学版）》2012年第3期。

〔2〕《人大等6所大学章程获批，高校去行政化明确》，载《东风汽车报》2013年12月2日。

够监督和规范校方行为，促使校方进一步完善处理或处分行为。

第二节　高校内部纠纷解决机制的发展模式

高校内部纠纷解决机制的建立与运行是高校治理的重要内容，即高校可以依据内部规则、通过内部机构独立自主地解决内部纠纷。一个完善、有效的内部纠纷解决机制对于高校治理而言具有重要的意义和功能，但也不能排除司法机构的审查。由于多种因素或条件的影响，不同国家高校内部纠纷解决机制设置与运行的模式不尽相同。根据目前所具备的社会条件和制度环境，我国高校内部纠纷解决机制发展的可能性模式是国家主导与高校自主管理相结合，即以国家规制与管理为主，辅之以高校自主设置并实施校内纠纷解决机制，促进和谐校园的发展。另外，合理协调高校内部纠纷解决机制与行政审查、司法审查之间的关系，探索内部治理—行政审查—司法审查的纠纷解决模式。

一、高校治理与内部纠纷解决机制

高校内部纠纷解决机制在高校治理中发挥着重要的功能，能够便捷、平和、灵活地解决内部纠纷，维护纠纷双方的利益，提升治理能力，还能够分流诉讼等。但是，并不能排除司法权的干预和介入，只是这种干预和介入应当尽量保持谨慎和克制。

（一）内部纠纷解决机制在高校治理中的作用

第一，方便、快速、经济地解决纠纷，节约成本、降低风险。校内纠纷解决机制是高校处理和解决内部纠纷的自治性机制，高校可以通过合理的程序设计，尽可能通过协商、调解等相对平和的方式解决纠纷，因而具有时间、空间上的优势，能够及时、便利、经济、快速地解决纠纷，从而减少纠纷及其处理过程带来的成本与风险。

第二，以相对和平、非公开、灵活的方式解决内部纠纷。内部纠纷解决机制在程序上具有相对平和、不公开、灵活等优势，可以最大限度地保护当事学生的隐私，减少诉讼对抗性、公开性程序造成的情感方面、道德方面以及其他方面的风险，也能够相对灵活地适用内部规则、程序，综合考虑各种利害关系，进而解决纠纷，而非诉讼程序严格按照法律规定解决纠纷。

第三，维护高校内部成员的利益。高校治理的能力与效果主要体现在是否能为成员提供对话与沟通的充分空间以及对成员利益的考量与容纳。内部纠纷解决机制为纠纷双方提供规范性的程序，便于其充分沟通与协商，表达其利益诉求，从而有利于维护各方成员的权益。

第四，维护校园关系以及正常秩序。高校内部成员有着共同的利益要求，也有着紧密的关系，因此通过内部机制解决彼此间的冲突或矛盾，既有利于双方关系的处理与维系，也有利于缓解高校内部的压力，在一定程度上恢复共同体的凝聚力，增强成员对共同体的认同感，从而维护高校正常秩序的运转与和谐。

第五，发挥教育作用，增强治理能力。通过高校内部机制处理纠纷，既有利于提高校方管理的规范性和合理性，也有利于培养学生的规则意识、程序意识、民主意识，同时通过平等对话、校内各方人员的协商参与等，逐步完善学校的各种规章制度，确认既有的高校内部规则，也可以根据新的情况探索发现、约定和确立新的规则，增强校园共同体的治理能力。

第六，有利于在校内解决纠纷，防止纠纷激化与外化，分流诉讼的压力。通过内部机制解决高校内部纠纷，有利于缓和冲突，促使双方认真考虑纠纷的解决方案，有可能获得令双方都较为满意的结果。由此防止内部纠纷的激化与升级，减少外部机制对校内纠纷的介入和干预，也有可能减轻法院压力，节约司法资源。

（二）司法权对高校内部纠纷解决机制的介入

在法治社会，国家司法权对社会各种纠纷拥有广泛的管辖权。尽管高校能够自主管理内部事务，解决内部纠纷，但高校内部纠纷解决机制是自治性的、可选择性的，并不意味着剥夺纠纷双方的诉权，不能排除司法权的干预和介入。

司法权对高校内部纠纷的介入具有合理性，一方面体现为保障高校内部成员的权利，限制高校滥用自主管理权而损害内部成员的利益，另一方面，通过司法审查，促使高校在进行自主管理的同时注重保护成员权利，从而提高高校治理的能力和效果，减少内部纠纷与矛盾。但是，司法权对高校内部纠纷解决机制的干预也因权能、资源、效果方面的局限而存在不足。

司法权的介入意味着司法机关要对高校行为的合法性进行审查。通常司法机关尊重高校的自主性，通过制度安排鼓励高校成员先行通过内部机制解决纠纷。如果高校成员对其内部规则、纠纷解决程序及结果存在异议，且属于司法管辖权范围的，司法机关可以通过诉讼程序对争议事项进行审查。审查的范围通常以程序性审查为主，即审查高校行为程序方面的合法性，但也可以进行实质性审查，包括对高校内部规则合法性、合宪性的审查。

二、当代世界高校内部纠纷解决机制的模式与实践

在高校内部建立有效的纠纷解决机制是必要的。但由于多种因素或条件的影响，不同国家高校内部纠纷解决机制设置与运行的模式不尽相同，既有共性也有差异性。

（一）高校内部纠纷解决机制模式的多样性

由于受到不同因素的影响和制约，各国高校内部纠纷解决机制的设置与运行没有普适性的模式，而是呈现出丰富的多样性。根据高校内部纠纷解决机制产生的方式，将其分为两种模式：一种是自主管理型，即高校内部纠纷解决机制的设立与运行均由高校基于自我管理的要求自行设置并实施，高校对此享有极高的自治权限，国家并不给予立法或政策方面的指导，也不通过行政手段予以推行或监督。如美国高校内部纠纷解决机制由高校根据自身情况与条件自行设置与运行，国家对此不做任何指导和干预，赋予高校完全的自治权。另一种是国家指导型，即国家通过立法或政策对高校内部某些纠纷解决机制的设立予以明确规定和指导，要求高校设立并实施这些机制，但并不通过行政手段予以推行或监督。对于其他纠纷解决机制，则赋予高校自主设置与实施的权力，国家不予指导和介入。这种校内纠纷解决机制是国家指导与高校自主管理的结合。如荷兰高校的校内学生申诉制度、校园仲裁制度均由国家法律予以统一规制，而对于校园协商与校园调解等方式则由高校自主设置并实施，赋予高校较高的自治权。可见，高校内部纠纷解决机制的模式与高校自治的模式紧密相关，受到后者的影响与制约。

另外，高校内部纠纷解决机制虽然具有丰富的功能与特有的优势，但也有缺陷和不足，如可能在处理纠纷过程中出现权力滥用、侵犯当事人权利的现象，也可能在处理结果中有失公平等。如果纠纷当事人对校内纠纷处理结果不满意，可以寻求外部司法途径解决纠纷，请求法院审查校方处理结果的合法性与正当性。因此，高校内部纠纷解决机制的处理结果并不具有终局性，可能会受到司法机构的干预和审查。通常情况下，高校内部纠纷解决机制被

视为司法审查的前置必经程序，即纠纷当事人在向法院提起诉讼程序之前必须先通过校内途径解决纠纷，必须穷尽校内救济途径。这种程序安排不仅为校内纠纷解决机制作用的充分发挥提供制度基础，也不排除司法审查与救济。司法审查的范围通常限于高校行为的程序合法性，有时也涉及高校行为的实质合法性问题，有时对这两方面均予以审查。

（二）不同模式的影响因素与条件

由于受到不同因素与条件的限制，作为高校治理重要内容的内部纠纷解决机制的设置与实施也因此形成不同的模式。主要影响因素包括以下几个：其一，国家授权的范围。国家授予高校自主管理的权限与空间越大，高校内部纠纷解决机制越可能由高校自己设置并运行，反之，校内纠纷解决机制的设置与运行越可能由国家进行主导和规制。其二，高等教育管理体制。高等教育管理体制体现着国家对高校进行管理与干预的模式，决定着国家是否干预高校内部纠纷解决机制以及通过何种方式或手段对其进行干预。其三，高校治理能力。高校进行自主决策和自我管理的能力对于校内纠纷解决机制的建立与实施有着重要影响。能力越强，校内纠纷解决机制可能越呈现更多的丰富性与多元化，越能充分发挥作用，反之，校内纠纷解决机制可能相对简单，作用也有限。其四，司法审查的范围与程度。司法权对高校内部纠纷解决机制的审查范围可能涉及程序性审查，也可能涉及实质性审查，也可能两者兼有。它表明司法权对高校治理及其校内纠纷解决机制尊重与认同的程度，即司法权审查的范围越小，司法机关对高校治理的尊重程度越高，校内纠纷解决机制发挥作用的空间越大，反之，校内纠纷解决机制发挥作用的空间越小。

（三）美国与荷兰高校内部纠纷解决机制的比较

受到上述因素与条件的影响，美国与荷兰高校内部纠纷解决机制之间既有共性也有差异。

1. 两种机制的共性主要表现为：

（1）形式多元化。两国高校自治能力都较强，均设置多种纠纷解决途径或方式，如既包括校园协商、校园调解、校园仲裁等基本形式，也包括特殊的校内学生申诉制度等，以解决不同主体间发生的不同类型的纠纷。

（2）注重对话与协商。两国高校内部纠纷解决机制的设置与运行过程都非常重视对话与协商的重要性，旨在促使当事人有机会冷静思考、达成共识，避免冲突的激化或升级，尽可能促使纠纷在校内得以解决。高校内部的协商、调解以及裁决机制中的调解前置，都能够起到这种作用，从而通过较为和平的方式缓解矛盾，解决内部纠纷。以校内学生申诉制度为例，虽然从性质上讲它属于裁决性的纠纷解决方式，但该制度在两国高校的运行过程中都十分强调对话与协商的重要性。美国高校校内学生申诉制度在实施过程中，专门设置了相应的程序，为学生与校方进行沟通与交流提供空间，允许双方互相发问以获得更多的信息，由此促进双方之间的理解，提高在校内解决纠纷的可能性。荷兰高校在校内学生申诉制度中设置和解的前置程序，即申诉委员会在处理申诉事项前，应将申诉转交至争议决定的作出机构或人员，使其与利害关系人进行沟通，确认双方是否能够达成和解。如果不能达成和解，则由申诉委员会对申诉进行处理。在裁决性程序中强调和解的重要性，并强制要求纠纷双方当事人首先进行和解，凸显了协商理念在纠纷解决中的重要作用。

（3）诉讼的前置程序。两国高校内部解决纠纷的结果都不具有终局性，均不排除当事人的诉权以及司法权的审查。在校内纠纷解决机制与司法审查之间形成自治—司法的关系模式，即校内纠纷解决机制是司法程序的前置程序，在寻求司法机构解决纠纷之前必须穷尽校内纠纷解决机制的使用。以校内学生申诉制度为例，美国校内学生申诉机制的最终处理结果并非终局性的，如果申诉人对校内最终决定仍不满意，可以向法院提起诉讼，要求法院进行裁决。但法院强调，只有在校内程序仍然解决不了问题的情况下，才允许通过诉讼解决纠纷。荷兰《高等教育与研究法案》（WHW）规定，如果学生对高等教育机构申诉委员会作出的决定仍有异议，则可以向高等教育申诉特别法庭提出申诉，即学生在向法庭申诉前必须先通过校内学生申诉制度对纠纷进行处理，可见，校内学生申诉制度是司法诉讼的前置程序。

2. 两国机制间的差异性主要表现为：

（1）产生的方式不同。美国高校内部纠纷解决机制是高校出于自我管理的需要自主设置并实施的，明确规定在高校内部的《学生行为守则》或类似校内文件中，荷兰高校内部纠纷解决机制中有些是根据法律或政策设立的，内容与程序在法律或政策中均有明确规定，而有些是出于自我管理需要而设置的，也都规定在校内《学生手册》等文件中。以校内学生申诉制度为例，美国高校在《学生行为守则》中设立校内学生申诉制度，用于解决学生对校方惩戒或处分决定不满而产生的纠纷。因其涉及高校内部的自我管理与秩序维护，属于高校自治的范围，联邦与州政府均不予干涉，完全由高校根据自身情况制定相关规则。而荷兰高校是依据《高等教育与研究法案》（WHW）规定的内容和程序设立校内学生申诉制度，主要用于解决学生因对校方作出的与考试有关的处理决定不满而产生的纠纷，只是每个高校可以根据自身情况予以适当调整。

（2）处理纠纷的范围不同。美国高校内部纠纷解决机制处理纠纷的种类非常多，功能较为强大，而荷兰高校内部纠纷解决机制处理纠纷的范围及其作用的发挥较为有限。以校内学生申诉制度为例，美国高校该制度处理因各种违纪行为而产生的纠纷，涉及作弊、不当使用酒精饮料或可控物质、袭击、伤害或威胁他人、侵犯他人权利、破坏公共秩序、群体性暴力和聚众闹事、赌博、偷盗、骚扰、性骚扰、种族骚扰等，因此校内纠纷解决机制发挥作用的空间很大。荷兰高校该制度仅处理与考试有关的决定，如作弊、与学分有关的决定、是否允许学生参加考试或免考或补考的决定等，涉及其他类型的纠纷如袭击、伤害、赌博、偷盗等则主要通过地方警察加以解决，因此校内纠纷解决机制发挥作用的空间较为有限。

（3）司法审查的范围不同。美国法院尊重高校自我处理纠纷、维持秩序的行为，因此在审理高校内部纠纷时十分谨慎，通常只审查高校行为的程序是否合法，而不涉及高校行为内容是否合法，如高校处分学生的行为是否正确、合理等，而不涉及处分的内容是否正确。而荷兰法院在审理高校内部纠纷时，主要审查高校行为是否符合相关程序性规定，有时也涉及高校行为的实质内容，如对高校关于缴纳学费的决定是否合法等。

3. 差异性原因分析

（1）国家授权的范围不同。美国高校享有极高的不受政府控制的自治权，政府一般不干预高校内部事务，因此对高校内部纠纷解决机制的建立与运行，无论是联邦还是州均没有相关法律或政策规定予以干预和控制，而是完全交由高校自主决定设立并自主管理与运行，即校园协商、校园调解、校园仲裁以及校内学生申诉制度等均由高校自行设置。荷兰高校享有较高的自治权，但依然受到国家的宏观指导和规制，因此校内纠纷解决机制的设置部分由国家指导，部分由高校自行设置，即校园仲裁与校内学生申诉制度由国家统一规制，而校园协商与校园调解则由高校自行进行。

（2）高等教育管理体制不同。美国的特点是以分权为原则，高等教育管理机构对高校的控制较少，而是将管理权与控制权更多地赋予高校，促使高校自主发展。在这种管理体制下，校内纠纷解决机制的设置与实施这种重要的内部事务均由高校自行完成。而荷兰高等教育管理体制的显著特点是中央政府部门通过集中的法律和教育政策对高校内部事务进行非集中式的管理，因此对某些校内纠纷解决机制的设立与运行仍要进行明确的规制，要求高校根据法律和政策进行设置，但并不会通过行政手段直接管理和干预。

（3）高校治理能力不同。美国高校拥有高度自治的能力，决定高校内部的重大事务，包括内部纠纷解决机制的设置等，可以根据不同种类的纠纷设置不同的纠纷解决方式，能够为纠纷双方提供多种层级以及多种途径的纠纷解决机制，同时，还设置防止纠纷发生的各项制度，使得校内纠纷解决机制呈现出丰富的多样性。荷兰高校虽然接受中央政府的统一管理，但高校对其内部事务仍然拥有较高的自治权，治理能力较强。关于校内纠纷解决机制的设置，尽管受到国家法律的统一规制，必须设置某些校内纠纷解决形式，如校内学生申诉制度，但在此基础上，可以根据高校内部不同院系之间的特点在程序方面予以适当调整。同时，根据自身情况设置其他纠纷解决机制，如校园协商与调解等，体现出较强的自治能力。只是自治空间有限，校内纠纷解决机制作用发挥空间也有限，如并未处理所有发生在内部主体间的纠纷类型，没有考虑防止纠纷发生的制度等。

三、我国高校内部纠纷解决机制发展的可能性模式

由于受到不同因素和条件的影响，我国高校内部纠纷解决机制与欧美高校内部纠纷解决机制相比，虽有共性，但差异较为明显。基于我国既有条件与现实情况，根据目前的状况与政策以及校内纠纷解决机的突出特点发展出自己特殊的模式。

（一）我国高校内部纠纷解决机制与美国、荷兰模式的比较

1. 共性

（1）形式多元化。我国高校根据法律、政策的要求以及自身条件与情况建立了多种类型的校内纠纷解决机制，如校园协商、校园调解、校内学生申诉制度等，便于解决发生在不同主体、不同层级间、不同类型的纠纷。尽管与美国、荷兰校内纠纷解决机制相比，没有设置校园仲裁制度，但也基本形

成了多元化的纠纷解决机制，为校内纠纷解决提供多种途径。

（2）注重对话的重要性。高校内部纠纷发生在内部成员间，具有特殊性。解决内部纠纷的最佳途径应当是双方当事人对纠纷内容进行充分的对话与协商，了解彼此的观点并商讨共同的解决方案。我国校内纠纷解决机制中，无论是校园协商、校园调解都注重对话的重要性，即便是校内学生申诉制度这种特殊的、带有仲裁性质的纠纷解决方式也给予双方当事人沟通和交流的机会与空间，都试图在双方对话的基础上将纠纷在共同体内部加以解决。

2. 差异性

我国高校内部纠纷解决机制由于受到不同因素的影响，具有特殊性，与美国、荷兰模式存在较大差异，这也是我国高校内部纠纷解决机制的特点所在。

（1）产生方式不同。我国高校内部纠纷解决机制的产生方式主要以国家规制为主，即通过法律或政策明确规定高校内部纠纷解决机制的内容与程序，如校内学生申诉制度，但有些形式也并非来自国家规制，而是产生于高校自我管理的需要，如校园协商与校园调解。我国高校内部纠纷解决机制的产生方式与美国模式不同，但与荷兰模式相近，只是我国高校自行设置的纠纷解决机制并未体现在任何校内文件中，只是实践中的形式，未得到任何书面认可。

（2）行政审查机制不同。我国高校内部纠纷解决机制不能排除行政主管部门的审查，与美国、荷兰模式存在鲜明的对比。美国联邦或州高等教育主管部门、荷兰中央教育主管部门均无权审查校内纠纷解决机制的处理结果，没有行政审查机制。而我国设置了行政审查机制，高等教育主管部门有权根据当事人的申请对校内纠纷处理结果进行审查，即当事人对于高校内部机制解决纠纷的结果不满意，可以向高校所属的教育行政主管部门提出申诉，要求其审查校内结果的合法性与合理性，但不能未经校内纠纷解决机制而直接向行政主管部门进行申诉。校内纠纷解决机制是行政审查机制的前置程序。

（3）诉讼前置程序的规定不同。在我国，尽管高校内部纠纷解决机制的运行不能排除司法机构的审查，但其并非司法审查的前置必经程序，与美国、荷兰模式有着根本差异。如果发生高校内部纠纷，当事人可以选择校内纠纷解决机制，也可以直接选择司法诉讼途径解决纠纷，因为司法机构对任何属于受案范围的纠纷都有管辖权。因此，高校内部纠纷解决机制并非司法审查的前置程序，即当事人可不经校内纠纷解决机制而直接向法院提起诉讼。

（4）司法审查的范围不同。我国司法机构对高校内部纠纷解决机制结果的审查不仅涉及行为的程序合法性，也涉及内容的合法性，与荷兰模式接近，但与美国模式不同。

3. 差异性原因分析

我国高校内部纠纷解决机制与美国、荷兰模式存在较大差异，主要是由于某些影响因素与条件的特殊性。

（1）国家授权的范围较小。高校内部纠纷解决机制是高校治理的重要内容，受到高校治理模式的制约与影响。我国高校治理模式为国家主导型，凸显国家在高校管理与发展中的重要作用，国家往往通过行政手段对高校事务予以干预和控制，高校治理的权限、范围与能力相对较弱。因此，高校内部纠纷解决机制的形式及创新性受制于国家授权的范围，尚不够丰富。

（2）高等教育管理的行政化色彩浓厚。国家通过中央教育部以及地方教育委员会对高校内部事务予以管理和规制，能够通过行政命令或其他行政手段进行干预和介入。对于高校内部某些纠纷解决机制的设置，教育主管部门制定相应规章予以规制，同时通过行政手段在高校内部予以推行并监督实施情况，因为高等教育管理体制的行政化使得行政主管部门与高校间形成管理与被管理、服从与被服从的关系，高校发展在某种程度上依托于行政管理与控制。

（3）高校治理能力较弱。由于国家授权的空间有限、高等教育管理体制行政化色彩浓厚，长期以来，我国高校习惯于接受国家的管理与规制，在重大事项的决策中依赖于行政命令或行政手段，因此高校治理能力相对较弱。主要的校内纠纷解决机制都是依靠国家法律或行政手段建立的，形式虽然多元但仍有不足，不能针对所有类型的校内纠纷自行设置多种不同的纠纷解决机制。

（二）我国高校内部纠纷解决机制发展的可能性模式

通过与美国、荷兰等欧美发达国家校内纠纷解决机制的比较可知，我国的模式不同于美国自主管理型，有些接近荷兰国家指导型模式，即国家既通过统一的法律与政策对校内纠纷解决机制加以规制和指导，也尊重高校自主权，赋予高校较大的自主设置与运行校内纠纷解决机制的权限。但是由于社会条件、影响因素等与荷兰模式也有较大差异。根据目前所具备的社会条件和制度环境，我国高校内部纠纷解决机制发展的可能性模式是国家主导型，即仍以国家规制与管理为主，辅之以高校自主设置并实施校内纠纷解决机制，实行国家主导与高校自主管理相结合的模式，促进和谐校园的发展。另外，合理协调高校内部纠纷解决机制与行政审查、司法审查之间的关系，探索内部治理—行政审查—司法审查的纠纷解决模式。

（1）国家主导，意味着高校内部纠纷解决机制仍然以国家管理与规制为主。尽管国家强调进一步扩大高校办学自主权并提出高校去行政化的突破性措施，扩大高校治理的空间，但目前的状况与条件是高校自主治理的社会认同度较低，能力相对较弱，依然依赖并且习惯于国家的干预和控制。在这种条件下，国家通过行政管理手段介入高校内部事务不可避免。而且高等教育管理体制改革不可能在短期内实现突破性变革，它涉及国家管理权与高校自主权在高等教育领域的分配关系，并非仅仅是高等教育单一领域的简单化变革，而是与国家政治体制改革的进程相应进行。因此，高校治理及其内部纠纷解决机制的设置与运行仍将在相当长的时间内受到国家的管理与规制。只有随着政治体制改革的逐步进行、社会条件的逐渐成熟以及高校治理能力的逐步提高，国家才可以适度退出高校治理的领域，减少干预的程度和力度。

（2）适当自主，即高校根据自身情况与需要使校内纠纷解决机制更具自主性与创新性。党的十八大强调社会自治的重要性以及在高等教育领域落实高校办学自主权、十八届三中全会提出高校去行政化的政策等，表明国家对高校自治的授权范围进一步扩大。高校内部纠纷解决机制作为高校自治的重要内容，有可能随着高校自治权限与空间的扩大更具有自主性与创新性。如根据高校自身发展需要及具体情况，建立更适合自己、更具有操作性、更易为内部成员认可和接受的内部纠纷解决方式，或者针对特定类型纠纷设置特别的纠纷解决机制等。

（3）内部纠纷解决机制与行政审查、司法审查的关联。在这三者之间究竟构建何种关联能够更好地解决我国高校内部纠纷，取得较好的社会效果，对于我国高校内部纠纷解决机制的运行与发展都具有非常重要的意义和影响。《教育部关于进一步加强高等学校法治工作的意见》也十分强调校内救济与行政救济、司法救济的有效衔接机制，保障师生救济渠道的畅通。关于校内纠纷解决机制与外部解决机制间的关系，我国与美国、荷兰存在较大的差异，无法借鉴两国的经验，因此只能探索和发展更适合我国情况的特殊模式，即内部治理—行政审查—司法审查模式。这种模式意味着，对于高校内部纠纷最好先选择校内机制加以解决，如果纠纷当事人对校内纠纷解决机制的结果有异议，可以再向高校所属行政主管部门申诉，在高等教育系统内部加以解决，如果当事人对行政主管部门的处理结果依然有异议，再向司法机构提起诉讼，请求司法机构解决纠纷。这种模式希望将高校内部自治性纠纷解决机制设置为行政审查的前置程序，又将行政审查程序设置为司法审查的前置程序，如此既能够充分发挥校内自治性机制在解决内部纠纷方面的优势和作用，也能够缓解司法机构的纠纷解决压力。尽管这种纠纷解决模式尚未得到法律、政策的肯定与承认，但它也许更适合目前以及未来相当长时间的发展需要，也符合渐进式改革的需要。

第三节　我国高校内部纠纷解决机制的完善

我国校内学生申诉制度设立与运行的实践呈现出的高校内部纠纷解决机制的特点、存在的问题等，在解决内部纠纷方面具有校外机制所不具备的优势，因此如何在我国现有的社会条件和制度环境中建构合理、有效、可行的内部纠纷解决机制则显得尤为重要。

一、高校内部纠纷解决机制的特点

（1）产生方式以国家规制为主。我国高校内部纠纷解决机制的形成与产生主要以国家通过法律或政策统一规制与管理为主，允许高校在规制的范围内根据自身情况予以变通。以校内学生申诉制度为例，该制度并非高校基于内部治理需要而自发生成的，而是教育部为适应新的社会发展与变化，通过规范性法律文件《第21号令》加以确立、并自上而下在全国高校内广泛推行的。其主要内容与程序也均由《第21号令》予以规定，虽较为宽泛，但也基本涵盖该制度运行的大体框架。随后全国高校便纷纷设立该项制度，本书调研的16所高校无一例外均在《学生手册》中明确规定该制度，只是在运行中可根据自身情况予以适当变通。

（2）运行过程具有一定的多元性。尽管高校内部纠纷解决机制的产生以国家规制为主，但国家也赋予高校在实施过程中享有一定的自主性，因此校内纠纷解决机制的运行因不同高校的条件与情况而呈现出一定的多元性。如校内学生申诉制度在不同高校的运行实践呈现出一定的多样性。《第21号令》

对高校校内学生申诉制度的规定是原则性的，如学校应当设立学生申诉处理委员会，学生提起申诉的期限，申诉受理的事项、期限等，《第41号令》设专章规定学生申诉制度，对《第21号令》运行过程中的问题予以修正，但都没有规定具体操作方面的内容，如申诉处理委员会应当设置在高校的哪个机构、人员构成情况、具体组成人员的人数和比例、申诉处理委员会议的方式、申诉处理结果的产生方式、送达方式等。各高校可根据自身不同的特点、情况及发展需要作出适当调整，因而呈现出多样性的特征。本书调研的16所高校均按照教育部《第21号令》的要求建立了校内学生申诉制度，但具体的机构设置、人员构成、程序安排都是由本校具体负责人员根据自己的认知与理解，结合本校的具体情况进行操作的，运行情况具有一定的多元性（参见附录五）。

（3）具体实施依赖于行政权力。在我国，高校自主权虽然开始得到法律的确认与维护，但在现有国情和体制下，依然是在行政管理的规制下有限存在和运行的，任何高校的运行都离不开国家教育行政主管部门的规制，那么高校内部纠纷解决机制的运行也必然受到行政主管部门的规制与监督。如校内学生申诉制度在全国高校建立以后，中央教育部以及地方教育委员会大力推行，要求各地教育行政部门组织高校学习、理解文件的精神和要求，并逐级举办培训班，加强校内学生申诉制度的实施，并监督其实施情况。

（4）运行结果不排除行政主管部门的审查。高等教育主管部门通过行政申诉机制对高校内部纠纷解决机制的运行进行审查与制约。这意味着高校内部成员对高校作出的决定有异议，认为决定侵犯了成员的权益，可以向教育主管部门提出申诉、寻求救济。教育主管部门为高校内部成员提供救济的同时，对高校行为的合法性与合理性进行审查，支持高校的行为或者向高校提出建议，从而形成对高校的制约。如学生对校内申诉委员会处理的结果不满意，可以向高校所属行政主管部门提出申诉，要求其审查纠纷解决机制运行的合法性。实践中很多此类纠纷的处理都经历了行政申诉程序。

（5）并非司法的前置程序。高校内部自治性纠纷解决机制对于纠纷双方主体而言只是可选择性的，并不意味着剥夺双方的诉权，不能排除通过司法程序解决纠纷。如校内学生申诉制度可以处理学生对高校作出的处理或处分决定不服而产生的纠纷，此类纠纷可以通过校内学生申诉制度予以初步解决，也可以直接向法院提起诉讼，要求法院解决纠纷。可见，校内学生申诉制度等自治性纠纷解决机制并非司法的前置程序。

（6）司法审查范围较为广泛。法院对高校内部纠纷审查的范围较为广泛，既涉及纠纷双方行为的程序合法性，也涉及双方行为的内容合法性。如司法机构审查校内学生申诉制度处理的纠纷，既审查高校处理或处分行为是否遵循程序性规定，也审查高校处理或处分行为本身是否合法。

二、高校内部纠纷解决机制存在的问题

我国高校内部纠纷解决机制的建立与运行有其独特之处，但在运行中也存在一些问题。

（1）自主性不足。目前我国高校自主权较为有限，治理能力也相对较弱，因此其内部纠纷解决机制的形式有限。尽管国家在一定程度上允许高校自行设置一些其他形式的纠纷解决机制，但目前我国高校内部纠纷解决机制的设置不够丰富与完善，就其形式来看仅包括校园协商、校园调解、校内学生申诉制度，而未包括校园仲裁或裁决。即便是现有的校园协商、校园调解机制也并未受到应有的重视和关注，没有体现在任何校内重要文件如校园章程或学生手册中。

（2）对行政管理手段的依赖性。尽管近年来随着教育体制的改革，高校自主管理权逐步受到重视，但是由于多种因素和条件的制约，我国教育体制仍然保留着行政性特征。教育部对高等教育事务进行统一管理与规划，制定法律及相关政策，地方教育委员会在贯彻执行教育部法律及政策的基础上，可以依据地方特色及实际需要，制定适合地方发展的相关政策。高校重大事项基本仍由行政方式决定，包括校内纠纷解决机制的建立与运行。既有的制度设计不可避免地带有鲜明的行政色彩，没有充分发挥高校自主治理的能力。如校内学生申诉制度的设立与运行是教育部自上而下在全国高校中运用行政管理权力予以推行的，并非自发产生的，本身带有明显的行政色彩。

（3）对司法机制的依赖。司法机制在解决纠纷、维护权利、追求公平与正义方面发挥着非常重要的作用，但亦有局限性，如法院在审理学生起诉高校的案件过程中存在一些局限，耗费时间、精力与物力，其对抗性与严格的程序性也不利于双方当事人关系的维系与纠纷的彻底解决。另外，法院在处理校生间纠纷时，虽以维护学生的受教育权为中心，但对高校治理和司法管辖间的关系等问题认识不一。其中一些判决简单认定高校的校规侵犯了学生

的受教育权，根据法律否认校规的合法性及其在高校治理中的作用，判决学校败诉，如田某诉北京科技大学案。[1]这种处理忽略了校规的合法性和校园纠纷的特殊性，不仅效果差、难以执行，而且有可能诱发学生动辄举诉、影响学校的治理和秩序，也使得司法审查权与高校治理权之间的冲突一度凸显，纠缠于博弈过程中。[2]一方面，学校管理陷入一种两难境地，如果严格管理可能面临被诉风险，如果放松管理又无法维持学校的正常教学秩序。另一方面，来自学校和教育界的压力也使得一些法院面临困境，甚至拒绝受理，使案件陷入僵局，如曾被社会广泛关注的女大学生怀孕被开除案。[3]

（4）司法审查界限不明。司法对于高校内部事务的介入相对较多，几乎不存在任何禁区和节制。有的法院既审理因学术性决定而产生的纠纷，如因考试作弊或论文造假而开除学籍、因学分不够而被退学等产生的纠纷，也审理因其他违纪违规行为引发的校生纠纷，如打架斗殴、酗酒等纠纷。但是不同类型的纠纷性质、特点不同，一律不加区别地审理表明法院对高校治理的理解与尊重尚显不足，对高校内部事务运行的规律了解不够，不利于高校的内部管理与秩序的维系以及校内纠纷解决机制作用的发挥。

三、高校内部纠纷解决机制发展中的建设性意见

高校内部纠纷解决机制对于高校的内部治理具有重要作用，在解决内部纠纷方面又具有校外机制所不具备的优势，因此如何在我国现有的社会条件和制度环境中建构合理、有效的内部纠纷解决机制则是需要面对的重要问题，

---

〔1〕 参见北京市海淀区人民法院 1998 年海行初字第 142 号行政判决书。

〔2〕 最典型的案件如"刘某文诉北京大学和北京大学学位评定委员会不授予博士学位案"。该案经历了曲折的审理过程，一审法院判决原告刘某文胜诉，后经被告上诉，二审法院裁定撤销原判、发回重审。重审过程中一审法院以原告超过诉讼时效为由驳回原告刘某文的起诉，原告不服，上诉后二审法院也予以驳回，最终刘某文败诉。这个曲折的过程凸显了司法审查权与高校治理权之间的冲突。

〔3〕《女大学生怀孕被开除案已裁定 法院驳回原告上诉》，载 http://news. enorth. com. cn/system/2003/01/31/000501561. shtml, 2003 年 1 月 31 日访问。女大学生怀孕被开除案一审已作出行政裁定，此案不属于法院受理范围，并驳回李静、张军（均为化名）要求西南某学院撤销处分决定的起诉。重庆市南岸区人民法院审理后认为，原告李静、张军起诉西南某学院要求撤销处分决定一案，不属于人民法院受理范围。为此，根据《最高人民法院关于执行〈中华人民共和国行政诉讼法〉若干问题的解释》（已失效）第 44 条的规定，请求事项不属于行政审判权限范围并且已经受理的，裁定驳回起诉，故驳回原告的起诉。

至少可以从以下几个方面着手。

（1）增强高校自主性，提高治理能力，发展多元化的内部纠纷解决机制。改变人们的纠纷解决观念，破除司法迷信，培养和普及崇尚协商与对话的社会氛围。这种转变体现在高等教育领域，要求国家对高校的自主管理更加尊重和认可，进一步落实和扩大高校自主权的实践，增强高校治理的能力，建构合理、有效的校内纠纷解决机制。首先，针对不同性质的纠纷分别设立不同的解决机制，如校内学生申诉制度解决的纠纷限于因处理或处分决定产生的纠纷，校园仲裁制度可以解决校方因其他重大决定影响学生权利的纠纷，如关于学费变更及缴纳方面的决定等。其次，对现有的校内纠纷解决机制应当予以足够的认知，明确其地位和重要作用，提高利用率。无论如何，校内学生申诉制度在推行一段时期后已经开始显示出一定的积极作用，体现在维护学生权利、规范校方行为、在校内解决纠纷等方面，因此应当予以重视。再次，对已有的纠纷解决形式予以公开化、明示化，表述在校内相关文件中，为校内不同主体提供不同的纠纷解决途径。如对于校园协商、校园调解等纠纷解决形式也应当予以充分的肯定，并在校内章程或学生手册等重要文件中予以明确规定，告知校内主体相应的纠纷解决途径，有利于更好地在校内解决纠纷。

（2）适当减少对行政性机制的依赖。行政主管部门对高校的管理与制约在《高等教育法》中有明确规定，如高校的举办、规划和发展、高等教育体制改革、教学改革、结构优化、资源配置等均由教育部和地方高等教育行政部门主管。[1]高校的设立需要经过教育主管部门的审批，高校的运行必须遵守、执行教育主管部门制定的法律与相关政策，在此基础上才能行使高校自主权，因此高校对教育主管部门的从属性是显而易见的，依附性也较强。但是，随着高等教育管理体制改革取得实质性的发展，高校治理的空间和权限也可能随之增大。随着高校治理理念认同度的提高以及治理能力的增强，国

---

[1] 参见《高等教育法》的相关规定，如"国家根据经济建设和社会发展的需要，制定高等教育发展规划，举办高等学校，并采取多种形式积极发展高等教育事业。""国家按照社会主义现代化建设和发展社会主义市场经济的需要，根据不同类型、不同层次高等学校的实际，推进高等教育体制改革和高等教育教学改革，优化高等教育结构和资源配置，提高高等教育的质量和效益。""国务院统一领导和管理全国高等教育事业。省、自治区、直辖市人民政府统筹协调本行政区域内的高等教育事业，管理主要为地方培养人才和国务院授权管理的高等学校。"

家行政主管部门可能慢慢适当退出高校自我治理的领域，高校内部纠纷解决机制的设立与运行可能更多地体现自主性与多元性。

（3）明确司法介入的方式。尽管校内纠纷解决机制的运行不排除司法机构的审查，但法院在解决高校内部纠纷的过程中也存在一些局限，如相对耗时耗力、可能激化双方矛盾、不一定取得较好的纠纷解决效果，尤其是较难处理司法审查权与高校治理权之间的关系等。因此，建构合理的校内纠纷解决机制需要厘清法院介入高校内部纠纷的方式及范围。司法机构对高校处理或处分行为具有审查权，不仅可以审查高校行为程序的合法性（程序性审查），也可以审查高校行为内容的合法性（实质性审查），扩大司法救济的范围。程序性审查主要是对高校作出处理或处分行为是否遵循正当程序进行审查，包括是否遵循程序、作出处理或处分决定所依据的事实是否有证据证明等，实质性审查主要是对高校作出的处理或处分决定本身是否合法合理进行审查。除此之外，还涉及间接附带审查问题，即法院在案件审理过程中如果发现高校内部规则不合法时，既不能对其进行修改，也不能直接宣告无效，而只能选择不予适用，这是对高校自主权的尊重。[1]另外，也要为司法审查权的行使设定边界，即对于高校学术性行为只能进行程序性审查，不能进行实质性审查，从而最大限度地尊重高校的学术自由和自主。如高校作出的考试决定因涉及专业学科及教学上的判断，具有不可回转性，事后进行司法审查缺乏对其他考试参加人成绩的比较，符合"判断余地理论"，因此法院对考试决定不能进行内容审查，只能进行形式审查。[2]

（4）逐步形成内部治理—行政审查—司法审查模式的纠纷解决机制，形成对校内纠纷解决的综合治理。尽管我国高校自我治理的权限、范围、能力还有限，但随着社会情势的发展以及理念、政策等的变化，通过高校自治性纠纷解决机制、行政申诉机制、司法审查机制对高校内部纠纷予以综合性治理，建构合理、有效纠纷解决机制系统，促进和谐校园的建设。首先，高校内部纠纷解决机制能够在内部合理解决纠纷，减少或避免纠纷升级或诉讼，有利于恢复校园秩序、保证高校稳定发展，实现和谐校园的建设。其次，行

---

〔1〕　顾磊君：《公立高校自主权与司法审查关系之探究——以高校学生管理领域为视角切入》，华东政法大学 2014 年硕士学位论文，第 45~46 页。

〔2〕　参见王名扬：《美国行政法》，中国法制出版社 1995 年版，第 659 页。

政申诉机制能够对校内纠纷解决机制的运行予以监督和制约。从两者的关系来看，校内纠纷解决机制是行政申诉机制的前置程序，虽然在理论上和法律上均未明确规定，但在实践中的确这样操作。最后，高校内部纠纷解决机制可以设置为司法审查的前置程序，既可以鼓励当事人在校内解决纠纷，又可以提高校内纠纷解决机制的使用率，充分发挥其纠纷解决功能，缓解和分流诉讼压力。随着司法机构理念和政策的转变，将校内纠纷解决机制设置为前置程序也具有可行性。"进入新世纪之后，我国司法机关面对社会转型和纠纷解决的形势，开始反思司法的作用与能力，调整自身政策，开始积极支持和促进多元化纠纷解决机制的建构"，[1]注重鼓励以自治和协商性非诉讼机制替代诉讼。法院在处理高校内部纠纷时，开始尊重高校校规的合法性、效力及其在高校治理中的作用，在司法审查中侧重于审核高校的处理或处分行为的合法性，即是否有事实依据、是否符合校规中相应的程序性规定，显示出对高校自主权的承认和支持。[2]这种司法政策缓解了司法审查权与高校治理权间的冲突，而法院对非诉讼机制的鼓励政策则有利于促使学生与校方理性地选择更为合理、有效、便捷的途径来解决纠纷，客观上都有利于促进高校校内学生申诉制度的利用和发展，并减少此类纠纷的发生、升级和激化。

---

〔1〕　范愉：《纠纷解决的理论与实践》，清华大学出版社 2007 年版，第 374～377 页。

〔2〕　如 2008 年"因作弊被拒授学位，大学生起诉学校被驳"案中，一位大学生因为考试作弊受到记过处分被学校不授予学士学位，该生不服学校的决定，起诉母校河南工业大学，要求撤销学校作出的不授予其学士学位的决定，颁发其学位证书。日前，河南省郑州市中原区人民法院已作出一审判决，驳回了原告的诉讼请求。中原区法院认为，国家的法律法规对学士学位的授予条件只是作出了原则性的规定，有权授予学士学位的学校在不违反上述法律法规的情况下享有一定的自主权，有权制定本校授予学位的工作细则。河南工业大学制定并执行的《关于本科毕业生授予学士学位的规定》要求，凡在校期间犯有严重错误、受到记过或记过以上处分或考试有作弊行为情况之一者，不得授予学士学位，这一规定，属于被告结合其实际情况，制定的具体、量化的工作细则，是学校在教学学业管理方面的自主权的一种体现。学校作出的不授予原告学士学位的决议，符合其制定的《关于本科毕业生授予学士学位的规定》的规定。因此，原告请求撤销被告不授予原告学士学位的决定，授予原告学士学位并颁发学位证书的诉讼请求缺少法律依据，不予支持。

参考文献

中文著作

[1] 陈鹏：《公立高等学校法律关系研究》，高等教育出版社 2006 年版。

[2] 陈永明、朱浩、李昱辉：《大学理念、组织与人事》，中国人民大学出版 2007 年版。

[3] 范愉：《纠纷解决的理论与实践》，清华大学出版社 2007 年版。

[4] 范愉等：《多元化纠纷解决机制与和谐社会的构建》，经济科学出版社 2011 年版。

[5] 范愉：《非诉讼程序（ADR）教程》，中国人民大学出版社 2012 年版。

[6] 崔恒秀：《民国教育部与大学关系之研究：1912~1937》，福建教育出版社 2011 年版。

[7] 邓正来、[英] J. C. 亚历山大编：《国家与市民社会：一种社会理论的研究路径》，中央编译出版社 1998 年版。

[8] 邓正来主编：《国家与市民社会：中国视角》，格致出版社、上海人民出版社 2011 年版。

[9] 邓正来：《国家与社会：中国市民社会研究》，北京大学出版社 2008 年版。

[10] 郭石明：《社会变革中的大学管理》，浙江大学出版社 2004 年版。

[11] 和震：《美国大学自治制度的形成与发展》，北京师范大学出版社 2008 年版。

[12] 蒋后强：《高等学校自主权研究：法治的视角》，法律出版社 2010 年版。

[13] 强世功：《法制与治理——国家转型中的法律》，中国政法大学出版社 2003 年版。

[14] 金耀基：《大学之理念》，生活·读书·新知三联书店 2001 年版。

[15] 姜继为、韩强：《高校治理结构研究》，四川教育出版社 2009 年版。

[16] 劳凯声：《变革社会中的教育权与受教育权：教育法学基本问题研究》，教育科学出版社 2003 年版。

[17] 劳凯声、郑新蓉等：《规矩方圆——教育管理与法律》，中国铁道出版社 1999 年版。

[18] 劳凯声主编：《中国教育法制评论》（第 4 辑），教育科学出版社 2006 年版。

[19] 刘慧珍：《制度创新与有效大学组织的建设》，北京师范大学 1996 年博士学位论文。

[20] 李义天主编：《共同体与政治团结》，社会科学文献出版社 2011 年版。

[21] 李建良等：《行政法入门》，元照出版公司 2001 年版。

［22］李友梅、肖瑛、黄晓春：《社会认同：一种结构视野的分析：以美、德、日三国为例》，上海人民出版社 2007 年版。

［23］林玉体编著：《美国高等教育之发展》，高等教育文化事业有限公司 2002 年版。

［24］马怀德：《行政诉讼原理》，中国政法大学出版社 2003 年版。

［25］马长山：《国家、市民社会与法治》，商务印书馆 2002 年版。

［26］马长山：《法治的社会根基》，中国社会科学出版社 2003 年版。

［27］钱穆：《中国历代政治得失》，生活·读书·新知三联书店 2001 年版。

［28］曲士培：《中国大学教育发展史》，北京大学出版社 2006 年版。

［29］唐振平编著：《中国当代大学自治管理体制研究》，国防科技大学出版社 2006 年版。

［30］夏勇：《走向权利的时代：中国公民权利发展研究》，社会科学文献出版社 2007 年版。

［31］王建勋编：《自治二十讲》，天津人民出版社 2008 年版。

［32］王圣诵：《中国自治法研究》，中国法制出版社 2003 年版。

［33］王名扬：《美国行政法》，中国法制出版社 1995 年版。

［34］吴慧平：《西方大学的共同治理》，北京师范大学出版社 2012 年版。

［35］徐小洲编著：《自主与制约——高校自主办学政策研究》，浙江教育出版社 2007 年版。

［36］许杰：《政府分权与大学自主》，广东高等教育出版社 2008 年版。

［37］宜勇：《大学变革的逻辑》，人民出版社 2009 年版。

［38］俞可平主编：《治理与善治》，社会科学文献出版社 2000 年版。

［39］俞可平主编：《中国治理变迁 30 年（1978~2008）》，社会科学文献出版社 2008 年版。

［40］尹晓敏：《高等学校学生管理法治化研究》，浙江大学出版社 2008 年版。

［41］姚云：《美国教育法治的制度与精神》，教育科学出版社 2007 年版。

［42］周光礼：《教育与法律——中国教育关系的变革》，社会科学文献出版社 2005 年版。

［43］湛中乐主编：《高等教育与行政诉讼》，北京大学出版社 2003 年版。

［44］湛中乐主编：《大学自治、自律与他律》，北京大学出版社 2006 年版。

［45］张驰、韩强：《学校法律治理研究》，上海交通大学出版社 2005 年版。

［46］张斌贤、李子江主编：《大学：自由、自治与控制》，北京师范大学出版社 2005 年版。

［47］周谷平等：《中国近代大学的现代转型：移植、调适与发展》，浙江大学出版社 2012 年版。

期刊论文

［1］蔡晓平：《关于高校大学生申诉制度的若干思考》，载《高教探索》2005 年第 5 期。

［2］陈洪捷：《什么是洪堡的大学思想》，载《中国大学教学》2003 年第 6 期。

［3］程雁雷：《论司法审查对大学自治的有限介入》，载《行政法学研究》2000 年第 2 期。

［4］程雁雷：《高校学生管理纠纷与司法介入之范围》，载《法学》2004 年第 12 期。

［5］程天君、吕梦含：《"去行政化"：落实和扩大高校办学自主权的政策支持》，载《全球教育展望》2017 年第 12 期。

［6］费英勤、楼策英：《对完善高校学生申诉制度的思考》，载《教育发展研究》2006 年 8 月。

［7］范履冰、阮李全：《论学生申诉权》，载《高等教育研究》2006 年第 4 期。

［8］胡小进：《高校学生申诉制度法律问题研究》，西安理工大学 2007 年硕士论文。

［9］黄国满、陈洪彬：《对建立高校学生申诉制度的思考》，载《长春工业大学学报（高教研究版）》2006 年第 2 期。

［10］韩兵：《德国司法审查学校管理学生纠纷的理论与实践》，载《河北法学》2010 年第 2 期。

［11］何增科：《治理、善治与中国政治发展》，载《中共福建省委党校学报》2002 年第 3 期。

［12］康建辉、张卫华、胡小进：《高校学生申诉制度存在的问题及对策》，载《西安电子科技大学学报》（社会科学版）2008 年第 1 期。

［13］康健：《大学"去行政化"难在哪里》，载《北京大学教育评论》2010 年第 3 期。

［14］李永林：《自治基础上的"他治"》，载《法治论坛》2006 年第四辑。

［15］李建华、伍研：《大学自治：我国高等教育体制创新的哲学阐释》，载《现代大学教育》2004 年第 1 期。

［16］刘最跃：《高校学生申诉制度的设想》，湖南师范大学 2006 年硕士学位论文。

［17］刘宝存：《威斯康星理念与大学的社会服务职能》，载《理工高教研究》2003 年第 5 期。

［18］刘求实、王名：《改革开放以来我国民间组织的发展及其社会基础》，载《公共行政评论》2009 年第 3 期。

［19］骆聘三：《"放管服"背景下大学"去行政化"改革：内容框架和建构路径》，载《湖北社会科学》2021 年第 4 期。

［20］钱颖一：《大学治理：美国、欧洲、中国》，载《清华大学教育研究》2015 年第 5 期。

［21］秦惠民：《依法治校的高校学生管理制度特征》，载《中国高等教育》2004 年第 8 期。

［22］孙益：《校园反叛——美国 20 世纪 60 年代的学生运动与高等教育》，载《清华大学教育研究》2006 年第 4 期。

［23］孙立平、王汉生、王思斌、林彬、杨善华：《改革以来中国社会结构的变迁》，载《中国社会科学》1994 年第 2 期。

［24］申素平：《中国公立高等学校法律地位研究》，北京师范大学 2001 年博士学位论文。

［25］沈兰：《高校学生申诉制度的完善》，载《科技信息（学术研究）》2007 年第 21 期。

［26］沈岿：《析论高校惩戒学生行为的司法审查》，载《华东政法学院学报》2005 年第 6 期。

［27］王德耀、薛天祥：《略论大学自治》，载《上海高教研究》1994 年第 2 期。

［28］王名、贾西津：《中国 NGO 的发展分析》，载《管理世界》2002 年第 8 期。

［29］吴文灵：《自治与法治的博弈——论大学自治与司法介入的关系》，载《首都师范大学学报（社会科学版）》2010 年第 3 期。

［30］吴玉敏：《创新社会管理中的社会自治能力增强问题》，载《社会主义研究》2011 年第 4 期。

［31］熊光清：《中国民间组织的主要功能、制度环境及其改进路径》，载《哈尔滨工业大学学报（社会科学版）》2013 年第 4 期。

［32］俞可平：《更加重视社会自治》，载《人民论坛》2011 年第 4 期。

［33］叶青：《大学生申诉制度与高等学校管理》，载《福建农林大学学报（哲学社会科学版）》2007 年第 4 期。

［34］尹晓敏：《高校学生申诉制度研究》，载《高教探索》2004 年第 4 期。

［35］尹晓敏、陈新民：《学生申诉制度在构建和谐高校中的价值探析》，载《现代教育科学（高教研究）》2006 年第 5 期。

［36］尹力、黄传慧：《高校学生申诉制度存在的问题与解决对策》，载《高教探索》2006 年第 3 期。

［37］杨颉：《关于高校去行政化问题的思考与对策》，载《高校教育管理》，2010 年第 6 期。

［38］湛中乐：《高等学校大学生校内申诉制度研究（上）》，载《江苏行政学院学报》2007 年第 5 期。

［39］湛中乐：《保障学生正当权利 规范高校管理行为》，载《中国高等教育》2017 年第 9 期。

［40］张学亮：《法学视野中的高校学生申诉制度》，载《国家教育行政学院学报》2006 年第 7 期。

［41］张学亮、任广志：《海峡两岸高校学生申诉制度的比较研究》，载《中国青年研究》2007 年第 4 期。

［42］张小芳、徐军伟：《法理视野下的高校学生申诉制度研究》，载《宁波大学学报（教育科学版）》2005 年第 2 期。

［43］张小芳、邢学亮：《高校学生申诉制度的有效运行》，载《当代青年研究》2006 年第 4 期。

[44] 张冬梅:《浅议高校学生申诉制度存在的问题与对策》,载《中国高等教育》2007 年第 17 期。

[45] 张应强、程瑛:《高校内部管理体制改革:30 年的回顾与展望》,载《高等工程教育研究》2008 年第 6 期。

[46] 钟秉林:《关于大学"去行政化"几个重要问题的探析》,载《中国高等教育》2010 年第 9 期。

[47] 周光礼:《学术与政治——高等教育治理的政治学分析》,载《中国地质大学学报(社会科学版)》2011 年第 3 期。

[48] 周光礼:《中国大学办学自主权(1952—2012):政策变迁的制度解释》,载《中国地质大学学报(社会科学版)》2012 年第 3 期。

中文译著

[1] [美] 本尼迪克特·安德森:《想象的共同体:民族主义的起源与散布》,吴叡人译,上海人民出版社 2011 年版。

[2] [美] 罗纳德·G. 埃伦伯格主编:《美国的大学治理》,沈文钦、张婷姝、杨晓芳译,北京大学出版社 2010 年版。

[3] [法] 阿列克西·德·托克维尔:《论美国的民主》,董良果译,商务印书馆 1988 年版。

[4] [加] 黛安娜·布赖登、威廉·科尔曼主编:《反思共同体——多学科视角与全球语境》,严海波等译,社会科学文献出版社 2011 年版。

[5] [美] 埃里克·A. 波斯纳:《法律与社会规范》,沈明译,中国政法大学出版社 2004 年版。

[6] [法] 贡斯当:《古代人的自由与现代人的自由:贡斯当政治论文选》,阎克文、刘满贵译,商务印书馆 1999 年版。

[7] [英] 保罗·霍普:《个人主义时代之共同体重建》,沈毅译,浙江大学出版社 2010 年版。

[8] [美] 拉维奇编:《美国读本》,陈凯等译,国际文化出版公司 2005 年版。

[9] [美] 德里克·博克:《美国高等教育》,乔佳义编译,北京师范大学出版社 1991 年版。

[10] [美] 德里克·博克:《走出象牙塔——现代大学的社会责任》,徐小洲、陈军译,浙江教育出版社 2001 年版。

[11] [美] 道格拉斯·C. 诺思:《制度、制度变迁与经济绩效》,杭行译,格致出版社、上海人民出版社 2008 年版。

[12] [美] 马修·戴弗雷姆:《法社会学讲义:学术脉络与理论体系》,郭星华、邢朝国、梁坤译,北京大学出版社 2010 年版。

[13] [美] 弗里德曼:《法律制度》,李琼英、林欣译,中国政法大学出版社 2004 年版。

［14］［荷］弗兰斯·F. 范富格特主编:《国际高等教育政策比较研究》，王承绪等译，浙江教育出版社 2001 年版。

［15］［法］弗朗索瓦·基佐:《法国文明史》，沅芷、伊信译，商务印书馆 1993 年版。

［16］［法］弗朗索瓦·基佐:《欧洲文明史》，程洪逵、沅芷译，商务印书馆 2005 年版。

［17］［德］斐迪南·滕尼斯:《共同体与社会:纯粹社会学的基本概念》，林荣远译，北京大学出版社 2010 年版。

［18］［美］弗朗西斯·福山:《国家构建:21 世纪的国家治理与世界秩序》，黄胜强、许铭原译，中国社会科学出版社 2007 年版。

［19］［美］亚伯拉罕·弗莱克斯纳:《现代大学论:英美德大学研究》，徐辉、陈晓菲译，浙江教育出版社 2001 年版。

［20］［美］房龙:《荷兰共和国兴衰史》，施诚译，河北教育出版社 2002 年版。

［21］［法］让-皮埃尔·戈丹:《何谓治理》，钟震宇译，社会科学文献出版社 2010 年版。

［22］［英］弗里德里希·奥古斯特·哈耶克:《通往奴役之路》，王明毅、冯兴元等译，中国社会科学出版社 1997 年版。

［23］［英］弗里德利希·冯·哈耶克:《法律、立法与自由》（第 1 卷），邓正来等译，中国大百科全书出版社 2000 年版。

［24］［美］哈罗德·J. 伯尔曼:《法律与革命——西方法律传统的形成》，贺卫方等译，中国大百科全书出版社 1993 年版。

［25］［比利时］皮雷纳:《中世纪的城市:经济和社会史评论》，陈国樑译，商务印书馆 2006 年版。

［26］［美］罗伯特·M. 赫钦斯:《美国高等教育》，汪利兵译，浙江教育出版社 2001 年版。

［27］［荷］约翰·赫伊津哈:《17 世纪的荷兰文明》，何道宽译，花城出版社 2010 年版。

［28］［美］马克·T. 胡克:《荷兰史》，黄毅翔译，东方出版中心 2009 年版。

［29］［英］亨克尔、里特主编:《国家、高等教育与市场》，谷贤林等译，教育科学出版社 2005 年版。

［30］［美］卡尔·科:《论民主》，聂崇信、朱秀贤译，商务印书馆 1994 年版。

［31］［美］罗伯特·C. 埃里克森:《无需法律的秩序—邻人如何解决纠纷》，苏力译，中国政法大学出版社 2003 年版。

［32］［美］罗斯科·庞德:《通过法律的社会控制》，沈宗灵译，商务印书馆 2010 年版。

［33］［德］托马斯·莱塞尔:《法社会学导论》，高旭军等译，上海人民出版社 2011 年版。

［34］［美］米尔伊安·R. 达玛什卡:《司法和国家权力的多种面孔——比较视野中的法律程序》，郑戈译，中国政法大学出版社 2004 年版。

［35］［德］马克斯·韦伯:《论经济与社会中的法律》，张乃根译，中国大百科全书出版社 1998 年版。

[36] [德] 马克斯·韦伯:《社会学的基本概念》,胡景北译,上海人民出版社 2005 年版。

[37] [英] 麦基文:《社会学原理》,商务印书馆 1933 年版。

[38] [德] 哈特穆特·毛雷尔:《行政法学总论》,高家伟译,法律出版社 2000 年版。

[39] [美] 诺内特、塞尔兹尼克:《转变中的法律与社会:迈向回应型法》,张志铭译,中国政法大学出版社 2004 年版。

[40] [德] 平特纳:《德国普通行政法》,朱林译,中国政法大学出版社 1999 年版。

[41] [美] 斯塔夫里阿诺斯:《全球通史——1500 年以后的世界》,吴象婴等译,上海社会科学院出版社 1998 年版。

[42] [美] 文森特·奥斯特罗姆:《美国联邦主义》,王建勋译,上海三联书店 2003 年版。

[43] [美] 威尔·杜兰:《世界文明史——信仰的时代》(中),幼狮文化公司译,东方出版社 1999 年版。

[44] [美] 卡尔·A. 魏特夫:《东方专制主义》,徐式谷等译,中国社会科学出版社 1989 年版。

[45] [英] 路易丝·莫利:《高等教育的质量与权力》,罗慧芳译,北京师范大学出版社 2008 年版。

[46] [英] 约翰·亨利·纽曼:《大学的理想》,徐辉、顾建新、何曙荣译,浙江教育出版社 2001 年版。

[47] [美] 约翰·S. 布鲁贝克:《高等教育哲学》,郑继伟等译,浙江教育出版社 1987 年版。

[48] [加] 约翰·范德格拉夫等编著:《学术权力——七国高等教育管理体制比较》,王承绪等译,浙江教育出版社 1989 年版。

[49] [德] 卡尔·雅斯贝尔斯:《大学之理念》,邱立波译,上海人民出版社 2007 年版。

[50] [英] 詹姆斯·布赖斯:《现代民治政体》(上下册),张慰慈等译,吉林人民出版社 2001 年版。

[51] [美] 詹姆斯·汤普逊:《中世纪经济社会史(300-1300)》,耿淡如译,商务印书馆 1963 年版。

[52] [美] 汉密尔顿、杰伊、麦迪逊:《联邦党人文集》,程逢如、在汉、舒逊译,商务印书馆 1980 年版。

外文原著及文献

[1] Albert S. Miles, "The Due Process Rights of Students in Public School or College Disciplinary Hearings", *48 ALA. LAW*, (1987).

[2] American Law Reports ALR2d, 58 A. L. R 2d 903.

[3] A. Agrawal and C. C. Gibson, "Enchantment and Disenchantment: The Role of Community in

Natural Resource Conservation", *World Development 1999*, 27 (4).

［4］ Ben Jongbloed, Maarja Soo, *the Europe World of Learning* 2010, Vol. 2, Routledge 2009 and Overview Higher Education the Netherlands, National Institution for Academic Degrees and University Evaluation, 2011. 3.

［5］ Board of Curators, UNIV. OF MO. v. Horowitz, 435 U. S. at 78, 91 (1978).

［6］ Catherine Lucey, *Group Asks State to Investigate Handling of Rape Allegation at LaSalle*, Monterey Herald, June 29, 2004.

［7］ Craig Calhoun, "Community Without Propinquity Revisited: Communication Technology and The Transformation of the Urban Public Sphere", *Sociological Inquiry*, Vol. 68, No. 3.

［8］ Colson, *Tradition and Contract: The Problem of Order*, Heinemann, 1975.

［9］ Charles Taylor, *Sources of The Self: The Making of Modern Identity*, Cambridge, Harvard University Press, 1989.

［10］ E. D. Duryea, Jr., R. S. Fisk and Associates, *Faculh Unions and Collective Bargaining*, San Francisco, Jossey-Bass, Inc (1973).

［11］ David Hollinger, *From Identity to Solidarity*, Daedalus, Fall 2006.

［12］ E. H. Schopler, *Right of Student to Hearing on Charges Before Suspension or Expulsion from Educational Institution*, 58 A. L. R. 2D 903 (1958).

［13］ Edward N. Stoner, *Reviewing Your Student Discipline Policy: A Project Worth The Investment*, 14 (2000), available at http://www. nacua. org/publications/pubs/pamphlets/StudentDiscipline-Policy. pdf.

［14］ Edward N. Stoner, Jonh Wesly Lowery, "Navigationg Past the 'Spirit of Insubordination': A Twenty-first Century Model Student Conduct Code With a Model Hearing Script", *Journal of College and University Law*, (2004).

［15］ Frolic, B. Michael, *State-Led Civil Society*, in Brook, Timothy and Frolic, B. Michael (eds.), Civil Society in China. Armonk, M. E. Sharpe (1997).

［16］ Falone v. Middlesex Courntry Medical Society, 62 N. J. Super. 162A. 2d 324 (Superior Court of New Jersey, 1960).

［17］ Gerard Delanty, *Community*, Routledge, 2003.

［18］ Henry J. Friendly, *Some Kind of Hearing*, 123 U. PA. L. REV. 1975.

［19］ Ira Michael Heyma, "Some Thoughts on University Disciplinary Proceedings", *California Law Review*, Vol. 54, No. 1. (Mar. , 1966).

［20］ James M. Lancaster & Diane L. Cooper, "Standing at the Intersection: Reconsidering the Balance in Administration", *82 New Directions for Student Services 95*, 1998.

［21］ Jurgen Habermas, *The Inclusion of the Other*, MIT Press, 1998.

[22] Kimberly C. Carlos, Comment, "Future of Law School Honor Codes: Guidelines for Creating and Implementing Effective Honor Codes", *65 UMKC L. Rev.* 1997.

[23] Kavanagh, Andrea, John M. Carroll, Mary Beth Rosson, Debbie D. Reese, and Than T. Zin. 2005. *Participating in Civil Society: The Case of Networked Communities*, Interacting with Computers 17 (I).

[24] Maureen P. Rada, "The Buckley Conspiracy: How Congress Authorized the Cover-up of Campus Crime and How it Be Undone", *Ohio State Law Journal* (1998).

[25] M. G. Smith, "A Structure Approach to Comparative Politics", in Smith (ed.), *Corporations and Society*, Duckworth, 1974.

[26] Nordin, "The Contract to Educate: Toward a More Workable Theory of the Student-University Relationship", *8 J. COLL. & U. L.* (1980~1982).

[27] Raoph D. Mawdsley, "Plagiarism Problems in Higher Education", *Journal of College and University Law Summer* (1986).

[28] Raoph D. Mawdsley, "Litigation Involving Higher Education Employee and Student Handbooks", *West's Education Law Reporter*, August, (1996).

[29] Sarah Ann Bassler, "Public Access to Law School Honor Code Proceedings, Notre Dame Journal of Law", *Ethics and Public Policy* (2001).

[30] Walter C. Hobbs, "The 'Defective Pressure Cooker' Syndrome: Dispute Process in the University", *The Journal of Higher Education*, Vol. 45, No. 8. (Nov. 1974)

[31] Will Kymlicka, " 'Citizenship, Community and Identity in Canada,' in James Bickerton and Alain-G. Gagnon", *Canadian Politics (Fourth Edition)*, Broadview Press, 2004.

[32] School Paper, *School Await Records Decision*, *Dayton Daily News*, Mar. 31, 1997, at B4.

媒体报道

[1] 范履冰:《学生申诉权:自由和权利的保障》,载《中国教育报》2006 年 7 月 31 日。

[2] 何雪峰:《关注学生申诉权》,载《南方周末》2003 年 12 月 18 日。

[3] 梅志清、陈燕云、赖红英:《专家解读〈普通高等学校学生管理规定〉——粤高校将设机构处理学生申诉》,载《南方日报》2005 年 4 月 16 日。

[4] 梅志清:《在各行各业行政化的大环境下大学去行政化=弱化》,载《南方日报》2010 年 3 月 9 日。

[5] 唐景莉等:《高校新管理规定新在哪里》,载《中国教育报》2005 年 3 月 30 日。

[6] 肖锋:《北京规范违纪学生处分程序,高校开除学生先听证》,载 https://news. sina. com. cn/e/2005-06-16/08066185651s. shtml,2005 年 6 月 16 日访问。

[7] 叶铁桥:《高校处理学生为何屡遭败诉尴尬》,载《中国青年报》2012 年 8 月 10 日。

［8］杨连成：《学生有了申诉权，怎样行使才得当》，载《光明日报》2006 年 3 月 30 日。

［9］智敏：《作弊受处分大学生三次诉讼讨要学位证书：法院三判最终胜诉》，载《工人日报》2009 年 7 月 13 日。

［10］张国：《高校自主招生徘徊在十字路口》，载《中国青年报》2013 年 11 月 22 日。

［11］郑若玲：《高校自主招生改革要效率也要公平》，载《中国教育报》2013 年 11 月 27 日。

［12］郑琳：《刘燕文诉北大一案判决引起专家学者展开激烈讨论》，载《中国青年报》2000 年第 5 期。

［13］董洪亮：《大学生管理新规定，破解高校管理三大难题》，载 http://www.npc.gov.cn/npc/c12434/c1793/c1864/201905/t20190524_13112.html，2005 年 3 月 30 日访问。

［14］葛倩：《中国高校'立宪'迈出实质性一步》，载 https://news.sina.com.cn/c/2013-11-29/051028842284.shtml，2013 年 11 月 29 日访问。

［15］黄志强、陈良飞：《专家：高校学术委员会沦为摆设 学者没有决定权》，载 https://news.rednet.cn/c/2013/11/05/3188657.htm，2013 年 11 月 5 日访问。

［16］林蕙青：《在〈普通高等学校学生管理规定〉、〈高等学校学生行为准则〉颁布实施新闻发布会上的讲话》，载 http://www.moe.gov.cn/jyb_xwfb/xw_fbh/moe_2069/moe_2097/moe_2237/tnull_6511.html，2005 年 3 月 29 日访问。

［17］《人大等 6 所大学章程获批，高校去行政化明确》，载《东风汽车报》2013 年 12 月 2 日。

［18］魏捷：《大学和谐校园建设探析》，载 https://www.gmw.cn/01gmrb/2006-11/12/content_506451.htm，2006 年 11 月 12 日访问。

［19］席锋宇：《最高法拟新司法解释，高校教育纠纷可诉讼》，载 https://news.sina.com.cn/o/2004-07-30/11153243867s.shtml，2004 年 7 月 30 日访问。

［20］晏扬：《教育应'以学生为本'》，载 https://www.gmw.cn/01gmrb/2005-04/06/content_210622.htm，2005 年 4 月 6 日访问。

附 录

附录一：美国高校校内学生申诉制度的运行实践

美国高校享有高度自主权，有权对校内外事务进行自主管理，因此在校内学生申诉制度的设置与实施方面，均根据各自组织结构特点分别进行，在具体细节方面存在很大差异。

1. 提出申诉的主体

提出申诉的主体一般为受到高校惩戒处分的学生，但指控人和受害人也可以提出申诉。如爱荷华州立大学规定，违反学生行为守则的学生或学生团体/校园组织有权对处分决定提起申诉，申诉人必须向受理申诉的机构提交申诉申请。明尼苏达大学规定，任何被指控违反守则的学生或学生组织应当享有在所有校区进行申诉的机会。宾西法尼亚大学规定，"受害人"也有权对惩戒程序的结果提出申诉，即使他不是学生。

2. 提出申诉的时间

提出申诉的具体时间可以由各高校根据自己的情况来确定。如爱荷华州立大学规定，学生或学生团体/校园组织自收到处分通知之日起 5 个工作日内必须提出申诉。特殊情况下，可以向受理申诉的机构提出书面申请，延长申诉期限，但要说明延期的适当理由。一般情况下，如果在申诉期限截止日前提出申请都会被允许。明尼苏达大学规定，如果要对学校的惩戒决定提出申诉，申诉学生必须在收到惩戒决定之日起 10 个工作日内向秘书提交书面申请。马萨诸塞大学规定，被指控学生在接到听证会决定后 5 个工作日内可以向校园申诉委员会提出申诉。威斯康星大学规定，学生可以在接到书面处分决定之日起 14 日内向主要行政人员提起申诉。

3. 申诉理由

申诉理由大致为两种：一种涉及实体方面的问题，如校方处分不当或者侵犯学生或学生组织的权利，一种涉及程序方面的问题，如校方处分程序不当、证据不足或出现新的证据等。如爱荷华州立大学规定，申诉书必须陈述的申诉理由大致如下：在听证程序中，学生或学生团体、校园组织的权利被大量侵犯，程序或处分决定违反法律或学校政策，处分决定没有充足的证据，出现了在听证过程中未被发现的新证据，处分太过严厉或者与违规情节不符。明尼苏达大学规定，申诉理由包括最初的处分决定缺乏重要证据、程序中存在不公平现象（如没有通知学生有机会听证和/或有机会提问问题）、惩罚与违规行为的情节不符、处分决定与听证会上提供的信息不符，和/或处分决定与其他受影响的学校部门产生利益冲突。马萨诸塞大学规定，申诉申请信应当详细说明并确实提供下列一项或多项申诉理由：程序错误或不当，对决定产生重要影响，出现新的证据，将对决定产生重要影响，决定没有充分的证据，决定与被指控事实和/或学生的行为不符。

4. 受理申诉的机构与人员

申诉受理机构一般会组成申诉委员会，具体负责处理相关申诉事宜。

爱荷华州立大学规定，住校司法事务处的协调人员作出的处理决定应当向学生处提出申诉，司法事务办公室（OJA）官员作出的处理决定应当向学生处申诉，学生处作出的处理决定应当向负责学生事务的副校长提出申诉（如下图所示），但关于申诉受理委员会的组成情况，爱荷华州立并没有详细规定。

作出决定的机构	受理申诉的机构
住校司法事务处的协调人员	学生处
司法事务办公室	学生处
学生处	学生事务副校长

明尼苏达大学规定，教务长申诉委员会作为申诉受理机构，受理学生对学院或行政机构作出的惩戒决定提出的申诉。教务长申诉委员会由教务长从大学理事会推荐的名单中选任，成员包括 6 名老师/专业学术人员，其中 1 名选作主席，4 名本科学生以及 4 名专业学生/研究生。教务长办公室任命 1 名

秘书，提供服务，但没有投票权。申诉小组委员会由 4 名成员组成，2 名老师/专业学术人员，其中 1 名将被任命为主席，2 名学生，1 名本科生，1 名研究生。成员如果与纠纷或冲突有直接的利害关系应当主动要求退出小组委员会。各方当事人均可以此为由质疑小组委员会成员并要求未受质疑的小组委员会成员在经过听证会讨论后进行投票。

马萨诸塞大学规定，学校应当设立校园申诉委员会（University Appeals Board，UAB），包括学校的员工和学生，可以由校长或其指派人任命。UAB 将由 3 名员工和/或学生组成。

5. 受理申诉的范围

申诉受理机构可以受理的申诉范围是非常广泛的，凡是对高校关于违纪行为的各种处分决定不满意的案件均在受理之列。爱荷华州立大学规定，对《校园学生纪律条例》中规定的各种行政决定或行政性听证会结果不服的都可以提起申诉。加州大学伯克利分校将近 90% 的纪律案件涉及作弊、偷盗、妨碍治安的行为。

6. 申诉审查的内容

申诉受理机构主要对校方作出处分行为的程序是否正当、处分决定是否有充分的事实依据、处分决定本身是否适当以及新提供的信息、证据等进行审查。申诉委员会主要对校方作出处分决定时的书面记录进行审查，内容具体包括以下几点[1]：①审查校方作出处分决定时是否依据指控和提供的信息公平行事，是否按照规定的程序给予指控方合理的机会，让其准备和提供违反学生守则行为的信息，是否按照规定的程序给予被指控方合理的机会，让其准备和提供回应指控的信息。偏离指定的程序并不能作为支持申诉的理由，除非这种偏离导致严重的偏见。②审查校方作出处分决定时是否基于充分的信息，即案件中的事实部分是否充分、足够证明违反学生守则行为的发生。如果信息支持"合理推断"，认为学生违反校规，那么即便没有直接、目击被指控行为的证人证据，也可以认为学生对此行为负责。申诉委员会应当尊重作出处分决定的机构，不能用自己的判断代替作出处分决定机构的判断。

---

[1] Edward N. Stoner and Jonh Wesly Lowery，"Navigationg Past the 'Spirit of Insubordination': A Twenty-first Century Model Student Conduct Code With a Model Hearing Script"，*Journal of College and University Law*，(2004).

它审查的只是处分机构在作出结论时是否有信息作为支撑。③审查校方对已经发现的违反学生守则的行为是否处以适当的处分。④考虑新提供的信息，这些信息足以改变校方的处分决定，或者考虑其他未提供的相关事实，因为这些信息和/或事实最初并不为人所知。明尼苏达大学规定，主席和小组委员会在一方当事人及时请求并通知另一方当事人的情况下，有权允许当事人提供新的证人和材料，以便自己作出建议决定。

7. 申诉决定的作出

申诉委员会的决定一般采用投票方式，以少数服从多数为原则。如明尼苏达大学规定，申诉小组委员会基于最初程序的记录以及申诉听证会上各方当事人提供的信息和论据，提出处理建议。每个小组委员会成员，包括主席将进行投票，以少数服从多数为原则。申诉小组委员会的建议在申诉听证会结束后最多一个星期内交给教务长。教务长根据《学生行为守则》作出最后的惩戒决定，对申诉小组委员会的建议有广泛的自由裁量权，可以接受、修改或拒绝这些建议。

8. 申诉处理的时间

申诉受理机构在接到申诉申请后，在特定时间内安排会议并处理申请事项，以保护当事人的权利以及解决纠纷。如明尼苏达大学规定，申诉小组委员会将尽量在接到学生申诉之日起 1 个月内完成听证，但不包括学校的假期。马萨诸塞大学规定，校方人员应当在接到申诉申请后 15 个工作日内对案件作出书面决定。威斯康星大学规定，主要行政人员受理学生申诉后在 30 日内予以答复。

9. 申诉处理结果及其通知

申诉受理机构的处理结果大致分为两类：驳回申诉请求，维持原处分决定，支持申诉请求，改变原处分决定，具体又分为四种情况，即撤销原处分决定、减轻原处分决定、要求重新召开听证会、要求重新审理案件。申诉处理结果要通知各方当事人。

爱荷华州立大学规定，申诉受理机构可以作出下列结论：维持下级机构的处分决定，撤销下级机构的处分决定，因为没有发现有违反行为守则的行为，要求重新举办听证会，因为有新的证据出现，而要求重新审理案件，减轻处分。如果申诉处理机构没有维持原处分决定，则要通知申诉人。学生处负责告知学生或学生组织关于申诉案件的结果。明尼苏达大学规定，教务长的决定可能包括但不限于，驳回申诉，修改或推翻原来的决定，将案件发回最初机关重新听证，或者将案件交给从未接触过事件的委员会进行听证。威斯康星大学规定，受理申诉的主要行政人员应当维持原处分决定，除非发现有下列情形：记录中的信息不能支持关于事实方面的认定，没有遵循适当程序，导致对学生产生重大偏见，处分决定是基于州或联邦法律的规定而作出的。如果校长认为存在上述情形，可以要求不同的委员会重新审理案件，或者自己作出适当的补救措施。

附录二：协商与对话在美国高校校内学生申诉制度中的重要性

学生与高校间的纠纷属于高校内部纠纷，因此美国高校鼓励并推荐学生通过协商与调解的方式解决纠纷。如果是轻微案件且对事实部分没有争议，或者学生同意通过非正式方式解决问题时，校方与拟处分学生可以就其违纪行为可能受到的处分进行协商与调解。[1]

以协商与调解的方式处理案件，是一种替代性选择措施，要在学生充分了解其含义及意义的前提下才能适用，因此校方必须事先公布相关规则，而且受理案件的机构要向学生解释和说明这项措施的意义所在。通过这种方式解决纠纷、处理案件，将"非正式性、理解与支持学生的价值最大化"，[2]能够给学生带来最小的伤害，有利于恢复和维持校内成员之间的关系以及校园的稳定与和谐。因此，几乎所有高校都设立这种纠纷解决方式，有的高校甚至鼓励并大力提倡非正式的纠纷解决方式。

爱荷华州立学生行为守则规定，在举行听证会前的任何时间，如果司法事务办公室负责人与拟被处分的学生或学生组织就违纪行为应当受到的处分

---

〔1〕"高校或许希望在比较正式的听证会召开前建立一种仲裁或调解机制。这种想法可以接受，因为正当程序原则是灵活的，它只要求提供合理的通知和陈述的机会即可。换句话说，有些案件不需要正式的事实发现程序；只需当事学生与校方行政人员的非正式会面即可，当然，要通知被指控学生指控的内容，也要为其提供陈述理由的机会。" Edward N. Stoner and Jonh Wesly Lowery, "Navigationg Past the 'Spirit of Insubordination': A Twenty-first Century Model Student Conduct Code With a Model Hearing Script", *Journal of College and University Law*, (2004).

〔2〕 Ira Michael Heyma, "Some Thoughts on University Disciplinary Proceedings", *California Law Review*, Vol. 54, No. 1. (Mar. , 1966), pp. 73~87.

达成一致意见，经学生处批准即产生效力。但就此问题达成的一致意见在将来可能举行的听证会上不能被作为证据使用。加州大学伯克利分校学生处主任受理案件后，如果认为是轻微案件，则可以寻求合作、调解以及非正式的解决方案。可以要求 1 名官员（从大学理事会中选任）召开非正式的听证会，向校长直接提出建议，而不要求学生惩戒委员会召开正式的听证会。如果适当的话，可以处以最低限度的惩罚（如警告处分）。轻微违规行为通过这种方式私下解决，给学生带来最小的干扰和伤害，没有必要实施正式的处罚，这样可以促成与学生将来的合作关系。但是，如果案件的事实部分有争议的话，或者学生认为其行为没有违反学校规则，或者涉及重要案件，可能被处以停学、开除等处分，那么就不能通过这种非正式的途径加以解决了。[1]马萨诸塞大学规定，对学生提出违反学生行为守则的指控后，如果认为是重复违规和/或更严重的违规行为，员工和被指控学生能够就指控事实和处分达成一致意见，可以双方签署协议，应当包括对处分的接受以及放弃听证或申诉的权利。威斯康星大学规定，在学生收到被指控的通知后，可以与校方就被指控的不当行为达成和解。和解协议及其条款应当书面记录并由学生和调查人员或学生事务人员签字。当签字的协议送至学生时，案件结束，纠纷即被解决了。明尼苏达大学在《学生行为守则程序》中规定，以学生自我发展为目标，鼓励通过适当的非正式途径解决纠纷。在《关于惩戒程序的相关信息》中又明确说明，学生行为与学术诚实办公室（OSCAI）被授权处理违反学生行为守则的行为。当其接到有关的不满报告时，开始收集信息，与被指控的学生联系，要求学生与其预约时间见面，并在大部分案件中试图在学生之间解决纠纷。校方相信，大部分不满都可以通过非正式的途径解决，不需要在听证小组委员会面前召开正式的听证会。另外，还在《校园学生行为委员会程序》中强调，任何时候，只要有可能，学校都致力于通过非正式途径解决纠纷。在听证会前的会议中或听证会召开前 24 小时内，被指控学生都可以接受 OSCAI 提出的非正式解决方案。

和解、调解或其他非正式手段强调通过对话、交流而不是对抗的方式解决纠纷。"学校根本不是'针对'任何学生，而是通过可以交流的讨论会形式

---

[1]　Ira Michael Heyma, "Some Thoughts on University Disciplinary Proceedings", *California Law Review*, Vol. 54, No. 1. （Mar. , 1966）, pp. 73~87.

（学校不是作为支持者而是作为利益相关者）决定发生了什么事情以及建议作出何种处分（如果必要的话）。"在高校教育领域，共同协商的影响力越来越大。[1]在实践中，非正式途径在解决高校内部纠纷方面有着非常重要的作用。如马萨诸塞大学阿默斯特分校《学生行为守则》制定与实施者之一迪麦尔（DiMare）教授[2]表明："90%~95%的案件是经协商后达成一致意见而得以解决的。"明尼苏达大学的大部分案件也是在学生与员工或行政人员之间达成协议的基础上，通过非正式的途径加以解决了。但是，仍然有少数高校拒绝通过这种手段解决问题，认为其浪费行政人员的时间且收效甚微。[3]

附录三：美国高校校内学生申诉制度与其他制度的关系

1. 与校内审查制度之间的关系

如果对申诉委员会的处理结果不满意，有些高校允许学生或学生组织向校长或其它最高机构（如高校董事会）再提出申诉。这种情况下，校长或其它最高机构的决定为校内最终决定。

爱荷华州立大学规定，申诉处理机构的决定及其理由要报送司法事务办公室、听证委员会主席和学生处审核。经审核后，将成为校内的终局裁决，除非受到审查。对申诉决定的校内审查大致包括两种情况：①校长审查。学生或学生组织可以请求校长审查申诉处理机构的裁决，校长有权决定是否进行审查。如果校长决定进行审查，则校长的决定成为校内具有终局效力的裁决。②董事会审查。董事会也可以审查申诉处理机构的裁决，但必须遵循其制定的规则和程序。马萨诸塞大学规定，在特殊案件中，如果校长认为学校的安全或财产受到影响，那么校长或其指派人可以根据自由裁量权或涉事一

---

〔1〕 E. D. Duryea Jr. , R. S. Fisk and Associates, *Faculh Unions and Collective Bargaining*, San Francisco, Jossey-Bass, Inc (1973).

〔2〕 DiMare 教授是马萨诸塞州大学 Amherst 校区《学生行为守则》制定者之一，同时也是学生法律事务负责人之一。笔者于 2011 年 5 月开始，在高校学生听证与申诉程序方面与其进行交流并一直保持联系。

〔3〕 Edward N. Stoner and Jonh Wesly Lowery, "Navigationg Past the 'Spirit of Insubordination': A Twenty-first Century Model Student Conduct Code With a Model Hearing Script", *Journal of College and University Law*, (2004).

方当事人的请求，审查校方人员作出的最终决定。校长或其指派人可以将案件发回给任何一级进行进一步的审查，也可以确认最终决定，或者可以推翻最终决定。校长或其指派人的决定应当是最终的决定。威斯康星大学规定，董事会可以根据自由裁量权对校内机构作出的具有终局效力的决定进行审查。

2. 与校外司法审查制度之间的关系

如果对校内作出的最终决定仍不满意，学生或学生组织可以向法院提起诉讼，要求法院对校内最终决定进行裁决。这里必须注意一点，即校外审查的前提条件是，学生或学生组织在向法院提起诉讼之前，必须穷尽校内的救济程序。也就是说，只有在校内程序仍然解决不了问题的情况下，才允许通过诉讼解决纠纷。[1] 在实践中，明尼苏达大学凯伦（Karon）教授认为："在诉讼前校内这些程序是必须先经历的，必须穷尽的。"马萨诸塞大学教授DiMare 教授强调，如果没有这些程序，也许会有诉讼，因为如果缺少正当程序，或者校方人员有任意或武断的行为，就可能会引发更为严重的冲突或纠纷。如果设置这些程序，校方人员必须遵守，换句话说，解决校内纠纷必须适用这些程序。

附录四：荷兰高校校内学生申诉制度的运行实践

此处以格罗宁根大学两个典型案件来说明学生申诉制度在荷兰高校实践中的运行情况。之所以说是典型案例，因为案例一能够说明学校的考试申诉委员会从受理案件到处理案件的过程，且申诉缘由是考试作弊这个在高校普遍存在的问题，案例二不仅局限在考试申诉委员会处理案件的过程，而且展示了解决特定类型纠纷的全过程，从申诉处理前端的非正式途径直至申诉处理程序运用的全过程。另外，从考试申诉委员会仅有的两份正式报告[2]（2008 年和 2009 年报告）中展示的案件情况[3]来看，均与案例二解决过程相似。

---

〔1〕　Raoph D. Mawdsley, "Litigation Involving Higher Education Employee and Student Handbooks", *West's Education Law Reporter*, August, (1996).

〔2〕　两份正式报告仅在格罗宁根大学法律事务部的荷兰文网站上方能查到，没有英文版本。至于为何只有两份年度报告，相关人员也未给出具有说服力的原因。

〔3〕　如 2009 年度报告中说明考试申诉委员会此年度共受理 79 件案件，但报告中只列出 13 件典型案件，而这 13 件典型案件中除 1 件解决程序与步骤略有不同外，其他 12 件均类似。

1. 申诉受理机构处理申诉案件、解决纠纷的过程

案例一〔1〕：2011 年 12 月 14 日，在数学与自然科学学院的逻辑学考试中，监考教师怀疑申诉人与其同学存在考试作弊的行为，因为他们在试卷第 1、3a、3b、3c 部分的答案均一样，于是上报给学院的考试委员会。12 月 19 日，学院的考试委员会与申诉人就考试作弊行为进行沟通，并作出决定，禁止其参加此门课程的考试和补考，以示惩戒。申诉人于 2012 年 1 月 19 日向学生法律权利保护中心（CLRS）提出申诉。CLRS 将之转交至学校的考试申诉委员会（CBE）。CBE 于 2012 年 2 月 13 日试图促使双方和解，但未达成和解协议，便于 3 月 23 日公开召开听证会，听证小组由主席和 2 名成员、1 名秘书组成，申诉人与被申诉人（考试委员会的主席和秘书）均出席。听证会上，申诉人不否认有作弊行为，也知道考试规则，承认最后一部分试卷内容是他们一起做的，因为他们住得很近且经常在一起学习。但他否认答案是由同学代写的。申诉人认为惩戒决定不公平，因为还有几起考试作弊的案件，处理结果是考试分数为零，而不是禁止参加考试。被申诉人即学院的考试委员会认为，申诉人明知考试过程中禁止合作答题以及由此产生的后果，而且在试卷中可以清楚地看到两份试卷答案几乎一样（错处也一样）。作弊行为被发现后，申诉人及其同学均承认作弊。考试委员会还请专家对答案进行鉴定，结果依然为作弊。而其他几起考试作弊的案件，可以证明学生间不是故意合作，而只是通过"Skype"（社交软件）对问题进行讨论，且答案几乎没有相似性。基于上述信息，CBE 应当评估惩戒决定是否正确，以避免因违反公平原则而产生纠纷。CBE 发现，申诉人知道合作答题是被禁止的，以及对违反此规则的惩戒是成绩为零或者禁止参加本学年本门课程的考试。鉴于申诉人及其同学合作的程度，CBE 认为考试委员会作出的惩戒决定是正确的，申诉人从事且承认作弊，应当予以严厉处罚，也不违反公平原则。2012 年 4 月 23 日，CBE 作出最终决定，支持考试委员会的决定，学生申诉不能成立，并在决定的末尾写明，根据《普通行政法案》和《高等教育与研究法案》第 7.66 条的规定，当事人可以在收到决定之日起 6 周内向海牙的高等教育申诉特别法庭（CBHO）提出申诉，并附上 CBHO 的地址。

---

〔1〕 案例一的描述主要是根据考试申诉委员会在其网站上公布的典型案例的报告之一，编号为 CBE07-2012。考试申诉委员会一般根据处理案件的时间或案件所涉学院对报告进行编号。

通过案例一可以了解荷兰高校校内学生申诉制度运行的过程:

首先,关于申诉的提出及其受理机构。格罗宁根大学《学生章程》中规定,如果学生不同意学校的决定,可以向学生法律权利保护中心(CLRS)进行申诉,CLRS 将申诉转交至考试申诉委员会(CBE)进行处理。此案中,申诉学生不满学院考试委员会对其所做的惩戒决定而向 CLRS 提出申诉,而CLRS 将申诉转交到有权处理的机构 CBE。

其次,申诉制度运行中,和解是必经程序。《学生章程》中规定考试申诉委员会(CBE)受理申诉后不会立刻进入听证程序,而是将申诉案件转交至作出决定的机构,要求该机构必须首先努力与当事学生达成协议(和解)。CBE 制定的规则中也写明,如果申诉针对的是学院作出的决定,则 CBE 秘书代表主席,根据 WHW 第 7.61 部分的规定,向学院考试委员会主席发出通知,要求相关机构与当事人进行协商,确定是否能够就纠纷达成和解。此案中,CBE 受理学生申诉后试图促成双方和解,但未成功。

再次,在未达成和解的情况下进入听证程序。《学生章程》中规定,只有无法达成和解协议时,考试申诉委员会(CBE)才会进行听证程序。CBE 的规则中对听证会程序予以进一步细化,包括听证会应当公开、听证小组组成人员情况以及各方当事人在主席允许的情况下有机会陈述自己的观点,并可以通过主席向对方提问,当事人参加听证会时可以聘请律师或顾问,以代替当事人(提问或回答),听证会应当全程记录等。此案中,CBE 在未能促成双方和解后公开召开听证会,组成听证小组,由主席、2 名成员和 1 名秘书组成,且听证会召开过程中,双方当事人均有机会陈述自己的观点。

最后,考试申诉委员会(CBE)作出最终决定。此案中,CBE 基于听证会上所获得的信息,作出最终决定,支持学院考试委员会的决定,认定学生申诉不能成立,并告知当事人可以在收到决定之日起 6 周内向海牙高等教育申诉特别法庭提起申诉。

案例一的处理过程说明了学生申诉制度在实践中运行的大体情况,从申诉的受理、和解、听证会的召开直至作出最后的决定等各个环节。但是,案例一未能触及纠纷解决的整个过程,如申诉受理前非正式的纠纷解决途径的运行等,而案例二正是全面描述了纠纷解决的整个过程。

2. 校内解决特殊类型纠纷的全过程

案例二[1]：2009 年 7 月，格罗宁根大学法学院 1 名学生考试不及格，成绩为 5 分。她对成绩有异议，因为只差 0.5 分就可以通过考试。她首先通过电子邮件与任课教师进行沟通，声称自己没有想到未通过考试，并想在 7 月 6 日前查阅试卷。任课教师同意其要求，约好在办公室查阅试卷并进行讨论。试卷共有 7 个部分，该生在第四、五部分失分过多。学生认为她已经完全回答了第四、五部分的问题，应该得到更多的分数，试卷总得分应该在 7 分左右，如此就可以通过考试。但是任课教师认为学生第四部分答对一点儿，而第五部分则完全没有答对，因此拒绝学生加分的要求。7 月 17 日学生向法学院的考试委员会提出书面申诉。暑假结束后，9 月 16 日法学院考试委员会通过电子邮件向任课教师说明学生的申诉情况，并询问教师能否在 9 月 24 日至考试委员会与学生一起就此问题进行进一步的沟通。任课教师予以拒绝，认为没有必要，因为两人已经讨论过成绩问题，结论依然是学生未通过考试，并提交了一份非常详细的评分标准和给分依据。考试委员会在无法促成双方和解后询问学生是否继续向学校主管部门如考试申诉委员会（CBE）提出申诉，学生选择继续申诉。CBE 受理学生申诉后，试图促成双方和解，但终因申诉学生未回复任何信息而无果，于是决定于 11 月 4 日召开听证会并予以公示。听证会召开当日，双方当事人均出席，申诉学生邀请其哥哥共同参加听证会，没有其他人旁听。听证小组由 8 人组成，分别来自法学院、医学院、数学院以及经济与商学院，其中 1 人为学生成员，1 名秘书在旁边负责记录。听证会进行过程中，有的小组成员向双方当事人提问，双方当事人予以回答，而且学生陈述自己的观点，任课教师予以回应并陈述观点[2]。听证会结束后，12 月 3 日 CBE 作出最终裁决并送达双方当事人。CBE 认为，根据 WHW7.61 的规定，CBE 有权对学生提出的申诉事项进行审理，但无权对试卷标准答案的

---

〔1〕 这个案例是一方当事人即法学院 1 名任课教师向笔者详细口述其经过，并辅之以案件所有书面材料，包括当事人之间、当事人与学院考试委员会和学校考试申诉委员会之间的电子邮件以及考试申诉委员会的最终决定等。同时，笔者在查阅考试申诉委员会 2009 年的报告时，也发现对此案处理的书面报告（编号为 CBE Law 56-09 November 24 2009）。因此，对此案的描述是将两者结合起来。与案例一相比，案例二的内容与过程更为详尽和具体。

〔2〕 任课教师认为听证会的形式有点类似法庭，听证小组成员坐在桌子后面，而双方当事人坐在桌子前面，且进行的程序也有点类似法庭审理的过程。

正确性以及学生的答题情况等学术问题进行实质性审查，仅可对主考人员作出决定的程序进行审查。基于听证会上获得的资料，CBE 认为任课教师在程序上非常认真、仔细，由此给出的分数是合理的，学生的申诉不能成立。

由此案例可知此类纠纷解决的全过程，从申诉前双方当事人自行和解、提出申诉、申诉处理到申诉结束各个环节的运行过程。

首先，非正式纠纷解决途径的应用。此案中，学生首先选择与任课教师就分数问题进行私下对话、沟通与协商，尝试解决问题。

其次，非正式途径无效时，转而寻求正式的纠纷解决途径，但仍强调和解的重要性，将其设置为正式程序的前置必要程序。此案中，当学生与任课教师私下协商无果后，将纠纷提交至法学院（二级学院）的考试委员会加以解决，考试委员会试图促成双方和解，但任课教师予以拒绝。在仍无法达成和解的情况下，学生继续向学校的考试申诉委员会（CBE）提出申诉。CBE受理申诉后再次尝试促成双方当事人和解，终因未收到学生的回复信息而失败。

再次，在无法达成和解的情况下，召开正式的听证会。此案中，考试申诉委员会（CBE）确认无法促成双方当事人和解后决定召开听证会，并公布听证会召开的时间和地点等信息，组建听证小组。当事人出席了听证会，陈述自己的观点并回答小组成员的问题，听证会全程都由秘书记录。

最后，考试申诉委员会（CBE）作出最终决定。CBE 制定的规则中明确规定，听证小组应秘密讨论并通过投票作出决定，然后由秘书将其决定转达给 CBE，由 CBE 作出最终决定。此案中，CBE 基于听证会上的资料以及听证小组的决定，最终认为学生申诉不能成立，支持任课教师的决定。

另外，值得注意的是，在处理由考试分数引发的纠纷过程中，只能进行程序性审查，不能进行实质性审查，否则超出考试申诉委员会的审理范围。即只能对主考人员评定考试分数的程序进行审查，而不能对试卷标准答案以及学生答题情况是否符合标准答案的情况进行实质审查，以尊重主考人员对专业知识的掌握与判断能力。此案中，CBE 在最终决定中声明其无权对试卷标准答案的正确性以及学生的答题情况等问题进行实质性审查，并认为主考人员在评定分数的程序方面非常仔细和认真，因此学生申诉不能成立。

附录五：中国高校校内学生申诉制度的运行实践

在对我国 16 所高校校内学生申诉制度运行状况进行调研的基础上，大致总结出该制度的实施状况，包括如下几个方面：

1. 申诉受理机构的设置

各高校分别把申诉处理委员会的办公室设置在不同的部门，其中有 4 所高校将其设置在学生工作部（以下简称学工部），即北京 ABCI 四所高校〔1〕和内蒙古 A 校，有 3 所高校将其设置在纪委监察处，即北京 D 校和青岛 AC 两所高校，还有 1 所高校将其设置在团委，即青岛 B 校。之所以出现这种情况，主要是因为各高校受访者对教育部规章的理解和认识各有不同，并根据各自学校的情况而加以实践。

（1）设置在学工部的原因是，学工部是与学生接触最多、最全面、最了解学生的部门，由其管理学生事务、处理学生的纠纷是比较合适的。尽管有些受访者认为设置在学工部确有不合理之处，毕竟学工部是对学生进行处分的主要部门，〔2〕但是，申诉处理委员会只是一个虚拟的机构，不是实体，只是把它的执行机构（办公室）设在学工部，由学工部召集申诉委员会委员开会，至于申诉处理结果是由委员们决定的，不是由学工部决定的。学工部只是一个办事机构，不是处理申诉并作出申诉复查决定的机构。

（2）设置在纪委监察处或团委等其他部门的原因是，作出处分的部门与受理申诉的部门一定要分开。〔3〕把申诉委员会办公室设在学工部肯定不合适，

---

〔1〕 需要说明的是，北京 A 校将其虽设在学工部，但与作出处分的机构分开了，即学工部学生事务科负责处分，而学工部思想教育科负责受理学生申诉。受访者认为，学校不能因此而扩大机构，只能在原有机构上叠加，但对学生作出处分的部门不能再受理学生对处分提出的申诉，因此将受理申诉的机构设在思想教育科，而不是学生事务科。

〔2〕 各高校负责对学生作出处分的部门各有不同，有的高校所有关于学生处分的事项均由学工部负责；有的高校分别由学工部、教务处负责；有的高校是由不同职能部门根据其职能作出对于学生的处分事项，负有处分职权的部门较多。第一、二类高校较多，第三类则很少，在此次调研的高校中只有 2 所（北京 A 校和北京 C 校）属于第三类。因此，学工部是高校中负责学生处分事项的主要部门。

〔3〕 其中北京 D 校 2005 年开始实施校内学生申诉制度时，将申诉处理委员会设置在学工部，但始终认为不合适，经过 3 年的努力，最终将其改设在纪委监察处。

一个部门既作出处分又接受申诉，便会出现"既是运动员又是裁判员"的现象，这不符合法律的精神。

2. 申诉受理机构的人员构成

各高校根据校方日常工作的大体情况及需要，确定申诉委员会的组成人员，人数基本是在 5~15 人，主任均由分管学生工作的副校长或副书记担任，委员大致由学校相关职能部门（如教务处、学工部、保卫处、纪委监察处等）的负责人、法律顾问、教师和学生代表等构成，但委员的具体构成、委员是否固定以及委员构成比例等情况则不尽相同。最主要的区别表现在：①申诉委员会中是否包括学工部负责人。将申诉委员会设置在纪委监察处或团委的高校，在组成申诉委员会时会排除学工部的负责人，因为学工部是给学生作出处分的主要部门，如青岛 AB 两所高校，将申诉委员会设置在学工部的高校，委员会人员构成中则包括学工部负责人。②参加申诉会议的委员是否固定。内蒙古 A 校建立了一个申诉委员会委员名录，每次参加会议的委员需要视情况而定，即申诉学生和申诉事由涉及哪些部门、学院就从名录中选择相关部门和学院的人员参加，并且以当事学生所在院系的人员为主，[1]而北京 AB 校、青岛 AB 校的委员都属于席位制，确定成为委员以后除非特殊原因基本上固定不变。③教师代表、学生代表的比例设置。多数高校申诉委员会委员中教师代表和学生代表人数总共不会超过 50%，只有极少数高校委员构成中教师代表和学生代表的人数超过 50%，如北京 A 校。

3. 申诉处理程序及方式

各高校关于学生在何时可以提出申诉、受理申诉后召开会议的时间以及处理申诉案件的时限等程序方面的安排，基本与教育部规章相关规定保持一致，但在具体细节以及教育部规章没有规定的部分会存在些许差异，如申诉委员会会议以何种形式召开、是否公开进行等，高校根据日常工作经验及需要，制订更加详细、更具有操作性的程序性规定，并加以实施。

（1）申诉会议的召开形式。一般来讲，申诉处理委员会通过召开会议处

---

〔1〕 例如，在 1 例因两个院系学生打群架而引发的申诉案件中，甲用刀将乙捅成轻伤，学校将甲开除，甲提出申诉。当时参加申诉委员会的成员即为保卫处、学工部、甲乙所在院系的相关人员。在另外几例申诉案件中，艺术学院的 3 名考生参加英语三级考试使用通信工具作弊，学校将其开除，3 名学生提出申诉。参加申诉委员会的成员即为教务处、学工部、艺术学院的相关人员。

理申诉事项，但会议召开方式有两种：一是书面审理，即将校方作出处分的材料与依据以及学生提出申诉的理由与依据等书面材料交给委员会成员，由成员对书面材料进行审核，无需纠纷双方参加并陈述观点。二是听证会审理，即申诉处理委员会召开听证会，要求双方当事人参加并陈述观点，由委员会成员基于双方观点作出最终决定。当然，各高校在实践中会根据自身情况予以适当变通。

实践中，高校根据各自情况要么采取书面审理方式，要么采取听证会方式，要么两种兼采。少数高校主要采取书面审理方式，如内蒙古 A 校不要求纠纷双方参加会议，只是由委员针对案件情况进行讨论。多数高校采取听证会方式进行审理，如北京 A 校要求申诉学生和原处理机构代表参加听证会，双方可以陈述、举证、辩论，也可以接受委员的质询，甚至还规定委员回避的原则，青岛 A 校申诉委员会会议基本上采取听证会审理方式，但却只要求作出处分的机构代表到会陈述并接受委员质询，并不要求申诉学生到会做陈述或申辩，还有少数高校采取书面审理与听证会审理结合的方式，如北京 B 校根据案件复杂程度采取不同的审理方式，如果案件特别简单，事实、证据特别清楚，则采用书面审理的方式，由案件受理人报主管领导同意后，把相关材料以及委员表决票寄送给每个委员，由委员们对材料进行书面审议，并在表决票上投票后予以收回，受理人根据委员的表决制作申诉复查决定书，如果案件比较复杂，则采用听证会审理方式，要求申诉学生到场参加，首先进行 5 分钟的陈述，然后接受委员的提问。

（2）申诉处理会议的召开一般秘密进行，很少公开。本书调研的 16 所高校均为秘密进行。

4. 申诉决定的形成

通常情况下，申诉处理决定是由委员会成员采取投票方式作出的。如北京 A 校申诉处理的结果由委员们采用无记名投票的方式进行表决，任何决定均需赞同票数超过投票人数的半数〔1〕以上才算生效。主任一般不投票，除非在其他委员所投赞同票与反对票票数相同时，主任才投下决定性的一票。但也

---

〔1〕 据北京 A 校受访者描述，开会投票的结果，"有的时候一边倒，觉得这个处分不合适；有的时候一边倒，觉得这个处分是合适的；也有就是票非常相近（出现争执的情况），但是总要有一个结论，一般是少数服从多数，这样来做"。

有少数高校无需采用投票方式，而只要求委员会成员达成一致意见即可。如内蒙古 A 校申诉处理结果由委员讨论后形成一致意见即可，不需要投票[1]。

5. 申诉处理结果

申诉委员会议处理案件的结果实际上有三种表现形式：一是维持原决定；二是建议或撤销原决定，提交学校重新研究决定；三是直接撤销或变更原决定。绝大多数高校的申诉处理结果均体现为维持原决定。如北京 D 校对申诉案件的处理结果是 100% 维持原处分决定，青岛 A 校对申诉案件的处理结果也都是维持原处分决定，到现在为止没有改变原处分决定的，青岛 B 校对受理的 1 例申诉案件的处理结果是维持原处分决定，[2]内蒙古 A 校受理的 4 例申诉案件，处理结果都是维持原处分决定。也有的高校维持原决定的数量少一些，如北京 A 校维持原决定的结果与建议重新审议的结果差不是各占 50%[3]，北京 B 校维持原处分决定的案件也在 50% 以上，甚至更多。

附录六：中国高校校内学生申诉制度的功能

1. 维护学生权利

实践中，维护学生权利的功能得到校方管理者和学生的充分肯定与强调。北京 A 校受访者认为，"学生受到处分必须有申诉的机会，有一个表达意见的权利，让他有一个诉求的机会"。北京 C 校受访者认为该制度本着"以人为本"的办学理念，给学生更多救济的权利是有利教育发展的。因此，其最主要的功能是维护学生权利的平台。北京 D 校受访者认为"搞申诉制度是为了维护学生正当权益"。青岛 A 校受访者在谈及校内学生申诉制度的功能时，强调该制度给学生带来的变化。"（申诉制度实施）之前学生没有想走申诉，没

---

〔1〕 内蒙古 A 校受访者叙述，召开申诉委员会议一般都会形成压倒性意见，不太可能出现争执局面，因此不需要投票。

〔2〕 维持原处分决定的原因一是处分依据明确、证据充分、程序正确，这也是大多数高校维持原处分决定的主要原因。但是，还有一个原因是申诉处理委员会不愿意推翻校领导的意见。青岛 B 校受访者描述，实际上申诉委员会还没有推翻原处分决定的案例，因为原处分决定都是经校长办公会研究过的，体现了校领导的态度，肯定不会轻易推翻的。

〔3〕 据北京 A 校受访者描述，"申诉（对学生来讲）成与不成，差不多是一半一半的样子。所以如果是（学生申诉）成了的话，就是原单位重新审议，如果申诉失败了，他就可以向上级部门申诉"。

有想要个说法的。有了（申诉制度）之后就是想申诉了，有的（学生）一处理完了之后，拿到通知书以后接着就要申诉，认为给我处理重了，我还想轻一点儿，学生有说话的地方了。他意识到自己有这个权利，之前没有意识到。"

2. 监督高校权力的行使、规范校方行为

（1）监督高校权力的行使。在实践中，当北京 A 校受访者被问及申诉是否具有对学校职能部门行使处分权进行监督的作用时，其回答是"会有监督作用，但不会明面上谈，那会引起处理机关的麻烦。"内蒙古 A 校受访者对这方面的功能予以强调，认为校内学生申诉制度"监督学校职能部门权力的行使是否合法、合理。因为以前给学生处分还是有很大随意性的。这个制度就是在给学生一个公平的平台基础上，监督学校职能部门权力的行使。"

（2）规范校方行为。在实践中，许多高校的受访者都表示，校内学生申诉制度实施以后，校方在规范处分行为方面做了很多改进，一改往日处分有些随意、不讲证据和依据的状态，提高学生对处分的满意率，降低学生与校方发生纠纷的可能性，也一定程度上减少了申诉案件，[1]或者即便不能减少申诉案件，也使得校方的处分部门在申诉处理过程中作到有理有据。

校方处分行为的日益规范化、科学化主要通过以下两个方面加以体现：

（1）处分时做到证据充分、依据明确、程序正当，减少随意性、不确定性和不可预见性。在实践中，最受高校重视的是证据充分、依据明确、程序正当，而且强调在作出处分时要小心谨慎、慎之又慎，避免引发纠纷。

北京 B 校的受访者强调学校处分学生必须有依据，而且程序要符合规定。"违纪处分条例到底依据哪一条？没有依据，随便处分人，那不行，一告一个准。或者说在程序上压根没跟我（学生）谈过话，一拍脑袋这个处分决定就出来了，也不行啊。所以对这种事情（处分学生），无论如何要慎重再慎重，然后所有依据一定要准确。"

北京 C 校对学生进行处分是由学校的各职能部门依据其职能作出，如教务处负责考试作弊等事项，保卫处负责盗窃、打架斗殴等事项，后勤部还会

---

〔1〕 如北京 B 校受访者描述，"申诉这一块，尽可能地不让它发生。也不是说不让它发生，就是说尽可能把它扼杀在摇篮当中，等于说就是处分的时候就让学生心服口服，让他认可这档处分，认为学校都已经为我考虑了"。

负责一部分事项的处分。然后将拟处分意见上报到学生处，再由学生处跟学生确认事实，由此起到内部审核监督的作用，即审查拟处分意见是否合理，是否有依据。如果处分合理则直接上报校领导审批，如果处分不合理，就直接修改并在学生工作委员会上进行讨论后上报学校领导审批。"实际上很多问题在这个过程中就已经解决了。一般到那个时候，学生也都知道自己的事实是怎么样的，依据的东西是怎么样的，然后出于哪些考虑给他的这个处分，基本上都已经很清楚了，也就没有申诉的了。"北京 C 校自实施校内学生申诉制度以来没有受理过一起申诉案件。

北京 D 校受访者反复强调对学生的处分一定要依据明确、事实清楚、证据充分、程序完整，如此可以减少或避免与学生产生纠纷，即便是产生纠纷也可以减少或避免学生向校外寻求纠纷解决途径。"咱们下处分决定的时候，之前的这块工作一定做准喽，学生的违纪情况从手册当中找依据，依据哪条哪款给他什么处分，从轻怎么从轻的，从重怎么从重的，都给他说明白了。（尤其是涉及学生）切身利益问题，有可能申诉的，依据一定要抓准，事实清楚、证据确凿。……把程序走到了，他没有道理去（校外）申诉。他（校外）申诉可以呀，咱们把程序走好，适用条款搞好，违纪事实清楚。"

北京 I 校受访者表示，前期的处分工作必须做好，证据要充足，按照学生手册规定，该用哪条用哪条。因为学校专业的特殊性，有大课小课，还有乐队、排练等，容易出现一些问题，但总要查清楚事实，否则很麻烦。处分做不好，学生一告，当然底气不足。如果处分做好了，学生告到中级人民法院都没关系。

青岛 A 校受访者认为校内学生申诉制度有利于逐步完善校方的处分程序，使其没有疏漏，避免学生由此与校方产生纠纷。"应该说是有了申诉制度之后，我们在逐步地完善处分程序。证据确凿、依据明晰、整一个处理过程应该是没有问题的。……程序做得很好，给学生处分的时候，要有证据、学生的事实认定书。之前要求召开院系事实听证会，这些程序必须都得走，一个程序都不能落。如果学生没有异议，就不召开了，学生会在上面写'以上事实属实，本人无异议，不要求召开事实听证会'。学生必须写上，不写还不行，因为将来要走法律途径的时候，他会提到没召开事实听证会，那就说明这个过程还是有瑕疵的，所以说这句话必须得有。"事实听证会结束后，将材料交给职能部门，对学生的违纪行为定性，然后再转交学生处，由学生处进行二次调查。"实际上就是防止学生再出意外，在这个事情上进行反复，完善程序…我们就是要把这个东西做严密了，不给自己找麻烦。宁愿在处理过程当中麻烦一点，也比事后被人攻击要强。事实上这一套（程序）下来，学生基本上就没有申诉的想法了。"

内蒙古 A 校受访者也强调校内学生申诉制度"可以促使学工部在行使处分权时更加谨慎小心，一定要在事实清楚、证据充分的基础上，按照程序行使处分权。只要认定事实清楚，程序符合规定，学生也不会有异议而申诉。因为至少给学生申辩、陈述的机会了。"

（2）处分决定书制作、送达的规范化。在实施校内学生申诉制度的高校，处分决定书的制作与送达都发生了一些变化，比以往更加规范、科学。

第一，处分决定书的制作。处分决定书制作方面的变化主要体现在其内容上。以往只需写明基本信息，即处分时间、被处分学生的基本情况、处分事由、处分结果即可，实施校内学生申诉制度以后，在处分决定书的结尾处特意增加一小段内容，即告知学生申诉权，具体表述各校大同小异。

北京 D 校受访者清晰地描述了这种变化。"2005 年出这新规定了，原来咱们也没做过，也没这么详细地要求过。说实在的，哪个学校都稀里糊涂。不可能把处分决定最后那两行（告知申诉权利的内容）写上。那一告一个准儿，你没告知，我就去闹。所以我们这个逐渐在完善。……处分决定下了之后，处分决定当中还要注明他的申诉权利，如果对这个处分决定有什么异议，几个工作日之内到什么部门去申诉。这都要有，写上给他的救助渠道。如果在 5 个工作日之内他没向学校申诉，那么（处分）就成立了。"该校处分决定书末尾告知学生申诉权的表述为"受处分的学生如对本处分决定有异议，可在收到处分决定之日起 5 个工作日内，向学校学生申诉处理委员会提出书面申诉申请"。

北京 B 校受访者也描述了处分或处理决定书内容的变化。"我们在处分或者处理决定书上会告知他的，就是犯了什么错，然后按什么规定学校要给你这个处分。但是最后一段应该会写，接到这个通知多少个工作日内，你还有疑议，可以在多少个工作日内向什么机关提出申诉。那么这个工作日内他如果提出，就接受（申诉申请）。"该处分决定书告知学生申诉权的具体表述为"如果你对以下处分决定有异议，在接到处分通知书之日起 15 个工作日内有权向北京 B 校申诉处理委员会提出申诉。如欲提出申诉，须在此期限内将申诉材料以书面形式递交到北京 B 校申诉处理委员会办公室（地址、联系电话）"。

青岛 A 校受访者也认为告知学生申诉权很重要。"咱有告诉你（学生）有申诉的权利，要不告知的话，学生也可以来要求你告知。所以说这一步程序还是很重要的。"该校处分决定书末尾告知学生申诉权的表述为"如果你对以上处分决定有异议，在接到处分决定书之日起 5 个工作日内，可以向学校学生申诉处理委员会提出书面申诉，学生申诉处理委员会办公室设在监察处。若在申诉期内未提出申诉，学校将不再受理。"

内蒙古 A 校处分决定书的内容也包含告知学生申诉权的内容，具体表述为"根据《内蒙古 A 校学生管理规定》第×××条规定，受处分学生如对本处分决定有异议，可以在收到本处分决定之日起 5 个工作日内向学校学生申诉处理委员会提出书面申诉；逾期未提出的，视为放弃申诉权"。

第二，处分决定书的送达。在实施校内学生申诉制度之前，处分决定书要么是通知学生即可，没有送达到其本人，要么是送达学生本人，但没有要求其签收。目前的做法是，处分决定书由校长签发后，一定要送达到受处分学生本人，并要求其确认签收，只是各高校具体的操作方式略有差别而已。

北京 D 校的具体做法是制作一份处分决定送达通知书并附上处分决定书，一并送至学生本人并要求其签收。"处分决定这个正式文件下来之后，送达到每一个人，让他本人签字，不要让别人代签。哪年哪月，必须得写清楚。然后给他本人一份，院系一份，学生处留存一份。现在好多学生到临走时候说，我不知道给我处分，谁也没通知我呀。然后你拿出这个来，几月几号你签的字，他没话说。这对咱们管理工作也有利，咱也是为学生负责。"青岛 A 校的操作方式基本同于北京 D 校，只是对送达人也有要求，即"送达人是院里至少两个老师要签字，处分学生也要在上边签字，签上时间，就是证明我给你（送达了）。有的时候学生就说你没给我，或者给的时间对不上，就容易引发纠纷"。

3. 促使纠纷在校内加以解决

曾经经历过诉讼的高校对校内学生申诉制度的这一作用体会更深，如北京 B 校、北京 D 校、青岛 A 校、内蒙古 A 校都有深刻的感受。

北京 B 校的受访者认为，校内学生申诉制度的设立、运行与减少或避免学生起诉学校的现象是有关系的。在实施学生申诉制度之前，有时候学生维权他没有渠道，在校内没有渠道，肯定要找校外的渠道。打官司这个事情有可能搞得学校、声誉以及学生本人都受到伤害，实际上不光说是这些，很多时间耗进去，学校还要很多人陪着，而且有一些证据是很难取的。搞得很被动的，证据也不太足，有的时候有些老师一拍脑袋给人处分。那现在要组成申诉委员会，可以辩论，给学生5分钟时间啊，（委员）提问这中间都有辩论的这种（情况），就很顺畅。

北京D校受访者被问及在实施校内学生申诉制度后学生通过校外途径解决纠纷的情况是否相对减少时，他首先叙述了一件在该校实施校内学生申诉制度后发生的学生将该校诉至北京市教委的事件，当年曾引起较大关注。他解释说，因为刚开始实施申诉制度时，很多程序还不完善，因此导致事件的发生。在基本完善程序之后，学生通过校外途径解决纠纷的现象就减少了，甚至有时会发生学生提起申诉后又撤诉的事情，纠纷自然而然得以解决。

青岛A校受访者描述在学校经历了被学生起诉的事件后，意识到校内学生申诉制度的作用，反复强调它有利于将学生与校方的纠纷在校园内部加以解决。"因为之前说实话，学校也经历过一些学生因为处分走法律途径的。然后当时（《第21号令》）一出来之后，我们觉得是好事儿。这样的话，就把学生有意见或者说什么程序就写得很清楚了。以前说实话，学生要是有什么问题跟学校沟通，不管是因为学校的原因还是学生本身的原因，经常就没有一个对话的平台，学生一般都是直接就走法律途径了，反而不利于事情的处理，实际上完全不必要走那个复杂的途径。……（校内学生申诉制度）学生有自己申诉的权利，大家都是站在平等的位置上，对这些事情进行辩解也好，或者说辩明是非呀什么的都可以。"

内蒙古A校曾经被学生起诉过，受访者对校内学生申诉制度在纠纷解决方面的功能予以明确肯定。"有个法学院学生起诉我们学校，因为打架受到处分而没给学位证。法学院老师去应诉的，结果在法庭上大骂那个学生，学生也没啥说的，法庭判学生败诉。2005年以后至今没有被起诉过。学生申诉制度在其中还是起到作用的，学校内部先把事情（事实、程序）做好，不怕被告。"

4. 维护校方行为的正当性及其利益

关于校内学生申诉制度的这项功能，青岛A校的受访者描述得非常清晰："维护学生的权利，同时也保护学校。有这个制度就督促你（校方）在处分的程序呀、依据呀、过程呀去做得严密，经得起第三方的拷问……去应诉的时候，我是作为处理人，我去跟我们学校的法律顾问一起去应的诉、出的庭，庭上他们的律师、当事人所讲的、所提到的一些疑义对我们来讲的话没有任何问题，我们都会提供最直接的材料和证据，所以说基本上整个过程你经历过了你才会对你的程序有底气……（校内学生申诉制度）就是督促你把这个过程做得尽量完善，实际对学校有利。"

内蒙古 A 校受访者明确强调校内学生申诉制度有利于维护校方行为的正当性及校方利益。"这个制度还是有很大用处的，尤其是当学校遇到麻烦时。如果对学生处分能够做到事实清楚、证据充分、程序合法，就不怕他告，在很大程度上是维护学校的权利。我去年参加教育部组织的培训班时，教育部领导也是这样强调的，设立学生申诉制度是对学校有好处的。因为近年来学生告学校的事情也挺多的。"

北京 I 校受访者表示，如果校方处分有明确的依据，证据充分，那么即便学生将来通过法院解决与校方的纠纷，校方也能够有理有据，一审二审也都会对学校有利，学校会处于主动地位。

为了有效维护校方行为的正当性和利益，各校申诉委员会通行的做法就是认真制作卷宗。如果学生向上级教育部门申诉或向法院提起诉讼，校方就可以凭借卷宗中的证据和资料，从容面对。各高校关于卷宗的制作方式和形式各有不同，但是内容基本相同，包括处理或处分的决定书及送达情况、申诉的提出、受理及申诉委员会议的召开、申诉处理结果、证据收集的情况等，如果召开听证会的话，还涉及听证会的记录等内容。北京 B 校设计了申诉卷宗，对申诉情况进行备案，内容包括受理人、受理时间、事由以及会议情况等。"一方面是方便，学生一查就知道了。另外一方面，也可以保留证据。卷宗设计前，曾有学生告学校，先诉到教委，然后又去法院。当时很多证据都没有保留，大家不得不到处去取证，专门安排两个人做这个事情，一会儿传唤，一会儿出庭，很麻烦。诉讼完了以后，我们就设计了这个卷宗。如果学生再往上申诉，我们就把这卷宗拿出来，证据齐备，也很方便。"青岛 A 校建立了完善的卷宗，每一个申诉的学生都有，一年以后，要存到档案馆。以前的卷宗很少，一个学生也就三五页纸的材料，现在至少 20 页，而且单独立卷，有利于保存证据、维护学校的权利。